EUROPAVERLAG

Elmar Brok

Mit Peter Köpf

VERSPIELT EUROPA NICHT!

Ohne die EU ist Deutschland ein Zwerg

EUROPAVERLAG

INHALT

»Müsste ich einsehen, dass etwas,
was meinem Land nützt, Europa und der Menschheit schadete,
dann hielte ich es für ein Verbrechen.«
Montesquieu

Dieses Zitat fand Konrad Adenauer während seiner Frankreich-
reise 1962 beim Mittagessen mit Charles de Gaulle in Bordeaux
unter seinem Gedeck.[1a]

VORWORT

Von Roberta Metsola,
Präsidentin des Europäischen Parlaments

Wenn uns die geopolitischen Herausforderungen der vergangenen Jahre etwas gelehrt haben, dann, dass die Europäer am meisten erreichen, wenn sie einig sind. Als Europäer haben wir gemeinsam eine Staatsschuldenkrise und eine Coronavirus-Krise gemeistert und sind gestärkt aus den Folgen der illegalen und brutalen Invasion Russlands in der Ukraine hervorgegangen. Diese Bedrohungen haben uns an die Notwendigkeit erinnert, dass die europäischen Staaten zusammenarbeiten müssen.

Überall auf der Welt erleben wir zunehmende Katastrophen durch den Klimawandel, eine Erosion des Multilateralismus, die Zunahme von Desinformation, Extremismus und Angriffen, einschließlich Cyberangriffen, auf die Demokratie und unsere Lebensweise. Niemand kann solche Herausforderungen alleine bewältigen. Im Laufe der Geschichte Europas ging es immer wieder darum, Widrigkeiten zu entkommen und einen gemeinsamen Weg nach vorne zu finden, der von den gemeinsamen Werten Freiheit, Gerechtigkeit und Demokratie getragen ist.

Ich bin davon überzeugt, dass wir in Zukunft gemeinsam ein starkes Europa aufbauen können, eine Großmacht des Rechts. Wir sind führend in Sachen Modernisierung, Innovation und der Festlegung globaler Standards, wie zum Beispiel mit dem jüngsten EU-Gesetz über künstliche Intelligenz oder mit der Verpflichtung der EU zur Klimaneutralität bis 2050 oder sogar mit unserem europäischen Versprechen, das geschlechtsspezifische Lohngefälle zu schließen.

Europa setzt sich täglich dafür ein, das Leben der europäischen Menschen ein wenig besser und gerechter zu machen. Europa ist bestrebt, unsere Errungenschaften von Frieden und Wohlstand zu schützen.

In einer Welt des Wandels wollen die Europäer Sicherheit. Das müssen europäischen Staats- und Regierungschefs verstehen, und deshalb müssen die europäischen Institutionen, die die EU-Operationen steuern, handlungsfähig bleiben und in der Lage sein, Ergebnisse für die Menschen zu liefern. Aus diesem Grund werden auch institutionelle Reformen der EU erforderlich sein, wenn wir die Europäische Union erweitern wollen. Was für eine Union der 27 funktioniert, wird für eine Union der 30, 33 oder 35 nicht funktionieren. Die Erweiterung ist unser stärkstes geopolitisches Kapital. Europa muss auf der globalen Bühne stärker werden, sonst werden andere Akteure einspringen. Dies gilt insbesondere in unserer unmittelbaren Nachbarschaft.

Wir müssen vorausschauend agieren, interne Streitereien vermeiden und einen menschenzentrierten Ansatz beibehalten. Europas Staats- und Regierungschefs dürfen dabei keine Menschen verlieren, sonst verlieren sie das Narrativ der populistischen Politik.

Im Rahmen des Anpassungsprozesses an ein sich veränderndes globales Umfeld muss Europa seinen Grundprinzipien treu bleiben. Hier sehe ich, dass das Europäische Parlament diesen Wandel vorantreibt. Die Rolle des Europäischen Parlaments besteht darin, die Interessen der europäischen Bürger zu vertreten und zu verteidigen. Unsere Aufgabe ist es, den Europäern zuzuhören und ihre Stimmen zu verstärken. Aber wir müssen auch noch intensiver die Ergebnisse unserer Arbeit erläutern und die Erwägungen, die dazu geführt haben. Wir müssen erklären, dass Europa sich verändern muss, wenn die Welt sich verändert. Es liegt in der Natur des Europäischen Parlaments, den europäischen Prozess voranzubringen. Im Interesse der Bürger Europas kämpfen wir für ein starkes Parlament, das der Gemeinschaftsidee verpflichtet ist.

Unsere Aufgabe ist es, davon zu überzeugen, dass die EU-Erweiterung in Richtung Ukraine, Moldawien und Westbalkan eine Win-win-Situation für alle Europäer sein wird. Es ist unsere Aufgabe, davon zu überzeugen, dass wir Europa mit einem nachhaltigen grünen und digitalen Übergang auf den richtigen Weg bringen, um nicht nur unsere Lebensweise zu verteidigen, sondern auch um ein wettbewerbsfähiges, zukunftsorientiertes Europa anzuführen und voranzutreiben.

Um die Herausforderungen zu bestehen und sich weiterzuentwickeln, braucht Europa viele kluge Köpfe, die sich jeden Tag aufs Neue für die Zukunft unseres Kontinents einsetzen. Einer von ihnen ist mein langjähriger Kollege und Freund Elmar Brok, mit dem ich das Vergnügen hatte, bis 2019 im Europäischen Parlament zusammenzuarbeiten; von seiner Erfahrung und seinen Einsichten habe ich viel gelernt und ich hoffe, auch in Zukunft auf seinen Rat bauen zu können.

Als einer der führenden Außenpolitiker der Europäischen Volkspartei (EVP), langjähriger Vorsitzender des Auswärtigen Ausschusses des Europäischen Parlaments und Vertreter des Parlaments in Regierungskonferenzen, als Europäischer Föderalist und als engagierter Präsident der Europäischen Christlichen Arbeitnehmerorganisation (EUCDW) verkörpert Elmar Brok, dass Politik niemals steif und unnahbar sein darf, sondern mit beiden Beinen im Leben stehen muss. Sie muss bei den Menschen sein, ihren Sorgen, Nöten und Träumen. Das muss unser Konzept gegen Politikmüdigkeit, Populismus und die Verlockung von Extremisten sein.

Dabei hat Elmar Brok mit Schärfe, wenn es nötig war, aber auch mit Witz und Optimismus, wenn es möglich war, immer mehr erreicht als das, was erreichbar schien. Die Tatsache, dass er seine Einsichten und seine Erwartungen in Form dieses Buchs teilt, ist ein Gewinn für das europäische Projekt, denn wenige haben wie er seit Jahrzehnten diesem Projekt gedient und es weiterentwickelt. Nicht als Staatsmann, sondern aus dem Maschinenraum.

Europa ist nicht perfekt, wir müssen weiterhin den unvermeidlichen Wandel gestalten. Unsere Aufgabe ist es, davon zu überzeugen, dass sich Europa lohnt und dass Europa mehr leisten kann. Wir sind es uns selbst und den Menschen schuldig, mehr Europa zu wagen und es Europa zu ermöglichen, voranzukommen und weiter voranzugehen.

I. IDEE EUROPA: »DIE GROSSE EUROPÄISCHE BRUDERSCHAFT«

In seinem Buch *Deutsche Staatskunst von Bismarck bis Adenauer* zeichnete Gordon A. Craig Konrad Adenauer als den ersten deutschen Politiker, der die Enge des nationalstaatlichen Denkens überwunden hat. Der Bundeskanzler schloss aus den Erfahrungen der Nazidiktatur, »daß Deutschland allein keine Großmacht mehr sein könne, daß es überhaupt keine europäischen Großmächte mehr gebe und dass die Zukunft im gemeinsamen europäischen Denken und Handeln liege«. Westeuropäische Länder könnten sich nicht mehr allein schützen, allein die europäische Kultur retten. Das ginge nur, wenn sich die westeuropäischen Länder zusammenschlössen und »weitere kriegerische Auseinandersetzungen unter sich selbst unmöglich machen«. Adenauer, so urteilte Craig, sei frei von »jenem destruktiven Nationalismus, der in der Vergangenheit den deutschen Geist irreleitete«. Er habe die Nation »in einer größeren Einheit aufgehen lassen«, in der europäischen Gemeinschaft. Selbst ein Scheitern dieses Projekts »sollte die Großartigkeit dieses Versuches nicht verdunkeln dürfen«. Nachdem ich Craigs Buch 1964 gelesen hatte, wurde ich Mitglied der Jungen Union. Und als ich mich später einmal mit Angela Merkel stritt, sagte ich ihr: »Diese Reihenfolge gilt immer noch. Ich bin wegen Europa in der CDU, nicht über die CDU nach Europa gekommen.« Wenn die CDU keine Europapartei mehr sein sollte, würde ich sie verlassen.

Die Gemeinschaft der europäischen Staaten, die Europäische Union, ist – bei allen Schwächen – zu einer viel größeren Einheit geworden, als Craig sich das vorstellen konnte. Die europäische Einigung hat für Deutschland und für die anderen Mitgliedsländer ein in unserer Geschichte einmaliges Maß an Frieden und Freiheit, Wohlstand und sozialer Gerechtigkeit ermöglicht. Satt, selbstzufrieden und geschichtsvergessen sind wir nun dabei, alles infrage zu stellen.

Doch Frieden und Freiheit, Demokratie und Rechtsstaatlichkeit, Wohlstand und soziale Gerechtigkeit sind bedroht. Russland hat durch den völkerrechtswidrigen Krieg in der Ukraine die internationale Ordnung aufgekündigt, und China lässt Putin gewähren, weil es nicht nur Ambitionen auf Taiwan hat, sondern auch darauf, die USA als Weltmacht Nummer 1 abzulösen. Im Verbund der BRICS-Staaten versuchen Russland und China, ein Gegengewicht zum Westen und dessen Institutionen zu schaffen. China hat sein Engagement in Lateinamerika längst erhöht und wie in Afrika mit der Finanzierung von Infrastruktureinrichtungen erheblich an Einfluss gewonnen. Den Krieg der Hamas gegen Israel steuern Iran und Moskau im Hintergrund, und sie zielen damit gegen die USA, gegen den sogenannten Westen und dessen Vorstellungen von einer demokratischen Weltordnung.

Den USA droht *overstretching,* eine Überdehnung ihrer militärischen und politischen Möglichkeiten. Die Bereitschaft der Bevölkerung, Mittel und Menschen für solche Missionen einzusetzen, sinkt, wenn der »Weltpolizist« in immer mehr Konflikte verwickelt wird. Westliche Regierungen haben es in diesem Kampf schwerer als die Autokraten und Diktatoren; die Bevölkerung folgt ihren Regierungen nur, wenn sie auch eine Gefährdung für sich selbst erkennt. Dieses Problem haben die Regierungen in Moskau, Peking und Teheran nicht. Ausgerechnet in dieser Situation ist aus den USA ein unsicherer Bündnispartner geworden, weil Donald Trump offensichtlich gute Chancen auf eine Rückkehr an die Macht hat.

Und Europa? Mächtige Männer wie Wladimir Putin und Xi Jinping wollen Europa spalten und als politischen, wirtschaftlichen und kulturellen Faktor ausschalten. Sie wollen lieber mit einzelnen Staaten verhandeln als mit der großen Union. Das gilt auch für Trump. Wenn sein Traum – Europas Albtraum – wahr wird, nämlich seine Rückkehr an die Macht, ist die Solidarität des Westens in Gefahr und die NATO möglicherweise dramatisch geschwächt. Wenn die europäischen Staaten in dieser fragilen Situation nicht einig sind, dann werden sie zu Kleinstaaten, die den großen Mächten beim Spiel um die Welt von der Seitenlinie aus zuschauen. Mitspielen können wir Europäer nur, wenn wir unsere wirtschaftliche Stärke und unser Gewicht als größte Handelsmacht der Welt gemeinsam einsetzen, andernfalls sind wir ökonomisch und politisch Zwerge. Deshalb dürfen sich die europäischen Staaten nicht auseinanderdividieren lassen.

Aber nicht allen gefällt, was wir geschaffen haben: dass aus ehemaligen Feinden Freunde geworden sind, die nationale und Gemeinschaftsinteressen ausgleichen, zu einer verbindlichen und verbindenden Gesetzgebung gefunden haben, zu Mehrheitsentscheidungen auf der Grundlage von Solidarität und Subsidiarität sowie richterlicher Kontrolle. Europa hat seine Kräfte gebündelt, statt sie gegeneinander zu richten, und Einheit in Vielfalt geschaffen statt – wie es der französische Philosoph Paul Valéry formulierte – der »Wurmfortsatz des eurasischen Kontinents« zu werden.

Inzwischen jedoch geht ein Gespenst um in Europa, das Gespenst des Nationalismus. Irrlichternde Rechtsaußen, auch in Deutschland, wollen sich aus der EU verabschieden. Auch konservative und bürgerliche Parteien in mehreren EU-Staaten setzen auf »nationale Souveränität«, in Ungarn und Polen versuchten nationalistische Regierungen, mit europa- und deutschlandfeindlichen Parolen »die Kontrolle zurückzugewinnen«.

Der neue polnische Ministerpräsident Donald Tusk und seine Mitstreiter haben 2023 aber auch gezeigt, dass demokratische Kräfte auf der Grundlage von Demokratie und Rechtsstaatlichkeit mit viel Mut und Einsatz für die Freiheit und Europa gewinnen können.

Doch nicht nur rechte Parteien erstarken mit nationalen Tönen, sondern Sahra Wagenknecht in Deutschland und Robert Fico in der Slowakei zeigen, dass es auch einen linken Nationalismus gibt. Diese Gruppierungen sind nicht bereit, die vorhandenen Kompetenzen der EU zu nutzen und dafür zu sorgen, dass wir gemeinsam handlungsfähiger werden – in der Außen- und Sicherheitspolitik ebenso wie in der Handelspolitik. Diese Kräfte wollen Einschränkungen der nationalen Souveränität selbst dann nicht hinnehmen, wenn gemeinsame Beschlüsse der EU zu erfüllen sind. Diese Europagegner betreiben das Geschäft von Putin und Xi, die wünschen, dass Europa auseinanderfällt.

Aber was nützt einem Land in Europa »nationale Souveränität«? Souverän ist ein Staat nur, wenn er die Macht hat, den demokratisch legitimierten politischen Willen seines Volks auch durchzusetzen. Souveränität ohne Machtpotenzial hat keinerlei Bedeutung im Geflecht internationaler Beziehungen. Keiner der europäischen Nationalstaaten wird sich in der globalisierten Gegenwart behaupten können. Nur ein gemeinsames Europa kann den Menschen die Ängste vor Globalisierung und Digitalisierung, Krieg und Terrorismus, Transformation der Wirtschaft sowie Migration, Gewalt und Armut nehmen.

Die europafeindlichen Parteien aber wollen zurück in die Kleinstaaterei, in die Zeit der Kriege; sie wollen ein intergouvernementales Europa der Vaterländer statt eines supranationalen Europas mit Gesetzgebungscharakter. Gemeinsames politisches Handeln und ein Binnenmarkt mit verbindlichen Regeln sind jedoch nur auf einer gemeinsamen rechtlichen supranationalen Grundlage möglich; andernfalls würde Europa wieder Zollkontrollen und Grenzen bekommen. Das führte uns zurück in eine Zeit, als die Großmächte Verträge alle 20 Jahre für ungültig erklärten, die Grenzen willkürlich hin- und herschoben und sich bekriegten – oft genug auf dem Boden der kleineren Länder.

Krieg bedeutet auch Armut. Über dem Portal von Schloss Friedenstein in Gotha war nach dem Ende des verheerenden Dreißigjährigen Kriegs vor 370 Jahren treffend zu lesen: »Friede ernehret, Unfriede verzehret.« Auch das Fehlen eines großen gemeinsamen Markts bedeutet Armut, weil das Nachteile im internationalen Wettbewerb bedeutet. Wenn wir nicht zusammenhalten, wird Europa wehrunfähig angesichts der Bestrebungen einiger Diktatoren für eine neue Weltordnung. Wenn wir auseinanderfallen und nicht gemeinsam auf diese neuen Entwicklungen antworten können, sind wir verloren. Dem müssen alle Demokraten entschieden widerstehen und sich klar zur Europäischen Union bekennen, zum Frieden, zur Demokratie, zum Binnenmarkt und zur freien Wahl des Arbeitsplatzes, zu den offenen Grenzen, zu Rechtssicherheit und Mindeststandards für abhängig Beschäftigte, zu weiterem Wachstum und zur gemeinsamen Suche nach Lösungen in der Klimakrise. Damit der großartige europäische Versuch, von dem Craig sprach, nicht doch noch scheitert, warne ich nach 39 Jahren im Europäischen Parlament, als langjähriger Vorsitzender des Auswärtigen Ausschusses und als Mitverhandler aller Verträge seit Maastricht, durch die wir in der Europäische Union Schritt für Schritt mehr Demokratie wagten: Verspielt Europa nicht!

Europa:
Politischer Faktor, politischer Wille, politische Kraft

Die Europäische Union ist in Gefahr. Und damit eine großartige Idee. Vor 175 Jahren, am 21. August 1849, blickte der Präsident des Pariser Weltfriedenskongresses, Victor Hugo, in die Zukunft: »Ein Tag wird kommen …, wo Ihr, Frankreich, Russland, Ihr, Italien, England, Deutschland, all Ihr Nationen des Kontinents, ohne die besonderen Eigenheiten Eurer ruhmreichen Individualität einzubüßen, Euch eng zu einer höheren Gemeinschaft zusammenschließen und die große europäische Bruderschaft begründen werdet.« Welch eine Vision! Und welch ein Versprechen. »Ein Tag wird kommen, wo es keine anderen Schlachtfelder mehr geben wird als die Märkte, die sich dem Handel öffnen, und die Geister, die für die Ideen geöffnet sind. Ein Tag wird kommen, wo die Kugeln und Granaten von dem Stimmrecht ersetzt werden.« Sogar die transatlantische Verbindung sah Hugo schon am Horizont: »Ein Tag wird kommen, wo man sehen wird, wie die beiden ungeheuren Ländergruppen, die Vereinigten Staaten von Amerika und die Vereinigten Staaten von Europa, Angesicht in Angesicht sich gegenüberstehen, über die Meere sich die Hand reichen, ihre Produkte, ihren Handel, ihre Industrien, ihre Künste, ihre Genien austauschen, den Erdball urbar machen, die Einöden kolonisieren, die Schöpfung unter den Augen des Schöpfers verbessern, um aus dem Zusammenwirken der beiden unendlichen Kräfte, der Brüderlichkeit der Menschen und der Allmacht Gottes, für alle das größte Wohlergehen zu ziehen!« Hugo sah die Vereinigten Staaten von Europa am Horizont und sprach dabei auch von einem gemeinsamen Parlament der Europäer. Viele belächelten ihn, waren verzagt, es hieß: »Hugo ist verrückt!«

Doch Hugos Vision ist Wirklichkeit geworden, denn hundert Jahre nach ihm schickte sich ein weiterer Franzose – ebenfalls in der Nationalversammlung – tatsächlich an, eine Union europäischer Staaten zu schaffen. Als französischer Außenminister trug Robert Schuman, ehemaliges Mitglied der Résistance, am 9. Mai 1950 seine Pläne für politische Zusammenarbeit in Europa vor. Damals sagte der in Luxemburg geborener Politiker, dessen Eltern 1870 vor den Deutschen aus Lothringen geflohen waren: »Der Frieden kann nicht gewahrt werden, ohne den ihn bedrohenden Gefahren mit entsprechenden kreativen Anstrengungen zu begegnen.« Europa könne nicht nach einem einzigen Plan geschaffen werden, es werde Schritt für Schritt aufgebaut, und der erste sei es, Solidarität zu begründen. Das Zusammenlegen der Kohle- und Stahlproduktion werde »das Schicksal jener Regionen verändern, die sich seit Langem der Herstellung von Kriegsmunition verschrieben haben und deren stetige Opfer sie waren«.[1]

Schumans Plan war es, eine Idee des Wirtschaftsberaters Jean Monnet umzusetzen und eine Montanunion zu gründen, die Europäische Gemeinschaft für Kohle und Stahl (EGKS). Wozu das? Weil Kohle und Stahl in der Vergangenheit die wesentlichen Zutaten für Kriegsvorbereitungen waren, sollten diese Industrien, die Grundlagen für Rüstungsproduktion, in Europas Zentrum einer supranationalen Behörde unterstellt und damit kontrolliert werden. Auf diese Weise wollte Schuman die jahrhundertelange kriegerische Konkurrenz auf diesem Kontinent durch friedliche Zusammenarbeit überwinden, beginnend in Westeuropa. Die EGKS war die Keimzelle der Europäischen Union (EU), eine intelligente Idee, hervorgegangen aus der Lehre, dass die Geschichte des Nationalstaats im 19. Jahrhundert und dessen wahnhafte Übersteigerung im Nationalsozialismus sich niemals wiederholen dürfen. Schluss mit dem Denken in nationalstaatlichen Größen. Die europäische Einigung war daher von Beginn an keine rein wirtschaftliche Organisation, sondern sie hatte entscheidend ein politisches Motiv, nämlich nie wieder Krieg und nie wieder Diktatur. Gründungsmitglieder bei dieser Mission wurden am 18. April 1951 Belgien, Frankreich, Italien, Luxemburg, die Niederlande – und die Bundesrepublik Deutschland.

Konrad Adenauer erkannte im »Schuman-Vertrag« den »Beginn einer neuen Epoche«. Erstmals in der Geschichte hätten sich sechs europäische Nationen zu einer supranationalen Gemeinschaft verbunden, sagte er in einer Hörfunkansprache am 4. Mai 1951 in Straßburg. »Europa, bis jetzt nur ein geografischer Begriff, wird nunmehr ein politischer Faktor, hinter dem ein politischer Wille und eine politische Kraft stehen. [...] Und Deutschland ist vollberechtigtes Mitglied in dieser werdenden Einheit.«

Welch eine revolutionäre Idee! Und welch eine Großmut! Welch unglaubliche Großzügigkeit! Wie schwer das für Frankreich gewesen sein muss, offenbarte sich eines Tages beim großen Europäer Valéry Giscard d'Estaing, Frankreichs Präsident von 1974 bis 1981. Als sein Nachfolger, François Mitterrand, am Staatsfeiertag 1990 eine kleine Gruppe von deutschen Soldaten zur Parade auf die Champs-Élysées eingeladen hatte, weinte Giscard. Er sagte mir, er sei damals nicht damit fertig geworden, die Deutschen wieder auf den Champs-Élysées zu sehen. Vier Jahre später fuhren die Deutschen in Panzerfahrzeugen in der Parade mit.

Und doch: Schon fünf Jahre nach Kriegsende durfte Deutschland diese Europäische Gemeinschaft für Kohle und Stahl mitgründen. Sie war geleitet von der Erkenntnis, dass »der Weltfriede nur durch schöpferische, den drohenden Gefahren angemessene Anstrengungen gesichert werden kann«, wie es in der Präambel hieß. Diese Gemeinschaft war gewillt, den Nationalismus hinter sich zu lassen und »an die Stelle der jahrhundertealten Rivalitäten einen Zusammenschluss ihrer wesentlichen Interessen zu setzen, durch die Errichtung einer wirtschaftlichen Gemeinschaft den ersten Grundstein für eine weitere und vertiefte Gemeinschaft unter Völkern zu legen, die lange Zeit durch blutige Auseinandersetzungen entzweit waren, und die institutionellen Grundlagen zu schaffen, die einem nunmehr allen gemeinsamen Schicksal die Richtung weisen können«. Der Lothringer Schuman, der Trientiner De Gasperi und der Rheinländer Adenauer, später auch Kohl – alles überzeugte Katholiken – handelten aus der kriegerischen Erfahrung von Grenzregionen. Sie wollten den Nationalstaat nicht beseitigen, sondern ihn so entmachten, dass gegenseitige Kriege nicht mehr führbar wurden.

Diese Idee einer europäischen Föderation richtete sich nicht nur gegen den Nationalismus. Schuman, dieser Visionär, dachte schon bald viel weiter. 1963 schrieb er wegweisende, weitsichtige Worte: »Wir müssen das geeinte Europa nicht nur im Interesse der freien Völker errichten, sondern auch, um die Völker Osteuropas in diese Gemeinschaft aufnehmen zu können, wenn sie – von den Zwängen, unter denen sie leiden, befreit – um ihren Beitritt und unsere moralische Unterstützung nachsuchen werden. Wir schulden ihnen das Vorbild des einigen, brüderlichen Europa. Jeder Schritt, den wir auf diesem Wege zurücklegen, wird für sie eine neue Chance darstellen. Sie brauchen unsere Hilfe bei der ungeheuren Aufgabe der Umstellung, die sie zu bewerkstelligen haben. Unsere Pflicht ist es, bereit zu sein.«

Europa wendete sich also nicht nur gegen den Kommunismus, der die Hälfte des Kontinents im Schwitzkasten hielt, sondern hatte auch eine Vorstellung von der Zukunft. Und tatsächlich kam dieser Moment, tatsächlich befreiten sich die Staaten im Osten, und tatsächlich wünschten sie die Aufnahme in die EU.

Die Europäische Union: Zu unserem Glück vereint

Als ich 1980 ins Europaparlament eintrat, nahmen mich Sir Tom Normanton, ein schon ein älterer Herr und hoch angesehener britischer Abgeordneter, und Philipp von Bismarck, der gern vom Reichskanzler Otto von Bismarck als »Onkel Otto« sprach, in die winzige Straßburger Weinstube Wynmuck mit. Ich hörte zu, wie die Kriegsgeneration sich erzählte, wo sie in den letzten Kriegstagen waren. Und dabei stellten sie fest, dass sie beide während der Ardennenoffensive auf unterschiedlichen Seiten gekämpft und möglicherweise aufeinander geschossen hatten. Die beiden Herren, ehemalige »Feinde«, die nun im EU-Parlament für dieselbe Sache arbeiteten, standen auf, umarmten sich und weinten. Vor Glück und Dankbarkeit.

Erreicht haben wir in sieben Jahrzehnten vieles, was nicht selbstverständlich ist: den Vertrag von Maastricht, den Binnenmarkt, die direkte Wahl von Volksvertretern ins Europäische Parlament (EP), gemeinsame Gesetze und Gerichte, den Beginn einer gemeinsamen Außen-, Sicherheits- und Verteidigungspolitik, Grenzen sind nicht mehr umstritten und unbedeutend. Mit Unterzeichnung des Schengener Abkommens am 14. Juni 1985, dem Schengener Informationssystem (seit 1995) sowie der Europäischen Grenzschutzagentur Frontex (seit 2004) kam es zum Abbau der Kontrollen an den Binnengrenzen und zu ihrer Verlagerung an die Außengrenzen.

Die EU ist auch eine politische Union geworden, was mit der deutschen Einheit ausdrücklicher Wunsch Frankreichs war; die EU hat sich in Lissabon einen umfassenden materiellen »Verfassungsvertrag« gegeben, die meisten Mitglieder der EU nutzen eine gemeinsame Währung. Etwas Großes ist weitestgehend gelungen. Im Inneren der EU ist der Friede trotz allen üblichen Streits gesichert.

Welch ein Glück das war und ist! Welch ein Verdienst! Welch ein Wunder! Dafür gab's 2012 den Friedensnobelpreis für die Europäische Union, dessen offizielle Kopie der Präsident des Europäischen Rats, Herman Van Rompuy, in meiner Begleitung später dem Ehrenbürger Europas Helmut Kohl in dessen Haus in einer schönen Zeremonie überreicht hat.

Wer ermessen will, welche Stärke die Europäer dabei bewiesen haben, welchen Willen zur Vernunft, darf einmal in sich gehen und überlegen, ob Russland und die Ukraine, der Angreifer und die Angegriffenen, eines Tages in der Lage sein werden, sich die Hände zu reichen. Wann wird Friede sein, wo heute Krieg ist, auch im Nahen Osten? Wann wird die Zivilisation siegen? Wann werden »eine tatsächliche Verbundenheit« und »ein intaktes kul-

turelles Erbe sowie bessere Lebens- und Arbeitsbedingungen«
zurückkehren?

Die Entwicklung der EU ist noch nicht abgeschlossen. Die
Europäische Union ist eine stetige Suche, oder mit den Worten
des ersten Vorsitzenden der Kommission der EWG, Walter Hallstein: Die Einigung Europas sei eine »creatio continua«, ein fort-
laufender Schöpfungsprozess. Diese Gemeinschaft ist »always in
the making«, sie kann und darf nicht stehen bleiben, ganz wie ein
Radfahrer: vorwärtsfahren oder umfallen. Nach der wirtschaftlichen Integration muss auch die politische vollendet werden,
sonst bleiben Kriege wie die im Kosovo und in der Ukraine in
Europa möglich, sonst bleiben Frieden und Sicherheit, Demokratie und Wohlstand bedroht. Dabei ist zweitrangig, wie die
Vereinigten Staaten von Europa schließlich heißen sollen.

Gestärkt werden müssen die schon bestehenden EU-Instru-
mente gegen die Versuche, die EU, Rechtsstaatlichkeit, Demokratie und Medienfreiheit in einigen Staaten unter dem Vorwand
der nationalen Souveränität zu schwächen. Stattdessen müssen
wir aus der Erfahrung der Geschichte die Lehre ziehen, die Völ-
kerrechtsgrundsätze der Souveränität aller Europäer, einschließlich der Wahl ihrer Partner, und der Unverletzlichkeit der Grenzen für das ganze Europa zu akzeptieren. Nur so können wir eine
dauerhafte Friedensordnung sichern.

Natürlich werden auch in diesem Europa Nationen immer
eine Rolle spielen als Träger von Kultur, Geschichte, Identität.
Aber es war nötig und richtig, die Nationalstaaten zwar nicht
aufzulösen, aber zu entmachten, damit wir uns nicht mehr zer-
fleischen können. Darüber sollten die Staatenführer auf dem
Balkan und im Nahen Osten einmal nachdenken, die immer
noch ihre nationale Ausdeutung der Geschichte als Instrument
missbrauchen, um sich gegenseitig an die Kehle zu springen. Wer
dauernd in die Vergangenheit starrt, hat keine Augen für die Zukunft.

Demokratie, Rechtsstaatlichkeit, die Überwindung der Grenzen, Interessenverknüpfung – das waren und sind die Grundideen der Europäischen Union. Wer – und *nur* wer – diese Grundideen beherzigt, darf sich beteiligen. Bei allem Streit zwischen Staaten wegen unterschiedlicher Interessen: Das muss das Überwölbende sein, um handlungsfähig zu bleiben und Frieden und Freiheit dauerhaft zu erhalten. Es wäre gut, wenn die Regierenden innerhalb der EU ihren Bürgern hin und wieder erklären, weshalb die EU eine gute Sache ist.

Die Gemeinschaft der europäischen Staaten, der Binnenmarkt und der Euro haben die Interessen der EU-Mitglieder immer enger verknüpft, auf diese Weise für Frieden und Wohlstand gesorgt und verhindert, dass Europa wieder in Scherben fällt.

Und doch wird die EU gern als Prügelknabe benutzt, auf unerträgliche, niederträchtige Weise ausgerechnet von Regierungen der Einzelstaaten. Keine Regierung redet gut über Europa. Wenn es regnet, war es Brüssel, wenn die Sonne scheint, waren es Paris, Amsterdam und Berlin. Dabei bestimmen diese Regierungen im Rat der EU entscheidend mit!

Und die Menschen? 450 Millionen Europäer in 27 Staaten nehmen den Nutzen der EU als gegeben und selbstverständlich hin – sofern sie ihn überhaupt erkennen können. Der EU-Binnenmarkt steigert die Wirtschaftskraft: Ohne Zollfreiheit, gemeinsame Normierung und Handelspolitik wäre vieles teurer, das Angebot geringer, die Regale wären leer wie in britischen Supermärkten nach dem Brexit, die globale Stellung und Wettbewerbsfähigkeit schlechter. Die EU-Erweiterung bringt auch uns in Deutschland Absatzmärkte, Arbeitsplätze, Wohlstand. Nicht zuletzt: Deutschland hat der EU die Wiedervereinigung zu verdanken.

Die EU bildet mit den Ländern der Europäischen Freihandelszone (Island, Liechtenstein und Norwegen) den Europäischen Wirtschaftsraum (EWR). Ergänzt um die Schweiz ist das der größte gemeinsame Markt der Welt. Dadurch sind diese Staaten weniger abhängig von großen Mächten, wettbewerbsfähiger gegenüber den USA und China, und eine gemeinsame Steuerpolitik könnte die Macht globaler Unternehmen wie Apple und Amazon reduzieren. Und in der Pandemie, in der Energiekrise und beim Krieg Russlands gegen die Ukraine hat Europa gezeigt, dass es große Krisen gemeinsam bewältigen kann. Wer hätte noch vor dem Überfall Russlands auf die Ukraine gedacht, dass die EU zu dieser Geschlossenheit fähig wäre und ein so hohes Maß an finanzieller und militärischer Unterstützung für die Ukraine aufbringen würde? In Zeichen der Bedrohung hat sich die Gemeinschaft bewährt, und das trotz aller Unkenrufe von links und rechts.

Dass zu den derzeit 27 Mitgliedern zehn weitere Staaten der EU beitreten wollen, zeigt, dass dort Freiheit, Wohlstand, Leistungsfähigkeit der Wirtschaft sowie soziale Sicherheit und die jahrzehntelange Stabilität geschätzt werden – anders als bei vielen nörgelnden EU-Inländern. Statt die EU als Sündenbock zu missbrauchen, benötigen wir klare Bekenntnisse in der EU-Politik – auch von einer liberalen und bürgerlichen Partei wie der meinen. Wir müssen unzweideutig aussprechen, weshalb wir Europa aus nationalem Interesse für wichtig halten. Ich bin als Patriot für die EU. Für Europa zu sein ist patriotisch! Wir müssen öfter sagen, wie uns die EU nützt, statt über die angebliche Zahlmeisterrolle zu jammern, und zwar im Land selbst, nicht nur wie der Bundeskanzler bei einer Europarede in Prag. Das wäre eine klare Abgrenzung von denen, die Nationalismus und Isolierung predigen.

Europa ist nur gemeinsam eine Macht, jeder Staat für sich allein wäre absolut machtlos. Es ist an der Zeit, auch das unmissverständlich auszusprechen. Wir müssen die Errungenschaften Europas hervorheben. Wir müssen uns gegen Menschen und Medien stellen, die Europa bei jeder Gelegenheit schlechtreden.

In Großbritannien waren das die Zeitungen von Rupert Murdoch, einem Australier mit amerikanischem Pass, die die europäische Politik miesmachten und das Land in den Brexit trieben.

Auf dem Kontinent, wie die Briten gern sagen, ist aus gegenseitiger Kontrolle Vertrauen geworden. Wir streiten nicht mehr über Grenzen; sie sollen bleiben, wie sie sind, egal, wie sie zustande gekommen sind. Wir kooperieren wirtschaftlich und rechtlich so, dass es kein Unterschied mehr ist, auf welcher Seite der Grenze man lebt oder arbeitet. Elsaß-Lothringen hat zwischen 1871 und 1945 viermal die Nationalität gewechselt, und das summierte sich auf Hunderttausende Tote. Damit ist Schluss, aufrechnen gilt nicht mehr. Die EU ist die am besten funktionierende Friedensordnung. Und der EU-Binnenmarkt hat die Interessen so verknüpft, dass ein Ausstieg für jedes Land teuer wird. Die Briten stecken in der größten wirtschaftlichen und politischen Krise seit dem Zweiten Weltkrieg, und die dafür verantwortlichen Konservativen geben die Wahlen 2025 schon verloren.

Damit sich der Brexit nicht anderswo wiederholt, will ich von den positiven Ergebnissen erzählen, ohne zu verschweigen, was noch besser werden muss. Ich werde die Wahrheit über Europa berichten, gute wie noch unbefriedigende Seiten, damit Ignoranz und Lügen nicht die Oberhand gewinnen.

Was mich am meisten bedrückt: Heute fehlt es an Visionen, an konstruktiven Vorschlägen. Es gibt im Rat und in der Kommission keine Gruppe von wegweisenden Chefs mehr wie Schuman, De Gasperi und Adenauer, wie Mitterrand und Kohl, die sagen, was sie für richtig halten und was sie wollen. Das ist eine Generationenfrage. Die Mocks, Adenauers, Kohls und De Gasperis hätten niemals ihre Überzeugung für nationale Machtpolitik verraten. Heute gilt dagegen: Wer auf seine Prinzipien beharrt, ist politisch ungeeignet. Das führt zu Prinzipienlosigkeit von Politik. Parteiübergreifend. Dass Politik zu Beliebigkeit wird und man nicht mehr für etwas steht, hat Unzufriedenheit der Bürger zur Folge. Niemand fällt heute durch konzeptionelle Ideen auf.

Die ganze CDU, die Partei Adenauers, Kohls und Merkels, fällt nicht durch Ideen zur Entwicklung der EU auf. Zuletzt hatte ich den Eindruck, dass der Schwerpunkt meiner Partei darauf liegt, zu postulieren, was sie nicht will. Den Titel »Europapartei« muss man sich auch in der Opposition immer wieder verdienen. Die CDU muss wieder sagen, wie sie die EU gestalten will, damit wir das Erbe von 75 Jahren Europapolitik nicht verspielen.

»Wer an Europa zweifelt, wer an Europa verzweifelt, der sollte Soldatenfriedhöfe besuchen«, riet Jean-Claude Juncker. Und tatsächlich: Wir leben in einer Welt voller Kriege, aber in Europa war es lange friedlich. Wer an der EU mäkelt, muss für sich die Frage beantworten: Wo möchte er oder sie lieber leben? In den USA, wo Bildung und Medizin eine Frage von Vermögen, Herkunft und Privilegien sind? Wo ein Präsident Trump durch seine spalterische Politik es geschafft hat, den sozialen Zusammenhalt zu zerstören und politische Kompromisse unmöglich zu machen? Wo unschuldige Menschen hingerichtet oder von Polizisten erschossen werden? Oder vielleicht nach Russland, wohin es außer irrlichternde AfDler, einer ehemaligen österreichischen Außenministerin und einem alt gewordenen französischen Schauspieler nur noch Masochisten zieht? Auch linke Nationalisten wie Sahra Wagenknecht gehören dazu.

China? Nahost? Afrika? Nein, danke. Wir wollen lieber mehr Europa wagen und uns gemeinsam verteidigen, um Frieden und Freiheit, Demokratie und Rechtsstaatlichkeit, Wohlstand und soziale Gerechtigkeit zu erhalten. Das heißt nicht, die Heimat zu verleugnen. Was Gottfried Keller sagte, wird weiter gelten: »Achte jedes Mannes Vaterland, doch das deinige liebe!« Heute ist Europa eine Überlebensfrage und muss endlich als Schicksalsgemeinschaft begriffen werden.

II. EIN HERZENSPROJEKT? »NIEMAND VERLIEBT SICH IN DEN BINNENMARKT«

Als ich am 16. April 2019 meine letzte Rede im Parlament der Europäischen Union hielt, stand in Paris Notre-Dame noch in Flammen. Diese Kathedrale war und ist ein großartiges Bauwerk. Es war mir ein Bedürfnis, nach 39 Jahren der Zugehörigkeit festzuhalten, dass ich auch die EU für ein prachtvolles, aber gleichfalls bedrohtes Gebäude mit einer erfolgreichen Geschichte halte. Notre-Dame ist nicht nur ein schönes Gebäude, sagte ich damals. Es ist ein Gebäude des geistigen und geistlichen Europas, des Christentums, das zu uns Europäern gehört. Ich erinnerte an die Trauerfeier für François Mitterrand und die Tränen auf den Wangen von Helmut Kohl. »Unsere gesellschaftlichen Vorstellungen, unser politisches Engagement und, wer weiß, unsere Charaktere: Alles musste uns a priori trennen«, hatte Mitterrand am Ende seines Lebens gesagt. Aber er und Kohl wurden, wenn man das über Politiker sagen kann, Freunde. Und das über den Gräbern von Verdun. Das war Europa, das uns voranbringt und die Untaten der Geschichte hinter uns lässt. Ich erinnerte an Mitterrands Wort im EU-Parlament: »Nationalismus heißt Krieg!« Deshalb haben wir Europäer uns oft in Kriegen entzweit, haben uns wegen des Glaubens oder aus Großmachtsucht verfolgt und bekämpft. Um das zu ändern, haben wir nach 1945 begonnen, alles neu und anders zu gestalten; Leitgedanke war »Nie wieder Krieg, nie wieder Diktatur!« Das war der Ruf der Schumans, Adenauers und De Gasperis. Sie haben, wir haben dieses Ziel erreicht.

Der kürzlich gestorbene herausragende ehemalige Kommissionspräsident Jacques Delors sagte einmal: »Niemand verliebt sich in den Binnenmarkt.« Auch der Hinweis auf viele Jahrzehnte Frieden auf einem über Jahrhunderte kriegerischen Kontinent genügt offenbar nicht, um die Herzen der Menschen zu erwärmen. Brüssel und Straßburg scheinen die Menschen in den vielen Staaten mit den vielen Sprachen und den vielen Kulturen nicht zu beseelen. Dabei gibt es so viel Gemeinsames. Ortega y Gasset stellte zu Recht fest: »Machten wir eine Bilanz unseres geistigen Besitzes auf, so würde sich herausstellen, dass das meiste davon nicht unserem jeweiligen Vaterland, sondern dem gemeinsamen europäischen Fundus entstammt. Vier Fünftel unserer inneren Habe sind europäisches Gemeingut.« Und hat er nicht recht, der spanische Philosoph, wenn er sagt: »Weder Blut noch Sprache machen den Nationalstaat; eher ist er es, der die ursprünglichen Unterschiede der roten Blutkörperchen und des artikulierten Lautes ausgleicht. Und es ist immer so gegangen. Selten, sozusagen nie, ist der Staat mit einer vorher bestehenden Bluts- und Sprachgemeinschaft zusammengefallen.« Die Grenzen waren somit nie »der Anfang der Nation, sondern im Anfang gerade ein Hemmschuh und dann, als sie einmal niedergelegt waren, das materielle Mittel zur Sicherung der Einheit.«

Vielleicht blicken wir etwas verschwommen auf unsere gemeinsame Geschichte, auf jeden Fall sind wir zu kurzsichtig. Theodor Heuss sah klarer; er wusste, wo die grundlegenden Werte Europas liegen. 1950 in seiner Rede »Lob der Schule« an seinem alten Heilbronner Gymnasium sagte er: »Es gibt drei Hügel, von denen das Abendland seinen Ausgang genommen hat: Golgatha, die Akropolis in Athen, das Kapitol in Rom. Aus allen ist das Abendland geistig gewirkt, und man darf alle drei, man muss sie als Einheit sehen.«[2] Unsere 80-Prozent-Identität speist sich aus dem jüdischen und christlichen Denken, der griechischen Philosophie, dem römischen Rechts- und Ordnungsdenken, und ich füge hinzu: aus der Aufklärung durch Immanuel Kant oder Jean-Jacques Rousseau. Das heißt doch unterm Strich: Wir haben gemeinsame Interessen und gemeinsame Werte. Man kann auch sagen, Europas Grundlagen sind die europäische Zivilisation, die nach Frieden strebt, nach Humanität und gleichen Rechten für uns alle. Oder wie es im Artikel 2 des Vertrags über die Europäische Union steht: »Die Werte, auf die sich die Union gründet, sind die Achtung der Menschenwürde, Freiheit, Demokratie, Gleichheit, Rechtsstaatlichkeit und die Wahrung der Menschenrechte.«

Die Europäer haben eine gestaltende Kultur in der Welt entwickelt. Die Menschenrechte wurden im europäisch-westlichen Kulturkreis entwickelt, ihr Geltungsanspruch ist aber universell. Das bestreiten zwar Chinesen und Russen, indem sie behaupten, die Menschenrechtsdefinition mit der Würde des Menschen sei nicht entscheidend, sondern die Gemeinschaft, fast müsste man sagen: die Volksgemeinschaft. Für die Chinesen zählt auch nicht das christliche Menschenbild, wie ich es verstehe.

Gibt es eine europäische Identität? Helmut Kohl formulierte es so: »Die Pfalz ist meine Heimat, Deutschland ist mein Vaterland, Europa ist die Zukunft.« Heimat und Vaterland – das klingt warm, Zukunft klingt vernünftig. Die Debatte, ob jemand Nationaler ist oder Europäer, ist unsinnig. Man sollte Probleme dort angehen, wo man sie lösen kann, in der Region, auf nationaler oder europäischer Ebene. Europa ist ein Produkt der Vernunft, nicht eines der Emotionen. Europa braucht Begründung. Die Nationen dagegen sind gewachsen. Das politische System Polens kann sein, wie es will, Polen bleibt Polen, und die Menschen bleiben zusammen. Die DDR hatte keine eigene nationale Identität, sie war ein Kunstprodukt, für dessen Bestand Gewalt sorgen musste. Deshalb verschwand die DDR, kaum dass die Repression beendet war. Europa hat ebenfalls keine vergleichbare nationale Identität; ein Vakuum muss gefüllt werden. Der Unterscheid zur DDR ist: Die EU ist freiwillig entstanden und basiert auf rechtsstaatlichen Regeln und Freiheit. Selbst in Staaten, deren Regierung zuletzt eine europakritische Haltung hatte, ist die Mehrheit der Bürger für Europa – trotz dieser Regierungen.

Nationen sind entstanden und werden verstanden als gewachsene Schicksalsgemeinschaften. Wenn Deutsche die Berliner Politik für nicht nachvollziehbar oder Unsinn halten, fühlen sie sich trotzdem weiter als Deutsche. Niemand verfällt auf den Gedanken, der deutsche Staat müsse deshalb aufgelöst werden. Die Europäische Union aber wird noch nicht als Schicksalsgemeinschaft begriffen. Sie bedarf deshalb immer einer rationalen Begründung, weil Europa noch nicht mit Emotionen verbunden wird. Die Menschen fühlen Europa noch nicht. Und Gegner der EU betonen stets die Verschiedenheit der Kulturen und Mentalitäten und das Nichtvorhandensein eines einheitlichen »Demos«.

Allerdings gibt es das Verbindende längst. In Westdeutschland hieß es im vorigen Jahrhundert, die Menschen liefen mit dem Grundgesetz unter dem Arm herum. Man nannte diese Menschen Verfassungspatrioten, man kann sagen: Sie waren beseelt vom Grundgesetz. Die Seele Europas ist die Charta der Grundrechte der Europäischen Union, verabschiedet im Dezember 2000 in Nizza, deren Aufnahme in den Vertrag der EU Dänemark, Finnland, Großbritannien, Irland, die Niederlande und Schweden leider verhinderten. Artikel 1 ist fast identisch mit dem Grundgesetz: »Die Würde des Menschen ist unantastbar. Sie ist zu achten und zu schützen.« Die Würde des Menschen ist ein Begriff aus dem christlichen Menschenbild. In der Präambel steht, was erreicht und geplant ist: »Die Völker Europas sind entschlossen, auf der Grundlage gemeinsamer Werte eine friedliche Zukunft zu teilen, indem sie sich zu einer immer engeren Union verbinden.« Eine »ever closer union« also, nicht die Vereinigten

Staaten von Europa, eine Kompromissformulierung gegenüber den Briten.

Abgehoben wird auf das »geistig-religiöse und sittliche Erbe«, die EU gründet sich auf die »unteilbaren und universellen Werte der Würde des Menschen, der Freiheit, Gleichheit und der Solidarität«. Demokratie und Rechtsstaatlichkeit sind Grundsätze der EU, im Mittelpunkt ihres Handelns stehen die Menschen, auf die Vielfalt der Kulturen und Traditionen sowie der nationalen Identitäten ist zu achten. Neben der Freiheit des Personen-, Waren-, Dienstleistungs- und Kapitalverkehrs wird auch der soziale Fortschritt nicht vergessen. Und: »Die Ausübung dieser Rechte ist mit Verantwortlichkeiten und Pflichten sowohl gegenüber den Mitmenschen als auch gegenüber der menschlichen Gemeinschaft und den künftigen Generationen verbunden.« Ähnlich lauten die Bestimmungen des Vertrags über die Europäische Union. Das Ziel ist eine soziale Marktwirtschaft, in der im Rahmen des Binnenmarkts eine Verbindung von Wettbewerbsfähigkeit, Bewahrung der Schöpfung und sozialer Gerechtigkeit gelingen kann.

Es mag ja sein, dass die EU etwas trocken und kühl daherkommt, technokratischer als in den USA, wo es gelungen ist, unter Menschen vielerlei Herkunft einen Mythos zu erzeugen, ein Zusammengehörigkeitsgefühl, den amerikanischen Traum. Aber dass die EU die Seele der Menschen manchmal zu wenig streichelt, zu wenig gefühlig klingt, kann doch nicht die Ursache dafür sein, dass das Vertrauen in die Politik geschwunden sei. Oder dass die »Sehnsucht nach einer Politik, die Hoffnung macht auf eine gute Zukunft, auf Arbeit, Sicherheit und Heimat in einer globalisierten Welt, darauf also, dass die persönliche ›future great again‹ wird«, zu wenig befriedigt werde, wie Heribert Prantl meint. Deshalb können, fürchtet der Journalist der *Süddeutschen Zeitung*, die verächtlichen Reden der Europafeinde so sehr verfangen. Deshalb glauben viele Europäer, die Populisten von rechts und links wollten und könnten die angeblichen Fehler der EU tatsächlich ausbügeln. Prantl behauptet, dass Europas Politiker »zu viel mit der neoliberal-kapitalistischen Politik geschmust« hätten. »Das EU-Europa hat zu wenig getan gegen das Wegbrechen der sozialen Sicherheit, gegen die wachsende Spaltung der Gesellschaft«, urteilt er. Dem kann ich nicht zustimmen. Ich habe immer gemahnt, das Soziale nicht zu vergessen, und dafür gesorgt, dass im Vertrag der Europäischen Union von Lissabon neben Wirtschaftswachstum, Preisstabilität und Wettbewerbsfähigkeit »eine in hohem Maße wettbewerbsfähige soziale Marktwirtschaft« festgeschrieben ist, »die auf Vollbeschäftigung und sozialen Fortschritt abzielt, sowie ein hohes Maß an Umweltschutz und Verbesserung der Umweltqualität hin«. Einverstanden bin ich, wenn Prantl schreibt: »Trotz alledem: Europa ist etwas anderes als die Summe seiner Fehler.«[3] Ich blicke jedenfalls zurück auf eine beträchtliche Summe von Erfolgen.

III. EUROPA IN GEFAHR: WER (UND WAS) DIE EU BEDROHT

Rückkehr des Nationalismus und die Extremisten von rechts und links

Während der Studentenunruhen 1968 hörte ich im Deutschlandfunk ein Interview mit Rainer Barzel, der zu dieser Zeit Fraktionsvorsitzender der CDU/CSU im Bundestag war: »Wir müssen der jungen Generation eine Chance geben«, sagte er. »Die Jugend muss auch mitstreiten dürfen.« Wenige Wochen später war CDU-Kreisparteitag. Ich wagte mich ans Rednerpult: »Liebe Parteifreunde«, sagte ich und sah Barzel direkt neben mir sitzen, »vor ein paar Wochen habe ich von unserem Abgeordneten vernommen, man solle jungen Menschen eine Chance geben. Ich wollte das heute einmal testen.« Nur mit diesen Worten bewarb ich mich um einen Sitz im CDU-Kreisvorstand und war 30 Minuten später gewählt.

Ein halbes Jahr später ließ Barzel mich nach Bonn bestellen. Im Vorzimmer seiner Sekretärin, die später als Stasimitarbeiterin entlarvt werden sollte, wartete ich auf Einlass. Nach einer Weile ging die Tür auf, und Barzel kam mit einem Franzosen heraus, mit dem ich selbst später viel zu tun haben sollte: Valéry Giscard d'Estaing. Noch beeindruckt von dem kurzen Gespräch mit dem ehemaligen Finanz- und Wirtschaftsminister de Gaulles, der zu dieser Zeit Abgeordneter der Nationalversammlung war, saß ich endlich in Barzels Büro, wo er fragte, ob ich ihm im Wahlkampf helfen wolle. Ich wollte. Wenige Wochen später überreichte er mir einen großen Stapel Material über die NPD, die damals in mehreren Landtagen vertreten und auf dem Sprung in den Bundestag war, und sagte: »Sie machen hier im Wahlkreis einen knallharten Wahlkampf gegen die NPD – auch wenn uns das die Macht kostet.« Unser Land und die Demokratie, sagte er, müssten immer vor der Partei stehen. Dass die NPD 1969 nicht in den Bundestag kommt, war ihm wichtiger als die Folgen eines möglicherweise schlechten Wahlergebnisses. Die NPD verfehlte mit 4,3 Prozent ihr Ziel. Aber es trat auch ein, was Barzel befürchtet hatte: Wäre die NPD auf 5 Prozent gekommen, hätte die FDP sich für die Union (46,1 Prozent) entscheiden müssen; für eine sozialliberale Koalition hätte es nicht gereicht. Dass Barzel, der mein politischer Vater war, den Kampf gegen die Rechtsextremen und deren Nationalismus und Rassismus so klar priorisierte, hat mich geprägt – und das wirkt bis heute. Bei Gefahr für Demokratie und Rechtsstaat muss alles Taktieren ein Ende haben.

Für Franz Josef Strauß war in den 1980er-Jahren klar gewesen: »Rechts von der CDU/CSU darf es keine demokratisch legitimierte Partei geben.« Die Union ist und war immer eine Volkspartei. Dass sie nach links gerückt sein soll und deswegen eine Lücke für die sogenannte Alternative für Deutschland (AfD) entstanden sei, ist Propaganda. Was sich geändert hat, sind Verunsicherung und Angst, die wachsen, weil wir mit großen Themen zu kämpfen haben und hatten – Bankenkrise, Migration, Corona, Russlandkrieg. Aus der falschen Hoffnung heraus, die Vereinfacher und Populisten hätten bessere Lösungen, ist in Deutschland ein Tabu gefallen, nämlich das Tabu, rechtsradikal zu wählen.

Frankreich und Italien waren uns diesbezüglich voraus, inzwischen ist dieses Phänomen in allen europäischen Ländern zu beobachten. Überall kehren Nationalismus und Partikularismus zurück, Vorurteile und Verzagtheit, die wir für überwunden hielten. Einige Zeitgenossen glauben in dieser Frage, ihre unverständliche Toleranz sei der Weisheit letzter Schluss, vergessen aber den zweiten Teil von Goethes Wort, dass nämlich Freiheit wie das Leben nur verdient, wer täglich sie erobern muss.

Die Nationalisten betreiben eine paradoxe Politik, die ihre eigene Nation im weltweiten Konzert verzwergt. Das tun sie, indem sie den Binnenmarkt, gemeinsame Außenpolitik, gemeinsame Werte zerschlagen und den Diktator im Kreml stützen anstatt die USA. Das gipfelt im Vorschlag einer deutschen Partei, die sich Alternative nennt, aber ganz gewiss keine ist: »Diese EU muss sterben, damit das wahre Europa leben kann.«

So etwas behauptet der Rechtsextremist, den diese Partei auf ihrem Parteitag im August 2023 zu ihrem Spitzenkandidaten für die EU-Parlamentswahlen im Juni 2024 gemacht hat. Maximilian Krah sitzt seit 2019 im EU-Parlament; »Vasall der Vereinigten Staaten« nennt er die EU. Der Vasall ist er, ein Vasall Putins. Krahs Äußerungen bezeichnet der Verfassungsschutz als »völkisch-nationalistisch« und »verfassungsfeindlich«. Wir müssen die Krahs stellen, statt ihnen nachzulaufen, und klar sagen, wohin ihr Weg führt: Er und seinesgleichen wollen die supranationale EU zerstören und durch ein Europa der Nationen ersetzen, ein Konzept, das in den vergangenen 300 Jahren alle 30 Jahre zu Krieg geführt hat. Die Rückkehr zum Nationalen wäre das Ende des Friedens, unseres Wohlstands und auch der Sicherheit Deutschlands.

So oder so käme das Schleifen der EU einer Revolution gleich, der Zerstörung eines einflussreichen Staatenverbunds, wie wenn ein dreitausendteiliges Puzzle zerstört wird. Wo wäre dafür ein Konsens? Wo eine neue Philosophie? Käme es so weit, würden die Menschen in Europa merken, welch schönes Gebilde dieses Puzzle war, wie sorgfältig es zusammengefügt war, um – und das zuallererst – den Frieden zu bewahren auf dem einst kriegerischen Kontinent mit dem deutschen Problem in dessen Mitte.

Steter Tropfen:
Rechtsaußen in Regierungen und im EU-Parlament

Nach der ersten Direktwahl 1979 (vor 45 Jahren) waren elf Rechtsradikale aus Dänemark und Italien ins EU-Parlament einzogen. Mit unzähligen Dringlichkeits- und Änderungsanträgen versuchten weniger als drei Prozent der Abgeordneten, das Parlament zu lähmen. Erfolglos. Fünf Jahre später leitete Jean-Marie Le Pen, Gründer und langjähriger Vorsitzender (1972–2011) des französischen Front National, die kleine Fraktion der Europäischen Rechten aus Franzosen, Italienern, Griechen und Nordiren. Noch einmal fünf Jahre danach – noch vor dem Mauerfall – drangen erstmals auch deutsche Rechtsradikale in Straßburg ein, die sich den Namen Republikaner gegeben hatten. Aber auch damals kamen die Rechtsradikalen aller EU-Länder kaum über drei Prozent hinaus (17 Abgeordnete).[4]

In Großbritannien übrigens gehörten die Europaskeptiker der 1980er-Jahre der britischen Labour-Partei an. Sie dachte damals nationaler als die Konservativen, die zu Zeiten von Maggie Thatcher klar proeuropäisch waren. Das Denken der Europaskeptiker und -kritiker ist jahrhundertealt, beim britischen Premierminister Lord Palmerston (1784–1865) hieß das: »Wir haben keine ewigen Verbündeten und keine immerwährenden Feinde. Unsere Interessen sind ewig und immerwährend, und es ist unsere Pflicht, diesen Interessen zu folgen.«[5] Die Folge war *splendid isolation,* die angeblich wunderbare Abschottung der Insel. Diese Isolierung hat erst Tony Blair unterbrochen.

Auch im letzten Jahrzehnt des vorigen Jahrhunderts spielten die Rechtsaußen in Straßburg und Brüssel keine Rolle. Erst als sie die EU und den Euro mit nationalistischen und populistischen Parolen attackierten und Angst wegen der Migration schürten, kamen sie zu zweistelligen Ergebnissen. Inzwischen stehen knapp 20 Prozent der Abgeordneten im EU-Parlament rechts von der christdemokratischen Europäischen Volkspartei

(EVP), 139 von 705 Männern und Frauen waren es zuletzt. Nach den Wahlen zum nächsten EU-Parlament Anfang Juni 2024 könnten es mehr sein. Derzeit haben sich 66 Rechtspopulisten, Rechtskonservative und Nationalisten aus 16 Mitgliedsstaaten und 20 Parteien in der Fraktion »Europäische Konservative und Reformer« (EKR) zusammengeschlossen, darunter 24 Abgeordnete der polnischen Partei »Recht und Gerechtigkeit« (PiS) und 9 von »Fratelli d'Italia«, die in Italien regiert, wo unsere einstige große christdemokratische Schwesterpartei in den 1990er-Jahren untergegangen ist, die Democrazia Christiana von Alcide De Gasperi, Aldo Moro und Giulio Andreotti.

Zum rechten Rand in Straßburg muss auch die ungarische Fidesz-Partei gerechnet werden, deren elf Vertreter 2021 die christdemokratischen »Europäischen Volkspartei« (EVP) verlassen haben und damit dem Ausschluss zuvorkamen. Wie die Rechtspopulisten und -extremen in den beiden Fraktionen fallen sie durch rassistische und nationalistische Äußerungen auf, auch durch Ablehnung von Flüchtlingen und Hass gegen sexuelle Minderheiten und Muslime sowie durch Antisemitismus und enge Kontakte zu Wladimir Putins Russland.

Der Ganz-weit-Rechtsaußenfraktion, die sich den Namen Identität und Demokratie (ID) gegeben hat, gehören 62 Populisten und Extremisten aus acht Mitgliedstaaten an, davon 25 Repräsentanten der italienischen Lega und 18 des »Rassemblement National« aus Frankreich (früher Front National), wo Marine Le Pens Partei inzwischen vor den bürgerlichen Parteien stärkste Kraft ist. Daneben sitzen auch neun Mitglieder der sogenannten Alternative für Deutschland (AfD) und ebenso viele der Freiheitlichen Partei Österreichs (FPÖ). Zahlreiche Mitglieder dieser Fraktion liebäugeln (um das Mindeste zu sagen) mit dem Austritt ihres Lands aus dem Euro oder gar der EU.

Europas Rechte scheuten 2019 nicht davor zurück, ihren Wahlkampf mit Millionensummen aus russischen Kassen zu finanzieren wie Le Pen und sich wie Matteo Salvini (Lega) von Donald Trumps Wahlkampfstrategen Stephen Bannon beraten zu lassen. AfD- und FPÖ-Abgeordnete besuchten die Krim, womit sie Putins imperialistische Politik anerkennen wollten. Das heißt, sie arbeiten mit denen zusammen, die alle liberalen Demokratien, Europa und den Frieden zerstören wollen. Und in Deutschland stützen Wagenknecht und Weidel Putins und Xis Politik.

Die AfD sprach auf ihrem Parteitag in Magdeburg Ende Juli 2023 von einem »Umbau der EU«, die ein »gescheitertes Projekt« sei, in einen »Bund europäischer Nationen«. Ein »Europa der Vaterländer« schwebt ihnen vor, »in dem nationale, regionale und kulturelle Eigenheiten geachtet und verteidigt werden«. Genau das aber leistet die EU schon längst – sichtbar und hörbar zum Beispiel in der Sprachenfrage; in der EU werden alle Zungen gesprochen und gehört. In Wahrheit konnten sich die Rechten im Parlament nur auf einen Punkt einigen: Ablehnung der EU.

Der Präsident des Bundesamtes für Verfassungsschutz, Thomas Haldenwang, sieht in der AfD »starke verfassungsfeindliche Strömungen«, deren Einfluss zunehme. Der AfD-Delegation im kommenden Europäischen Parlament werden Personen angehören, sagte er damals, »die in der Vergangenheit mit Positionen aufgefallen sind, die nicht mit unserer freiheitlichen demokratischen Grundordnung vereinbar sin«.[6]

Der Höhenflug der AfD schadet auch der deutschen Wirtschaft: BDI-Chef Siegfried Russwurm warnte vor einer »Wende rückwärts zu Nationalismus«, das sei »schädlich für dieses Land: für die Wirtschaft und für Ansehen und Erfolg Deutschlands im globalen Kontext«.[7] Laut einer Umfrage des Instituts der deutschen Wirtschaft sorgen sich auch andere Wirtschaftsverbände vor einem Erstarken der AfD, 60 Prozent sehen ein hohes Risiko für den Wirtschaftsstandort, wenn die AfD langfristig erstarkt, weitere 36 Prozent ein geringes Risiko. Das trifft dann auch die Menschen. Die Wirtschaftsleistung pro Kopf sinkt binnen 15 Jahren um zehn Prozent, haben Ökonomen des Kieler Instituts für Weltwirtschaft errechnet. Die Partei sei »nicht nur demokratie-, sondern auch innovations- und fortschrittsfeindlich«, urteilt ein Siemens-Sprecher in der *FAZ*. Das schade der Wettbewerbsfähigkeit des Standorts Deutschland. Staatsverschuldung und Inflation steigen, wo Populisten regieren. Investoren und qualifizierte Fachkräfte aus dem Ausland werden abgeschreckt, fürchtet der Präsident des Deutschen Instituts für Wirtschaftsforschung, Marcel Fratzscher. Das gilt insbesondere für hoch qualifizierte Menschen, wie Dresden von 2014 an wegen der Pegida-Demonstrationen und das Vereinigte Königreich nach dem Brexit feststellen mussten, wo in den staatlichen Krankenhäusern Personal fehlt. Auch Investoren könnten abgeschreckt werden.[8]

Die AfD ist also auch ein Standortrisiko. Wer das versteht, kann diese Parteien nicht wählen. Wir müssen verhindern, dass die Nationalisten von rechts wie links Parlamentssitze und damit Machtpositionen erringen. Leider sehen das nicht alle so kompromisslos. Ausgerechnet führende Unternehmer und Manager halten sich zurück, wenn sie über diese Partei reden sollen. In einer Umfrage des *Handelsblatts* unter Dax-Unternehmen antworteten die meisten CEOs mit Schweigen. Das gilt leider auch für Familienunternehmen. »Wir sind keine Unternehmenszentrale für politische Bildung«, sagte einer der Befragten. Unternehmen hätten »kein Mandat, um Empfehlungen für oder gegen einzelne Parteien auszusprechen«, meint ein anderer. Evonic Chef Christian Kullmann nennt das »feige«. Er hat recht. Jeder Bürger hat ein Recht, seine Meinung zu äußern. Und manche haben die Pflicht dazu. Unternehmer müssen ihren Beschäftigten gegenüber die Konsequenzen offenlegen, wenn eine Partei den Standort gefährdet oder deren Mitglieder gar im Unternehmen agitieren. Die Unternehmerschaft kritisiert täglich die demokratischen Parteien, aber zur AfD sind sie neutral? Das ist erschreckend. Nötig wären Härte und Vorbilder, statt Männer wie Theo Müller von Müllermilch, der sich zu privaten Treffen mit der Chefin der AfD verabredet. Das ist entweder dämlich oder politisch unverantwortlich.

Die Union und die AfD:
Niemand sollte den Radikalen hinterherlaufen

Das Parteiemblem der italienischen Partei Fratelli d'Italia ziert die Flamme auf dem Grab von Mussolini. Auch Manfred Weber (CSU), Chef der EVP-Fraktion im Europaparlament, sieht das mit Sorge. Doch Giorgia Meloni ist Italiens Regierungschefin. Deshalb sagte Weber im Sommer 2023: »Aber heute reden wir miteinander, wie wir die großen Fragen Europas gemeinsam als Europäer lösen können. Anders formuliert: Italien gehört zum Kern Europas. Ein Europa ohne Italien ist nicht denkbar.«[9] Eine Kooperation mit Parteien aus der EKR-Fraktion wie der tschechischen ODS oder den Fratelli im EU-Parlament hielt Weber für möglich. »Meloni ist bei Europa konstruktiv, steht an der Seite der Ukraine, und beim Rechtsstaat gibt es in Italien keine Probleme.« Es gebe aber »eine klare Brandmauer zu allen Radikalen. Drei fundamentale Prinzipien sind: pro Rechtsstaat, pro Europa, pro Ukraine.«

»Rechtsruck im Visier«, titelte die *Süddeutsche Zeitung* und fragte: »Bereitet der Bayer eine alternative Mehrheit im Europäischen Parlament vor?« Die Antwort gab Autor Hubert Wetzel sich selbst: »De facto folgt er mit seiner Öffnung gegenüber Parteien aus der EKR-Fraktion also auf europäischer Ebene einem politischen Rechtsruck, den es in der EU derzeit auf nationaler Ebene vielerorts längst gibt.«[10] Die *Stuttgarter Zeitung* sieht Weber »auf Kuschelkurs mit den extremen Rechten«.[11]

In zahlreichen EU-Staaten regieren die Rechten bereits mit. Konservative Regierungen in Schweden und Finnland lassen sich von den EKR-Parteien »Schwedendemokraten« und »Wahre Finnen« stützen. In Österreich sehen die Umfragen die FPÖ wieder vorn, die Partei, die nach der Ibiza-Affäre als erledigt galt. In Griechenland erweiterten jüngst die »Spartaner« die rechte Phalanx zweier nationalistischer Parteien. Die Regierenden in Polen (bis zum Regierungswechsel) und Ungarn fallen mit nationaler und populistischer Anti-EU-Rhetorik auf. Nicht wenige schauen besorgt nach Frankreich, wo Marine Le Pen immer mehr Zustimmung erntet und Präsidentin werden möchte. In Spanien schließlich stand der Chef des Partido Popular (PP), Alberto Núñez Feijóo, nicht mehr eindeutig gegen die rechtsextreme Partei Vox, sondern er liebäugelte mit einer PP-Vox-Regierung. Und in Deutschland findet die AfD in Umfragen höhere Zustimmungswerte als die Kanzlerpartei.

Meine eiserne Regel lautet: Schulter an Schulter mit Radikalen kann eine bürgerliche Partei keine Wahlen gewinnen. Und das auch nicht wollen. Weil das unanständig ist! Dass die EU-Kommissionspräsidentin mit Italiens Regierungschefin zusammenarbeitet, bleibt davon unberührt. Wenn Ursula von der Leyen mit Georgia Meloni nach Tunesien reist, um mit einem »Mittelmeer-Pakt« die Migration zu bekämpfen, deren Hauptlast Italien trägt, ist das unumgänglich. Es wäre ihr auch gar nicht möglich, mit der gewählten Regierungschefin Italiens und damit mit dem ganzen Land nicht mehr zu sprechen. Auch im Europäischen Rat müssen sich die Staats- und Regierungschefs mit der Italienerin verständigen. Aber niemand ist verpflichtet, mit radikalen oder extremen Parteien eine permanente Koalition einzugehen. Mit Demokratie- und Europafeinden zu arbeiten, nur um Mehrheiten zu finden, das darf uns nicht genügen.

Im EU-Parlament haben die demokratischen Parteien einen »Cordon sanitaire« vereinbart, dass die ID-Fraktion mit AfD und Le Pen, die die EU nicht weiterentwickeln, sondern abwickeln möchten, von allen führenden Positionen in den Ausschüssen etc. ausgeschlossen ist. Das ist im Parlament nicht nur eine Frage der EVP, sondern erfordert gleichzeitig Antworten der »Progressiven Allianz der Sozialdemokraten im Europäischen Parlament« (S&D), der liberalen »Renew Europe«, der »Fraktion der Grünen/Freie Europäische Allianz« (Grüne/EFA); sie müssen bereit sein, mit der EVP gemeinsame Lösungen zu erarbeiten und diese gemeinsam zu vertreten, statt auf starren Positionen zu verharren. Bei Abstimmungen muss das Parlament versuchen, Kompromisse und damit Mehrheiten innerhalb der demokratischen Mitte zu finden. Die Stärkung der Demokratie ist Aufgabe aller Demokraten. Das gilt übrigens auch gegenüber den Linken, mit denen die SPD in Bundesländern koaliert, in denen sich alternative Mehrheiten hätten finden lassen. Die SPD hat nie dabei geholfen, die SED-Nachfolger zu verdrängen, obwohl sie bis heute nicht bereit sind, die DDR als Unrechtsstaat zu bezeichnen. Und Webers Maßstäbe – »pro Rechtsstaat, pro Europa, pro Ukraine« – müssen die Sozialisten auch auf einige ihrer Koalitionspartner anwenden, sicherlich auf das Bündnis Sahra Wagenknecht (BSW), dessen Programm fast deckungsgleich mit dem der AfD ist. Die Partei wird nach ihrer Führerin benannt, welche Arroganz, die ich aus unserer gemeinsamen Zeit im EP und aus manchen gemeinsamen Auftritten in Talkshows kenne. Die Partei wird europapolitisch zu einem linken, nationalistischen Abklatsch der AfD: gegen Binnenmarkt, Währungsunion und heutige EU, für Putin, Antiamerikanismus und Antisemitismus mit ähnlichen Vorstellungen zur Migration.

Die Stärkung der Demokratie ist auch Aufgabe der Wähler. Es verbietet sich, die Europawahl als Ventil zu missbrauchen, wo man einmal so richtig sein Mütchen kühlen kann. Wer die Wahlen als Blitzableiter missbraucht, könnte sein blaues Wunder erleben. Wir sollten diese Europawahl als das erkennen, was sie ist: die Entscheidung über die Zukunft der EU. Wir sollten die

Demokraten stärken, denn die Rechtspopulisten im EU-Parlament stellen die Systemfrage, sie kratzen an Demokratie und Rechtsstaat.

Das Wort »Brandmauern« missfällt mir, aber die demokratischen Parteien müssen eindeutig feststellen, dass sie mit Antidemokraten keine Koalition bilden. Die Sozialdemokratische Partei Europas (SPE) hat deshalb vorbildlich gehandelt, als sie Robert Fico und seinen slowakischen Bündnispartner suspendierte, weil die Programmatik der Regierungskoalition (Smer und Hlas sowie rechtspopulistische Slowakische Nationalpartei SNS) mit den progressiven Werten und Prinzipien der europäischen Sozialdemokratie nicht vereinbar ist. Vor allem Robert Fico war durch nationalistische Äußerungen über Migration, Rechtsstaatlichkeit sowie nicht-heterosexuelle Lebensformen aufgefallen; er hatte sich gegen die Russland-Sanktionen und Militärhilfe für die Ukraine gestellt und politische Gegner als »amerikanische Agenten« bezeichnet. Die Suspendierung von Ficos Partei war eine vorbildliche Leistung des Vorsitzenden der SPE, des ehemaligen schwedischen Ministerpräsidenten Stefan Löfven, den ich bei unserem Gespräch am Tag nach den Wahlen in der Slowakei dazu gar nicht weiter zu ermutigen brauchte.

Vorbildlich auch die Entwicklung in Polen. Dass dort Donald Tusk die PiS-Regierung ablösen konnte, ist das Ergebnis von Standfestigkeit. Kampf, Kampf, Kampf. Dagegenhalten. Nicht mitmachen. Den Rechten nicht hinterherlaufen. Das war ein Triumph der Demokraten gegen die Europagegner, auch ein Triumph Europas.

Auf die Frage, wie demokratische Parteien mit undemokratischen umgehen sollen, hat Jean-Claude Juncker das bis heute gültige Maß gefunden: »Politiker, die dauernd Populisten hinterherlaufen, sehen die Wähler immer nur von hinten.« Und bis heute gilt, was im Abgrenzungsbeschluss meiner Partei steht: »Die CDU Deutschlands lehnt Koalitionen und ähnliche Formen der Zusammenarbeit sowohl mit der Linkspartei als auch mit der Alternative für Deutschland ab.« Das gilt uneingeschränkt bis heute.

AfD und CDU: Was heißt hier Zusammenarbeit?

Im ZDF-Sommerinterview sagte Friedrich Merz am 23. Juli 2023: »Wenn ein Bürgermeister gewählt wird, der der AfD angehört, ist es selbstverständlich, dass man nach Wegen sucht, wie man dann in dieser Stadt weiter gemeinsam arbeiten kann.« Tatsächlich waren in Sachsen-Anhalt ein Bürgermeister und in Thüringen ein Landrat mit AfD-Parteibuch gewählt worden. Und für diesen Fall sagte Merz, in Kommunalparlamenten müsse »nach Wegen gesucht werden, wie man gemeinsam die Stadt, das Land, den Landkreis gestaltet«. Das war eine unglückliche, missverständliche Einlassung.

Wenn demokratische Parteien mit extremistischen gemeinsame Sache machen, geht es nicht nur darum, dass die Menschen sich daran gewöhnen, dass solche Parteien gleichberechtigt mitreden. Es geht um konkrete Folgen für das Zusammenleben der Menschen in den Kommunen, nicht nur um Flucht und Asyl; es geht um Straßenbau und Verwaltungsgebühren, um Kindergärten und kulturelle Förderung, Jugendclubs und Stolpersteine sowie Sitze in Ausschüssen. Es geht um die Verteilung, die Zuteilung von Mitteln.

Es lohnt sich deshalb, einmal in die »Niederungen« der Kommunalpolitik hinabzusteigen und zu schauen, worum es (Merz) ging: Wer auf kommunaler Ebene politisch arbeitet, kommt am Bürgermeister oder am Landrat nicht vorbei, weil der Landrat oder der Bürgermeister die Tagesordnung aufstellt und die Sitzung leitet. Das sind formale Fragen, und es geht nicht um »Zusammenarbeit«, sondern um einen »konstruktiven Umgang«, wie es Sachsens Ministerpräsident Michael Kretschmer nannte. Ferdinand von Schirach hat am 24. August 2023 bei »Markus

Lanz« sehr anschaulich erklärt, wieso es in der Kommunalpolitik nicht anders geht, wenn der Bürgermeister oder Landrat der AfD angehört: »Es ist so, dass Sie in einem Länderparlament, einem Bundesparlament oder dem Europäischen Parlament den AfD-Abgeordneten komplett ignorieren können. [...] Sie müssen nie und an gar keiner Stelle mit ihm zusammenarbeiten. Auf kommunaler Ebene ist dieser Mann eine Amtsperson, ein sogenannter gewählter Beamter. Und es geht gar nicht, dass Sie nicht mit dem zusammenarbeiten. Wenn der anruft, müssen Sie ans Telefon gehen. [...] Weil es das Amt ist. [...] Es gibt natürlich immer Möglichkeiten, dass Sie selbst Anträge einbringen um diesen Mann herum. Aber er ist trotzdem die Amtsperson.« Das heißt, wenn ich politisch etwas unternehmen möchte, einen Antrag stellen möchte, dann führt der Weg über das Amt, ganz gleichgültig, wer dort sitzt. Aber ich muss mit dieser Amtsperson inhaltlich keinen Millimeter zusammenarbeiten. Kooperieren sollten in Kommunalparlamenten die bürgerlichen Parteien der Mitte mit Sozialdemokraten und auch den Grünen. Sie müssen Kompromisse eingehen, die besser sind als das Angebot der anderen.

Für die CDU gibt es im Umgang mit den Rechtsaußen nur eine richtige Antwort: Das Parteiprogramm ist die Antwort der CDU für Politik in unserem Land. Daraus ergibt sich die Abgrenzung zu den Rechtsaußen. Was die AfD *auch* fordert, interessiert nicht, entscheidend und maßgebend ist, was *wir* fordern. Wir dürfen nicht bestimmte Dinge nicht aussprechen, nur weil das auch eine andere Partei sagt, sondern wir müssen das in den Kontext unseres ganzen Weltbilds stellen.

Unbegreiflich ist, wenn Mitglieder meiner Partei sich auf geheimen oder »privaten« Treffen mit den Rechten als zur »wahren Schwarmintelligenz«[12] gehörend erklären oder dieser Partei gar Geld spenden (Alexander Mitsch). Verantwortungsvergessen ist es, wenn CDU-Mitglieder erklären, bei der nächsten Wahl das

Kreuz bei der AfD zu setzen, wenn sie für »bürgerliche Koalitionen mit der AfD« werben (Max Otte) oder gar sich von der AfD als Bundespräsidentenkandidat aufstellen lassen. Dazu kann ich nur sagen: Diese Leute haben keine Werte, sie haben ein anderes Menschenbild als die CDU.

Die sogenannte Werteunion will die Volkspartei nicht auf ihre Wurzeln zurückführen, sie will eine andere Partei. Sie will mit Neonazis zusammenarbeiten und verkürzt Demokratie auf das Formale. Deshalb sollte es eine Unvereinbarkeitsregelung von CDU und Werteunion geben. Wehret den Anfängen. Die meisten Wähler der CDU erwarten, dass wir weder mit rechts- noch mit linksextremen Parteien zusammenarbeiten, also auch nicht mit der AfD. Wer dem nicht folgen will, wer die Werte der Union nicht teilt und den Abgrenzungsbeschluss unterläuft, muss die CDU verlassen. Die Werteunion, die jetzt eine Partei ist, gehört bei Wahlen zu den Gegnern der Union.

Migration, Umwelt, Soziales: Was der Staat tun und lassen soll

Vor dem Gipfel von Amsterdam waren die Ministerpräsidenten Kurt Beck und Edmund Stoiber bei Helmut Kohl. Es ging um Mehrheitsentscheidungen in der Innenpolitik, und das betraf neben dem Schutz des deutschen Öffentlich-Rechtlichen Rundfunks auch die Migration. Sie sagten ihm: Wenn du das befürwortest, werden wir den Vertrag von Amsterdam im Bundesrat nicht ratifizieren. Am nächsten Tag, kurz vor Mitternacht, eine Viertelstunde vor Ende der Verhandlungen, stand dieser Punkt noch auf der To-do-Liste. Während ich mit Werner Hoyer im Vorraum wartete, rief der holländische Ratspräsident die letzten verbleibenden Punkte nur noch auf, bei nur einem Nein eines Chefs wurde nicht weiterverhandelt, sondern das Thema war durchgefallen. Danach kam Kohls Chefberater Joachim Bitterlich heraus und ließ uns wissen, dass der Kanzler wegen dieses Themas nicht den gesamten Vertrag scheitern lassen wollte. Die Bundesländer wollten auf diesem Feld keine Mehrheitsentscheidungen, die Bundesregierung wollte. Der Bundeskanzler entschied sich zu nehmen, was möglich war, und die Frage der Mehrheitsentscheidungen zu vertagen. Wir haben sie schließlich im Vertrag von Lissabon bekommen. Allerdings haben die Innenminister das nie angewandt, sondern sich im Ministerrat darauf geeinigt, freiwillig beim Konsensprinzip zu bleiben.

Ich wünschte, das Europäische Parlament verklagte bei Gelegenheit den Innenministerrat vor dem Europäischen Gerichtshof (EUGH), weil er die Entscheidungsmöglichkeiten des Lissabon-Vertrags nicht ausnutzt, wie das Europäische Parlament mit großer Mehrheit festgestellt hat.[13] Auch wer das Recht auf Mehrheitsentscheidungen bewusst nicht anwendet, verstößt gegen den Vertrag.

Denn das hat Folgen: Als 2015 die Flüchtlinge in großer Zahl vor der Tür standen, sagten die Deutschen plötzlich: Jetzt wollen wir die Mehrheitsentscheidung. Da fragte Polens frisch gewählte PiS-Regierung und andere: Wieso jetzt? – und mauerten. Bis heute. Stoibers und Becks Politik erwies sich im Nachhinein als Fehler, wofür wir seit 2015 den Preis zahlen.

Weshalb die Ministerpräsidenten am Vetoprinzip festhielten, ist leicht zu durchschauen. Asylsuchende müssen gemäß den sogenannten Dublin-Verfahren des Gemeinsamen Europäischen Asylsystems (GEAS) in dem Staat um Asyl bitten, in dem sie in die EU einreisen, und Deutschland hat so gut wie keine Außengrenze. Als die Flüchtlinge noch in Italien oder Griechenland gestrandet waren, lehnte die Bundesregierung die Kontingentlösung stets ab. Und nun, im September 2015, als Hunderttausende zu Fuß nach Deutschland wanderten, wünschte die Bundeskanzlerin Solidarität der Europäer, die einen fairen Anteil an den von ihr gerufenen Gästen übernehmen sollten. Europa war dazu nicht bereit und stellte die verlogene deutsche Flüchtlings- und Migrationspolitik der vergangenen Jahrzehnte bloß. Dass so viele Deutsche Merkels Politik guthießen und tatkräftig unterstützten, spricht für sich.

Und wer hätte auch kaltherzig über die Bilder hinwegsehen können: den langen Treck der Jahre 2015 und 2016 auf der sogenannten Balkanroute, die leckgeschlagenen Boote auf dem Mittelmeer? Wer erinnert sich nicht an den kleinen kurdischen Syrer Alan Kurdi, mit der Familie vor den Bomben des sogenannten Islamischen Staats aus Kobani geflüchtet und leblos an den Strand in der Nähe von Bodrum gespült, die 71 Toten im Lastwagen auf der Autobahn im Burgenland? Wer könnte die vielen Verzweifelten vergessen, die am Bahnhof in Budapest festsaßen, bis sie sich schließlich in einem »March of hope« zu Fuß nach Österreich und von dort nach Deutschland aufmachten?

Fast 900 000 Menschen wanderten 2015 nach Deutschland, fast eine halbe Million stellten einen Antrag auf Asyl, 327 000 allein aus Syrien, starke Gruppen auch aus Afghanistan, Irak und Pakistan.[14] Zuwanderung – auch von Fachkräften und Studenten, vor allem aus dem europäischen Ausland –, führte zu einem »Wanderungsgewinn« von mehr als einer Million Menschen. Der Migrationsbericht des Bundesamts für Migration und Flüchtlinge hält für dieses Jahr fest: »Deutschland ist im europäischen Vergleich weiterhin Zielland Nummer eins von Migranten.«

Die Ursachen dafür sind nicht schwer zu finden. Es liegt an unseren vergleichsweise großzügigen Sozialleistungen und dem intensiven juristischen Schutz für Migranten sowie an der zunehmenden Fehlinterpretation unseres Asylrechts. So hat das Bundesverfassungsgericht festgestellt: Es gibt keine Verpflichtung, Bargeld auszuzahlen. Wir sind auch beim Abschieben zu nachlässig, wenn jemand nach 18 Monaten abgelehnt ist und nicht arbeitswillig ist. Es fehlt an Mut, Fehler zu korrigieren.

Viele Deutsche glaubten damals, die Flüchtlinge würden das Land überfordern. Als das Problem offensichtlich war, im Sommer und Herbst 2015, machte Angela Merkel vieles richtig. »Wir schaffen das«, sagte sie auf einer Pressekonferenz am 31. August. »Und dort, wo uns etwas im Wege steht, muss es überwunden werden, muss daran gearbeitet werden.« Später fragte sie, sich rechtfertigend, ob man denn die Leute hätte sterben lassen sollen auf der Balkanroute und im Mittelmeer. Sie meinte: »Das war eine Lage, die unsere europäischen Werte wie selten zuvor auf den Prüfstand gestellt hat. Ich sage: Dies war nicht mehr und nicht weniger als ein humanitärer Imperativ.«[15]

Aber das alles hätte nicht geschehen müssen. Merkel hätte Monate zuvor verhindern können, dass die Flüchtlinge überhaupt zu uns kommen. Im Frühjahr 2015 war ich in Ankara in einer Delegation zum Gespräch mit dem türkischen Präsidenten. Ich kannte Recep Tayyip Erdoğan schon aus Zeiten, als er Oberbürgermeister in Istanbul war. Wir sprachen über das Assoziierungsabkommen, das bereits 1963 geschlossen worden war, die Zollunion (seit 1995), den gewünschten EU-Beitritt der Türkei, über deren stabilisierende Bedeutung in der Region und den Einfluss auf die turksprachigen Völker in der Region, die früher zur Sowjetunion gehörten. Und dann sagte Erdoğan: »Können wir mal allein etwas besprechen?« Wir gingen in eine Ecke, mit Dolmetscherin. Erdoğan sagte: »Wir haben dreieinhalb Millionen Flüchtlinge aus Syrien, ich kann das nicht mehr allein bewältigen.« Die Betreuung der vielen Menschen überforderte den türkischen Staat. Er bat mich, diese Botschaft an die Bundeskanzlerin zu übermitteln und sie um Hilfe zu bitten. Ich ging zu Merkel, aber sie steckte gerade in der Schlussphase der Rettung Griechenlands. »Kannst du damit in drei Monaten wiederkommen?«, sagte sie kurz angebunden. Wenig später öffnete Erdoğan die Grenzen, und sie sind gekommen, die Flüchtlinge.

Offensichtlich war und ist: Wir können die alte EU-Regel,

wonach Flüchtlinge in dem Land bleiben müssen, in dem sie den Boden der EU betreten haben, nicht mehr halten. Sonst müssten die meisten Flüchtlinge für immer in Italien und Griechenland bleiben. Wir können doch nicht verlangen, dass die Mittelmeerstaaten all die Flüchtlinge bei sich dulden müssen. Das ist nicht hinnehmbar. Und Merkel hat danach gehandelt.

Europas Versäumnis in der Asylpolitik – man kann es auch Versagen nennen – hat sich in den Jahren seit 2015 deutlicher als zuvor offenbart, und nichts drückte es offensichtlicher aus als Victor Orbáns Bemerkung, dass die Flüchtlingskrise kein europäisches Problem ist, sondern ein deutsches.

Verlogene deutsche Migrationspolitik

Seit 2015 redeten die Verantwortlichen der EU-Staaten deshalb im Ministerrat darüber, wie Flüchtlinge in Zukunft in der EU verteilt werden könnten und illegale Einwanderung zu verhindern sei. Aber es kam zu keiner Einigung. Im Juni 2015 beschloss der Europäische Rat (unter seinem polnischen Präsidenten Donald Tusk), dass eine Umverteilung von Flüchtlingen nur »unter Berücksichtigung der besonderen Situationen der Mitgliedstaaten« und »einvernehmlich« erfolgen könne. Dennoch schlug Kommissionspräsident Jean-Claude Juncker vor, zur Entlastung der am meisten geforderten Mitgliedstaaten die Umverteilung von 120 000 Flüchtlingen mit qualifizierter Mehrheit zu ermöglichen, was Artikel 78 Abs. 3 des Vertrags über die Arbeitsweise der EU genau so vorsieht. Aus der Slowakei, aus Ungarn und aus Tschechien erntete Juncker wütende Proteste. Doch der damalige Vorsitzende des Innenministerrats, der luxemburgische Außenminister Jean Asselborn, setzte den Vorschlag im September 2015 zur Abstimmung auf die Tagesordnung, und die Abstimmung ergab mit Unterstützung von Deutschland und Frankreich eine qualifizierte Mehrheit für die Umverteilung, wonach etwa 80 000 Flüchtlinge solidarisch umverteilt wurden. Klagen gegen diesen Ratsbeschluss aus Ungarn und der Slowakei beschied der EuGH im September 2017 negativ und verurteilte sie 2020, da sie sich entgegen dem Beschluss von 2015 geweigert hatten, Flüchtlinge solidarisch aufzunehmen.

Um der nachlässigen Haltung der Politik und dem Unbehagen gegenüber der Migration bei einem wachsenden Teil der Europäer zu begegnen, hat die Kommission 2022 endlich darauf gedrängt, das Gemeinsame Europäische Asylsystem zu reformieren. Die Deutschen bremsten weiter. Zuletzt hieß es, man befürchte, damit würden Schutzstandards herabgesetzt und der Nachzug von Minderjährigen, Angehörigen und Behinderten beseitigt. Schließlich drängte die Zeit, die Reform sollte vor den EU-Parlamentswahlen verabschiedet werden. Im September 2023 ging es um den letzten Baustein, eine Krisenverordnung, auf die Italien gedrängt hatte, weil das Land mit der Verwaltung der hohen Zahl von täglich auf Lampedusa anlandenden Flüchtlingen nicht mehr zurande kam. Statt die Dublin-Regeln konsequent anwenden zu müssen, plädierte Italien für Flexibilität in Notsituationen, wenn besonders viele Flüchtlinge anlandeten. In diesem Fall solle es möglich sein, von den geltenden Asylstandards abzuweichen und die Menschen auch unregistriert ziehen zu lassen. Bundesaußenministerin Annalena Baerbock von den Grünen – ansonsten durchaus asylfreundlich – warnte vor einer möglichen unkontrollierten Weiterleitung von Flüchtlingen nach Deutschland. Auf der Plattform X ließ sie vernehmen: »Gemeinsam mit (Bundesinnenministerin) Nancy Faeser kämpfe ich in Verantwortung für unsere Kommunen daher mit aller Kraft dafür, dass unsere deutschen Anliegen aufgenommen werden und es in Europa zu einem Asylsystem kommt, das auch im Krisenfall funktioniert, statt Tür und Tor für Chaos zu öffnen.« Ausgerechnet den Grünen war offenbar die Zahl der Flüchtlinge nun unheimlich geworden. Italien zu entlasten kam offenbar nicht mehr infrage.

Mit monatelanger Verspätung und nach einem Machtwort des Bundeskanzlers stimmte Deutschland schließlich der sogenannten Krisenverordnung (»Verordnung für Krisensituationen und Situationen höherer Gewalt im Bereich Migration und Asyl«) zu, die Teil der Reform werden sollte. Die Kuh schien Ende September 2023 vom Eis zu sein, das EU-Parlament sollte das Paket diskutieren. Doch tags darauf konterkarierte Baerbock das scholzsche Machtwort, indem sie ohne Abstimmung innerhalb der EU die Überweisung von 1,2 Millionen Euro an italienische und deutsche Seenothelfer versprach, die Flüchtlinge aufnehmen und nach Italien bringen. Italiens Außenminister Antonio Tajani, den Baerbock in Berlin informiert hatte, rief mich am Abend an. Er sagte mir voller Empörung: »Wenn ihr die Flüchtlinge schon mit euren Steuergeldern auflest, dann ladet sie in Hamburg ab, aber nicht auf Lampedusa.«

Menschen in Not zu helfen gehört in einer christlich geprägten Gesellschaft zu den Pflichten. Selbstverständlich müssen deshalb auch havarierte Bootsflüchtlinge im Mittelmeer gerettet werden, das hat auch nach EU-Recht immer Vorrang. Aber wir müssen die Geretteten nicht auf den Boden der EU bringen, sondern zurück zum Ausgangspunkt ihrer gefährlichen Reise. Ganz offensichtlich war Baerbocks Vorgehen eine Provokation, aber auch ein Fall von Größenwahn und Selbstvergessenheit einer der vielen Deutschen, die offenbar wieder glauben, Deutschland befehle, der Rest solle folgen. Die innere Stabilität Europas kann, wenn das größte Land sich so benimmt, in Gefahr geraten. Immerhin haben die Grünen und die SPD sich bewegt, nachdem europäische Gesetzgebung sie dazu zwang. Die EU hatte sich nach jahrelangen Debatten zu einem einheitlichen Asylrecht durchgerungen: einheitliche Grenzverfahren und geschlossene Zentren in der Nähe der EU-Außengrenzen, beschleunigte Verfahren und härteres Abweisen von Menschen aus sicheren Herkunftsländern, leichtere Abschiebung und eine fairere Verteilung der Menschen unter den Staaten der EU. Für Länder, die sich nicht in der Lage sehen, Flüchtlinge aufzunehmen, ist ein »Solidaritätsmechanismus« geplant; sie müssen auf andere Weise in die Pflicht genommen werden, etwa durch Geldzahlungen.[16] Ich befürchte aber, dass es in der Praxis keine großen Fortschritte geben wird. Auch dieses Mal werden keine erheblich anderen Zahlen für Deutschland herauskommen. Die EU-Staaten wollen weiße Salbe produzieren, ein Placebo.

Andauernde Asylkrise:
Schuld sind die Staaten, nicht die EU
Europa muss für die Verfolgten dieser Welt eine Zuflucht bleiben, aber wir müssen endlich klar trennen zwischen Migranten und denen, die ein Recht auf Asyl haben. Das ist eigentlich klar geregelt. Schutz erhält, wer vor Folter, Krieg und Terror flieht, Asylanspruch hat, wer aus politischen, ethnischen, religiösen und sexuellen Gründen verfolgt ist, innerhalb des Herkunftslands um Leib und Leben fürchten muss und bei Rückkehr in sein Herkunftsland damit rechnen muss, einer schwerwiegenden Menschenrechtsverletzung ausgesetzt zu sein. Wirtschaftsflüchtlinge – das ist die große Mehrheit der Migranten – haben keinen Bleibeanspruch. Deshalb müssen wir den Asylanspruch auf der Grundlage des internationalen Rechts klarer eingrenzen: Nicht jeder darf ins Asylverfahren reinrutschen. Warum geschieht das nicht? Weil wir Gutmenschen uns nicht trauen.

Wir sind offen für Flüchtlinge, die um ihr Leben fürchten, aber nicht für Wirtschaftsflüchtlinge. Das müssen wir deutlich aussprechen. Und deshalb müssen wir die Außengrenzen absichern, natürlich im Rahmen der Regeln des Grundgesetzes, des internationalen Asylrechts und der Genfer Flüchtlingskonvention. Die innereuropäischen Grenzen zu blockieren nutzt nichts. Kilometerlange Staus des Güterverkehrs kosten nur Geld. Zu glauben, auf diesem Weg unberechtigte Flüchtlinge zu erwischen, ist falsch. Kein Schleuser stellt sich in einen Stau an der Grenze, um gefangen zu werden; sie gehen über die grüne Grenze wie die Drogenhändler auch. Solche Grenzkontrollen sind nichts als weiße Salbe, damit schaden wir mit hohem Aufwand Reisenden und der Wirtschaft, um den Eindruck zu erwecken, es geschähe etwas.

Wir brauchen jedoch effektivere Grenzkontrollen. In bestimmten Situationen und zeitlich begrenzt sind Kontrollen an innereuropäischen Grenzen möglich, die Kommission kann das für jeweils ein Vierteljahr erlauben. Dazu gehört auch, die Aufgaben und Befugnisse von Frontex, der Europäischen Agentur für die Grenz- und Küstenwache, zu erweitern und ihr, wenn nötig, militärische Unterstützung zu gewähren. Eine echte Europäische Asylbehörde könnte die Verfahren beschleunigen und vereinheitlichen, wenn wir endlich auch vernetzte Datenbanken und sichere biometrische Ausweisdokumente hätten.

In Europa ist es über Jahrzehnte nicht gelungen, die unkontrollierte Einwanderung zu stoppen. Und die meisten Herkunftsländer waren nicht dazu zu bewegen, ihre Staatsangehörigen zurückzunehmen, wenn sie keinen Anspruch auf Asyl haben. Es ist Pflicht der Einzelstaaten, das geltende EU-Recht endlich anzuwenden. Die andauernde Asylkrise hat nicht Brüssel zu verantworten, die Schuld tragen die Regierungen in den europäischen Hauptstädten.

Ein Großteil des Ärgers mit der Zuwanderung stammt allerdings aus dem eigenen, dem europäischen Haus: Wirtschaftsflüchtlinge aus Rumänien und Bulgarien. Als ich in den 1990er-Jahren sozialpolitischer Sprecher der EVP-Fraktion war, erarbeiteten wir eine europäische Richtlinie zur Einwanderung von EU-Bürgern. Während der deutschen Ratspräsidentschaft 1994 war Norbert Blüm mein Counterpart im Ministerrat. Als Ergebnis ist dort bis heute zu lesen: EU-Bürger haben das Recht, in jedem EU-Land drei Monate lang zu leben; wer länger bleiben möchte, muss einen Arbeitsplatz, ein ausreichendes Einkommen und einen ausreichenden Krankenversicherungsschutz nachweisen. Ist das nicht gegeben, kann diese Person ausgewiesen werden. Auch das ist geltendes europäisches Recht. Auch das wird aber in Deutschland nicht angewendet. Ergebnis des Laissez-faire ist ein mafiöses Geflecht von rumänischen Schlepperbanden. Sie bringen die Menschen zu uns, quartieren sie in Trümmerhäusern ein und verlangen dafür hohe Mieten; sie helfen den Zugewanderten bei den Anträgen auf Sozialhilfe, Mietzuschuss und Kindergeld und stellen ihnen fingierte Arbeitsverträge aus, bei denen die Abhängigen so wenig verdienen, dass sie noch Bürgergeld beantragen müssen, das nicht auf ihren Konten eingeht. Ein riesiges kriminelles Geschäft mit Hunderttausenden Menschen in Deutschland. Wir haben das laufen lassen, obwohl es für Gegenmaßnahmen eine klare europäische Rechtsgrundlage gibt. Deutsche Kommunen schlafen, beschimpft wird Europa.

Das ist auch ein großes Geschäft für Schlepper. Selbst das maßvolle Instrument der Bezahlkarte wird auf allen Ebenen vor allem von den Grünen behindert. Sie wollen nicht verstehen, dass sie damit zunehmend zu den besten Förderern der AfD gehören.

Vor einigen Jahren versuchte ich, das Wegschauen zu durchbrechen, nachdem sich viele Rumänen in Horn-Bad Meinberg angesiedelt hatten. Dort wie im ganzen Landkreis Lippe sagte ich den Verantwortlichen, sie müssten EU-Recht anwenden. Sie antworteten, das könnte man nicht machen, aus humanitären Gründen; auch CDU-Leute redeten so. Außerdem habe man schon Geld verteilt. Damit war nichts mehr zu retten. Die Bedürftigkeit und damit die staatliche Fürsorgepflicht waren auf diese Weise dokumentiert.

Flüchtlingspolitik ist auch Sicherheitspolitik: Eine Strategie für und mit Afrika

55 Milliarden Dollar fließen jährlich aus Afrika illegal in Steueroasen wie Panama ab. Das berichtete mir der ehemalige südafrikanische Präsident Thabo Mbeki, der ein UN-Panel zu dieser Frage leitete, 2016 in meinem Büro in Brüssel. Das entspricht ziemlich genau der Summe der Entwicklungshilfe für den Kontinent. Dieses Geld, das Diktatoren und (auch westliche) Unternehmen abzweigen, muss in Afrika bleiben. Wenn es zum Wohl der Afrikaner ausgegeben wird, bleiben sie in ihrer Heimat. Die Bevölkerung Afrikas wird sich in den kommenden 25 Jahren voraussichtlich verdoppeln. Wer keine Perspektive hat, verlässt sein Land. Wenn wir den Klimawandel nicht stoppen, die Sahelzone weiter wächst und wir den Menschen auf dem südlichen Kontinent keine akzeptablen Lebensbedingungen schaffen, kann Europa noch so hohe Mauern bauen – die Menschen werden zu uns kommen.

Die Hälfte aller staatlichen Sozialleistungen weltweit werden an die 450 Millionen Europäer verteilt, die andere Hälfte müssen sich die anderen acht Milliarden Menschen teilen. Das wissen auch die Menschen in Afrika und Afghanistan. Sie kommen, weil sie auf ein besseres Leben hoffen.

Um damit fertigzuwerden, fehlt uns eine gemeinsame europäische Strategie. Offenbar haben die Europäer noch immer nicht begriffen, dass Flüchtlingspolitik auch Sicherheitspolitik ist. Europa braucht eine koordinierte Afrikapolitik. Warum gelingt es uns nicht, Afrika zu helfen, menschenwürdige Lebensverhältnisse zu schaffen? Wieso sind wir nicht in der Lage, mit verstärkter Kooperation die Lebenschancen der Menschen zu erhöhen?

Die weltweit investierte Entwicklungshilfe stammt zu 60 Prozent aus der EU. Europa sorgt auch für 70 Prozent der humanitären Hilfe und Katastrophenhilfe für den Nahen und Mittleren Osten. Und Europa trägt hohe Lasten der Migration. Aber Afrikapolitik darf sich nicht auf Caritas und klassische Entwicklungshilfe beschränken. Die Afrikaner brauchen eine faire Handelspolitik, die mehr ist als postkoloniale Interessenpolitik vor allem von Frankreich und Großbritannien, die den europäischen Entwicklungsfonds nutzten, um sich um ihre ehemaligen Kolonien zu kümmern.

Was also können wir tun, damit weniger Menschen zu uns flüchten? Es kommt darauf an – ein abgewetztes, aber zutreffendes Wort –, die Fluchtursachen zu bekämpfen. Es geht um bessere Lebensbedingungen, Medizin, um Hilfe beim Aufbau der Wirtschaft, um Investitionen, um fairere, vorteilhaftere Handelspolitik und good governance, gute Regierungsführung. Wir könnten Energiekooperationen vereinbaren, bei der Produktion von grünem Wasserstoff zusammenfinden. Und wir müssten endlich die Entwicklungspolitik der EU-Staaten koordinieren und dafür sorgen, dass das Geld bei den Leuten ankommt, nicht bei den Regierungen. Wir müssen den Menschen in Afrika helfen im Kampf gegen Hunger, Armut, Kindersterblichkeit, Aids und in ihrem Bemühen um Wirtschaftswachstum und bessere Schulausbildung. Die Covid-Pandemie hat gezeigt, dass auch die Verfügbarkeit von Impfstoffen zu akzeptablen Preisen zu unserer Sicherheit und zur Vermeidung von Migration beiträgt. Eine »My country first«-Politik wäre auch hier unverantwortlich.

Wenn wir den Afrikanern die Aufbauhilfe versagen, werden sie wandern. Wenn wir auf Dauer Migration im Griff behalten wollen, ist eine bessere Afrikapolitik der einzige Weg. Wenn wir unsere Identität behalten wollen, unsere Kultur, unseren Reichtum, dann müssen wir unseren Reichtum ein wenig teilen.

Was wir – zu ihrem und unserem Wohl – nicht tun sollten, ist, von den afrikanischen Staaten zu verlangen, dass sie die über die international anerkannten Standards hinausgehende heilsche Sozialpolitik und die grüne Umweltpolitik übernehmen; und wir sollten Menschenrechtsfragen nicht zur Bedingung für unsere Unterstützung erklären. Wenn wir unsere Rechtsvorstellungen anderen Ländern aufzwingen, die es nicht können oder wollen oder für die andere kulturelle Voraussetzungen gelten, ist das belehrend und eine neue Art von Kolonialismus. Wir haben Afrika inzwischen weitgehend den Russen und Chinesen überlassen – auch weil es für diktatorische afrikanische Staaten leichter ist, mit Russland und China Geschäfte zu machen, die keine Forderungen nach Demokratie und Menschenrechten sowie Umweltstandards stellen. Mali ist jetzt ein erneutes Beispiel dafür. Wenn wir unsere Afrikapolitik beibehalten, wenden sich die Afrikaner weiter anderen Anbietern zu, die wie der ehemalige Kolonialstaat Russland behaupten, das Land der Entkolonialisierer zu sein.

Die historische Erfahrung der Völkerwanderung, die letztlich das römische Imperium zerstört hat, war auch eine Folge von Klimawandel und Hunger. Unsere germanischen Vorfahren waren damals die Wirtschaftsflüchtlinge. Im Gegensatz zu den Römern kennen wir Ursachen. Warum sind wir so kurzsichtig, dass wir uns in Diskussion und Maßnahmen so sehr auf die Symptome konzentrieren? Warum sind die größten Migrationsgegner zugleich die Gegner einer konstruktiven Afrikapolitik?

Auf Asyl muss Integration folgen – nach unseren Regeln

Zur Migration gehört auch die Eingliederung der Zugereisten. Die Werte dieses Landes müssen die Werte für das ganze Land bleiben. Wieso also sollten wir es nicht aussprechen: Auch Zuwanderer haben Pflichten. Auch sie müssen sich an unsere Gesetze und Regeln halten. Verurteilte Kleinkriminelle, die das nicht einsehen, müssen abgeschoben werden. Dem stimmen sogar Ausländer zu, auch Muslime. Warum sollten wir den Begriff Leitkultur nicht mehr benutzen? Die Identität eines Landes muss bewahrt bleiben. Auch Zugereiste müssen unsere Kultur tolerieren, nein: anerkennen. Das bedeutet nicht Assimilierung. Leider besteht in bestimmten linksintellektuellen Kreisen die Vorstellung, dass es intolerant sei, auf unsere Kultur zu bestehen. Nicht sehen wollen sie dagegen das Unübersehbare, was Berlins Polizeipräsidentin inzwischen wenigstens ausspricht: Die Täter, sagte sie im Interview mit der *NZZ*, seien »zu über 80 Prozent männlich. Ein Viertel von ihnen ist jünger als 25 Jahre. Viele von ihnen stehen unter Alkoholeinfluss, die große Mehrheit ist polizeibekannt. Und sie haben überproportional häufig einen Migrationshintergrund.«[17]

Nicht zu übersehen ist auch, dass die Hemmschwellen sinken, die Respektlosigkeit wächst. Und immer wieder müssen wir lesen, dass auch in Deutschland islamistische Terroristen Anschläge vorbereiten, die durch unser weitmaschiges Asyl- und Migrationsnetz schlüpfen konnten. Wohin werden uns diese Nachlässigkeit und Sorglosigkeit führen?

Als im März 2016 in Brüssel am Flughafen und wenig später im U-Bahnhof Maelbeek die Bomben des IS explodierten, starben 34 Menschen, und mehr als 100 Verletzte waren zu beklagen. Einer unserer Praktikanten saß nur deshalb nicht in dem Vorortzug, weil er sein Portemonnaie vergessen hatte und noch einmal nach Hause musste. Solche Anschläge sind eine Folge, wenn wir Parallelgesellschaften und Ghettos entstehen lassen, in die sich die Polizei nicht mehr hineinwagt. Wenn solche Gesellschaften aus ideologischen Gründen nicht beseitigt werden, droht Gefahr.

Als die türkischstämmige Gastarbeitertochter Aygül Özkan Sozialministerin in Niedersachsen unter Christian Wulff geworden war, fragte ich sie, wie sie diese Karriere geschafft habe. Es sei das Verdienst ihres Vaters gewesen, antwortete sie, der mit der Familie in einen Hamburger Bezirk gezogen sei, in dem sie gezwungen war, Deutsch zu reden. Integration verhindert Terrorismus. Schlechte Ausbildung, Ghettos und Parallelgesellschaften fördern Hoffnungslosigkeit.

Der Islam bedeutet nicht generell Unterdrückung, Mord und Terrorismus. Deshalb können auch wir durchaus tolerant sein gegenüber deren kulturellen Eigenarten. Solange eine muslimische Lehrerin mit Kopftuch nichts dagegen hat, in einem Unterrichtsraum zu unterrichten, in dem ein Kreuz hängt, habe ich auch nichts gegen das Kopftuch. Auf einer Wahlveranstaltung und Diskussion mit wahlberechtigten türkischstämmigen Mitbürgern bekam ich dafür Beifall. Gläubige Muslime schätzen gläubige Menschen, auch Christen. Könnten wir bei diesem Satz mitklatschen, hätten wir viel erreicht.

Gegen Manchesterkapitalismus: Wirtschaftspolitik muss Soziales und Umwelt mitdenken

Als Wahlkämpfer für den Fraktionsvorsitzenden der CDU/CSU, Rainer Barzel, erhielt ich 1969 von ihm – neben einer kompromisslosen Haltung gegenüber Rechtsradikalen – eine weitere Lektion, die mein politisches Leben prägte: Es war Ende der 1960er-Jahre gewesen, als Barzel und sein Gegenüber in der SPD, Helmut Schmidt, den Arbeitern zugutekommen lassen wollten, was die Angestellten schon genossen: die Lohnfortzahlung im Krankheitsfall. Davor hatte es acht Wochen Stempelgeld gegeben, dann waren die Berufstätigen im Blaumann auf sich allein gestellt. Barzel erzählte mir am Tag nach der Abstimmung im Bundestag, was ihm zu Hause widerfahren war:»Da komme ich nach Hause, und meine Frau hat für mich ein wunderschönes Abendessen vorbereitet. Schönes Bier hingestellt. Ich frage sie: Kriemhild, was ist denn los heute? Sagt sie zu mir: Rainer, ihr habt heute aus dem Malocher einen Bürger gemacht.«

Auch sie hatte verstanden:»Economy« und Wettbewerb sind nicht alles, die Marktwirtschaft muss den Menschen auch Sicherheit geben und gerecht sein. Alle großen sozialen Regelungen sind von CDU-Regierungen eingeführt worden. Der Ökonom

Alfred Müller-Armack, CDU-Mitglied der ersten Stunde und glühender Europabefürworter, schrieb schon in seinem 1947 erschienenen Buch Wirtschaftslenkung und Marktwirtschaft den Buchstaben S groß: Soziale Marktwirtschaft. Konrad Adenauer baute das Fundament der Bonner Republik stetig auch sozial aus: die deutsche Sozialpartnerschaft, die über Jahrzehnte für Zusammenhalt, Frieden und wirtschaftlichen Erfolg sorgte. 1951 kam es zu einem historischen Kompromiss: Adenauer versprach, mit seiner CDU/FDP-Regierung die Mitbestimmung der Arbeiter in den Aufsichtsräten der Kohle- und Stahlindustrie durchzusetzen (und das Betriebsverfassungsgesetz durchzusetzen, was auch 1952 im Gegenzug zur Ratifizierung des EGKS-Vertrags erfolgte) und die Betriebsrente einzuführen, im Gegenzug unterstützte DGB-Chef Hans Böckler Adenauers Politik der Westbindung – gegen den Willen der SPD, die bis 1957 festhielt an ihrem Nein »zu allen konservativ-, klerikal-, kapitalistisch-kartellistischen Versuchen, ein Europa zu schaffen, das aus seiner kapitalistischen Struktur und seinem Mangel an Demokratismus und sozialer Potenz ein leichtes Opfer des östlichen Ansturms wäre«, wie es der SPD-Vorsitzende Kurt Schumacher formulierte.[18] Erst 1957 gaben die Sozialdemokraten ihren Widerstand auf, als sie endlich den Römischen Verträgen zustimmten, die neben der EGKS die Grundlage der Europäischen Wirtschaftsgemeinschaft (EWG) und der Europäischen Atomgemeinschaft schufen – und schließlich zur EU wurden.[19]

Die Union sorgte für die dynamische Rentenversicherung, die Mitbestimmung, die Betriebsratsgesetzgebung, die Einführung der Pflegeversicherung. Auch die Unternehmerschaft der alten Bundesrepublik empfand eine Sozialverpflichtung, sie achtete aus Angst vor dem Kommunismus auf gerechte Verteilung des gemeinsam Erwirtschafteten. Mit dem Fall der Mauer in Berlin und der Wiedervereinigung hat sich das grundlegend geändert: »Wir« hatten gewonnen, und in der Wirtschaft hieß es nun vielerorts: Wir müssen das Soziale nicht mehr übertreiben. Die Bosse hatten keine Angst mehr vor Systemveränderung. Es wäre gut, wenn sie etwas von dieser Angst wieder spürten. Solidarität bedeutet nicht nur, die Bedürftigen am Leben zu halten. Das Solidaritätsgebot des Christlichen ist viel umfassender. Es hat mit Würde zu tun, mit Anstand derjenigen, mit denen das Leben es besser gemeint hat. Auch Verantwortung für den Nächsten – in jedem selbst, nicht als Staatsauftrag. Freiheit bedeutet auch, dass ich nicht nur für mich und die meinen eintrete, sondern auch für die Freiheit anderer, auch für das Soziale. Die »Malocher« müssen fair und nach einem verlässlichen Tarif bezahlt werden. Im Ludwigshafener CDU-Grundsatzprogramm von 1978 unter Richard von Weizsäcker hieß das »verantwortete Freiheit«, Solidarität und soziale Sicherung seien »keine widerruflichen Almosen«, soziale Sicherung habe eine »befriedigende und befreiende Wirkung«.

Das gilt auch für die EU. Dabei gehört es zu einem germanozentrischen Denken, das Verhältnis von Solidarität und Subsidiarität mit der deutschen Brille zu betrachten. Aus der Sicht eines kleinen Landes sieht das anders aus als aus der eines großen, aus der Sicht eines armen Landes wiederum anders als aus der Sicht eines reichen. Die Leistungsfähigkeit der EU als auch ihre Befriedung kann deshalb nur über eine gesamteuropäische Abwägung erfolgen.

Politiker wie auch Wirtschaftskapitäne sind dem Wohl aller Menschen verantwortlich, nicht nur dem ihrer Stakeholder, heißt das. Der Mensch hat nicht nur Rechte, sondern auch Pflichten. Der Mensch ist kein Humankapital in der Hand von Unternehmen. Deshalb versprach die CDU schon bei ihrer Gründung, Mittel- und Kleinbetriebe zu fördern, Löhne gemeinsam von den Gewerkschaften und den Arbeitgebern in Sozialpartnerschaft gestalten zu lassen und die Macht der Kapitalgesellschaften zu brechen. Zu viel Macht in einzelnen Händen, das hatten die

Gründer der Partei gelernt, darf in Politik und Wirtschaft nicht kumuliert werden. Grundlage der deutschen Außenpolitik sollte »die Achtung fremden Volkseigentums und die treue Einhaltung der Verträge« sein, sagte Adenauer schon 1946. Der beste Weg dahin seien die Vereinigten Staaten von Europa. Deswegen haben wir die soziale Marktwirtschaft. Markt findet in einem rechtlichen Rahmen statt, zu dem auch Sozialpolitik und Umweltpolitik gehören. 80 Millionen Amerikaner haben keine Krankenversicherung? Das ist doch unmenschlich. Dass Jelzin auf seine westlichen Ratgeber hörte und Russland eine Schocktherapie verordnete, unter der zig-Millionen Russen Hunger und Not erlitten, nutzt Putin bis heute, wenn er fragt: Wollt ihr die 1990er-Jahre zurück? Dass er diese Waffe hat, haben wir den Marktradikalen zu verdanken.

Wenn ich 2024 den Programmdiskussionen in CDU und EVP folge, muss ich befürchten, dass die jüngere Politikergeneration die katholische Soziallehre ablehnt oder nicht kennt. Das christliche Menschenbild geht von der Individual- und der Sozialnatur des Menschen aus. Daraus entstehen die gleichwertigen Prinzipien der Subsidiarität und der Solidarität. Aus deren Spannungsverhältnis heraus muss in jedem Einzelfall und je nach zum Beispiel wirtschaftlicher oder sozialer Lage ideologiefrei ein Kompromiss verhandelt werden, der dem Gemeinwohl nahe kommt.

Die Soziale Marktwirtschaft und der Vertrag von Lissabon

Soziale Marktwirtschaft ist nicht Manchesterliberalismus. Für die Balance der CDU sorgen deshalb drei Standbeine: Konservative, christlicher Sozialflügel, liberaler Wirtschaftsflügel. Heute gibt es jedoch zu wenig Christdemokraten und zu viele Wirtschaftsliberale in der Partei. Sie glauben heute noch, dass Mindestlöhne zum Verlust von Arbeitsplätzen führen. Dabei haben wir gesehen, dass Menschen, die einen anständigen Lohn bekommen, konsumieren und später über anständige Renten verfügen. Wenn stattdessen Billiglöhner später auf staatliche Hilfsleistungen angewiesen sind, ist das Folge der Alimentierung von Unternehmen. Das kann doch kein politisches Ziel sein! Und auch wirtschaftlich ist es falsch.

Als Václav Klaus, der marktradikale tschechische Ministerpräsident und spätere konservative Staatspräsident in den 1990er-Jahren auf einer christlich-demokratischen Tagung der Regierungschefs in der Wiener Hofburg über den »Unsinn« der Sozialen Marktwirtschaft sprach, die ein Machwerk der Sozialisten und Kommunisten sei, wollte ihm Helmut Kohl nicht selbst vor den versammelten Regierungschefs widersprechen. Er drehte sich zu mir um und sagte, ich solle seinen Platz einnehmen und mich zu Wort melden. »Ich komme erst wieder, wenn du ihm klar und deutlich unsere Meinung dazu gesagt hast.« Also meldete ich mich, als Kohl weg war, und erklärte Klaus mit harten Worten, was Soziale Marktwirtschaft bedeutet: Dass sie der erfolgreiche dritte Weg zwischen einem bindungslosen, wertfreien Liberalismus und den sozialistischen Systemen ist, die zu ökonomischem Scheitern und letztlich auch freiheitsfeindlichen Entwicklungen neigten. Unmittelbar danach tippte Kohl mir auf die Schulter und sagte: »Aufgabe erfüllt. Aber mach den Platz nun wieder frei.«

Im Vertrag von Lissabon findet sich auch die Festlegung auf die »soziale Marktwirtschaft« als Ziel der EU. »Die Union … wirkt auf die nachhaltige Entwicklung Europas auf der Grundlage eines ausgewogenen Wirtschaftswachstums und von Preisstabilität, eine in hohem Maße wettbewerbsfähige soziale Marktwirtschaft, die auf Vollbeschäftigung und sozialen Fortschritt abzielt, sowie ein hohes Maß an Umweltschutz und Verbesserung der Umweltqualität hin.« Dass die Soziale Marktwirtschaft als Ziel festgehalten ist, macht mich heute stolz. Im Verfassungskonvent gelang es mir mit einigen Freunden, den heutigen Artikel 3, Absatz 3 des Vertrags von Lissabon so zu formulieren. Das ist die Essenz meines politischen Denkens: Soziale Marktwirtschaft mit Wettbewerbsfähigkeit, Vollbeschäftigung, sozialem Fortschritt und Umweltschutz.

Oskar Lafontaine und Gregor Gysi klagten im Namen der Bundestagsfraktion der Partei Die Linke vor dem Bundesverfassungsgericht gegen den Vertrag von Lissabon und dessen »neoliberalen Charakter«, so Lafontaine. In der mündlichen Verhandlung sagte er, der Vertrag von Lissabon bedeute einen »Abbau des Sozialstaats«,[20] während neoliberale Professoren rügten, die EU-Kommission versage beim Durchsetzen des freien Wettbewerbs. Lafontaine hatte diesen Absatz von Artikel 3 im Auge, weil darin die Soziale Marktwirtschaft als Wirtschaftsordnung festgelegt ist, was im Grundgesetz fehlt. Das heißt: Der EU-Vertrag von Lissabon sichert die Soziale Marktwirtschaft gegen den Sozialismus oder andere Wirtschaftsordnungen – auf der Ebene des Primärrechts. Lafontaine schloss daraus, danach wäre in Deutschland keine sozialistische Wirtschaft mehr möglich. Lafontaine hatte aus seiner Sicht recht, aber er scheiterte ebenso wie die Marktliberalen. Und das ist gut so.

Auch die Jünger von Lafontaines heutiger Ehefrau, Sahra Wagenknecht, werden im Fall ihrer Wahl sich die Zähne ausbeißen. Die EU selbst ist ein Schutzschild gegen sozialistische Systeme auf nationaler Ebene. Als der neugewählte französische Präsident nach seiner Wahl Anfang der 1980er-Jahre ein solches Experiment startete, scheiterte er sehr schnell. Er holte Jacques Delors zur Rettung und bat Helmut Kohl um Hilfe. Daraus entstand eines der wirkmächtigsten Vertrauensverhältnisse in der europäischen Geschichte. Dieses Grundvertrauen war auch die Basis dafür, dass Mitterrand trotz aller Bedenken schließlich der Deutschen Einheit 1990 zustimmte.

Klimaschutz: Nicht Regierungen retten die Umwelt, sondern Unternehmer

Weit verbreitet unter Wirtschaftsliberalen und Konservativen ist auch die Auffassung, in der Sozialen Marktwirtschaft gebe es keinen Platz für Umweltschutz. Das ist ein fataler Irrtum. Unser Planet steht auf dem Spiel. Die Junge Union wusste das schon 1971: In einem »Umweltschutzprogramm«, für das ich Mitantragsteller war, verlangten wir auf dem Umweltpolitischen Kongress der Jungen Union in Augsburg unter der Leitung des damaligen stellvertretenden JU-Bundesvorsitzenden Heinz Riesenhuber eine Politik, die »das Gleichgewicht der Natur wahrt und deren Belastbarkeitsgrenzen nicht überschreitet«. Eine »Regenerierung der Umwelt« sei anzustreben. Bezahlen sollten das die Verursacher. »Die Steigerung wirtschaftlicher Wachstumsraten muss sich dem Ziel der Verbesserung der Umweltqualitäten unterordnen.« Bei Abwasserreinigung und Müllbeseitigung plädierten wir für »volle Kostendeckung durch Gebühren«, Gemeinde und Städte »müssen das Recht erhalten, alle Haushalte zur abgasfreien bzw. -armen Wärmeversorgung zu verpflichten. Der Ausbau von Fernwärmenetzen muss beschleunigt erfolgen. Die Anwendung umweltfreundlicher Energieträger ist fiskal politisch zu fördern.« Außerdem: Förderung des Nahverkehrssystems, in der City Vorrang für Fußgänger, die »Weiterentwicklung des Bodenrechts, insbesondere auch die Entwicklung neuer Eigentumsformen«. Der Umweltschutz sei »eine Bewährungsprobe des freien Unternehmertums«, das umweltfreundliche Technologien bevorzugt anwenden solle, auch ohne gesetzliche Verpflichtung. Um Wettbewerbsnachteile ausgleichen zu können, sollten umweltschädliche Produkte mit einer Abgabe belegt werden. Elektrofahrzeuge seien zu fördern, steuerliche Anreize für abgas- und lärmärmere Autos zu setzen und ein Umweltschutzministerium sowie Lehrstühle für Ökologie zu schaffen. Und das alles sei in die Europäische Gemein-schaft zu integrieren.[21]

Die Junge Union war damals schon grün, aber aus heutiger Sicht auch realistisch. Teile der Wirtschaft haben dagegen offenbar bis heute nicht verstanden, dass die junge Generation wegen des Klimawandels eine Systemdebatte führt und das demokratische System anzweifelt. Auch Politiker der bürgerlichen Parteien bis hinein in die SPD sehen nicht, dass die linken umweltpolitischen Kreise bis hin zur »letzten Generation« glauben, mit den Kapitalisten sei kein Staat mehr zu machen. Dabei ist der Umweltschutz in den marktwirtschaftlichen, sogenannten kapitalistischen Ländern immer weiter gewesen als in den staatsmonopolistischen. Warum ist das so? Weil alle Macht beim Staat lag, nicht auf mehreren Schultern ruhte. Wenn aber der Staat gleichzeitig für den wirtschaftlichen Erfolg und alle wesentlichen Investitionen wie ein Unternehmen verantwortlich ist, wird er im Zweifel seiner Pflicht bei anderen Zielen wie dem Umweltschutz nicht gerecht, weil sie für die Partei- und Staatsführung im Konfliktfall nur hinderliche Kosten sind. Das Ergebnis in der DDR war die Pleite von Staat und Wirtschaft, schlechte Standards für die Lebensbedingungen der Menschen und für den Umweltschutz.

Eine solche Systemdebatte kann nur gewinnen, wer sie mutig und mit guten Argumenten führt. Da darf man nicht hasenfüßig sein. Die wichtigsten Argumente lauten:

1. Klimaschutz findet nur dann breite Zustimmung, wenn wir die Menschen und Unternehmen nicht überfordern. Wir müssen zeigen, dass es möglich ist, trotz der Kosten, die der Umweltschutz verursacht, Löhne und Wachstum zu steigern und das Soziale nicht zu vernachlässigen. Klimapolitik darf uns nicht ärmer, die Menschen nicht arbeitslos machen, sonst machen sie nicht mit. Keinesfalls kann eine Regierung Klimaschutz gegen die Menschen durchsetzen, die ihr Leben nicht

ausschließlich am Wohl der Welt ausrichten können, sondern täglich an ihre persönlichen Lebensumstände denken müssen und sorgenvoll in die Zukunft blicken. Wer Verbrennerautos sowie Öl- und Gasheizungen verbieten möchte, wer den Menschen erhebliche Investitionen abverlangt, muss den Nutzen genau begründen. Wer autoritär verordnet, Angst und Panik erzeugt und Verzicht predigt, wird Verweigerung ernten. Der Widerstand gegen das Gebäudeenergiegesetz hat das deutlich gezeigt.

2. Klimaschutz ist teuer, für den Staat und jeden einzelnen Bürger. Auch für die Wirtschaft bedeutet Klimaschutz eine Investition, die eine Schwächung der Wettbewerbsfähigkeit, Verlust von Wachstum und Wohlstand bedeuten kann. Solange die deutsche Klimapolitik als Ziel die Verringerung der Treibhausgasemissionen im Inland ausgibt, kann es sein, dass nationale Champions der ausländischen Konkurrenz unterliegen und eingehen. Das bedeutet den Verlust von Arbeitsplätzen; das gilt auch, wenn Unternehmen ihre Produktion ins Ausland verlagern. Wer meint, als Vorhut und allein in den Klimakrieg ziehen zu müssen, könnte zuerst sterben. Ökologie und Ökonomie müssen Partner sein, nicht Gegner.

3. Deutschland ist für zwei Prozent des CO_2-Ausstoßes verantwortlich. Allein können wir die Welt nicht retten. Klimaschutz muss sich im Rahmen internationaler Regelungen bewegen. Leider ist die deutsche Klimapolitik vom Glauben bestimmt, wir müssten der Welt ein Vorbild sein. Deshalb verzichten wir gleichzeitig auf Kohle, beenden die Atomkraft, und Öl wollen wir auch nicht mehr nutzen. Aber unser Vorbild nützt nur, wenn wir beweisen, dass unsere Klimapolitik nicht der Wettbewerbsfähigkeit schadet und Arbeitsplätze vernichtet; sonst werden die Europäer nicht mitmachen und schon gar nicht die Inder und Chinesen, die einen Nachholbedarf reklamieren. Auch die afrikanischen Staaten werden einem wirtschaft-

lich erfolglosen Vorbild nicht nacheifern. Wenn sich unsere Klimapolitik als erfolglose Ideologie herausstellen sollte, wirkt sie kontraproduktiv, dann fördert sie den Klimawandel. Wer übertreibt, behindert die Rettung der Welt.

4. Umweltschutz ist nicht zu verwirklichen, wenn wir es ablehnen, mit Diktatoren zu reden; China als größter Verschmutzer muss mitmachen. Über die gebetsmühlenhafte Rüge wegen der Menschenrechte dürfen Klimakooperationen nicht scheitern.

5. Umweltschutz können wir in marktwirtschaftlichen Systemen nur durchsetzen, wenn der Staat sich begnügt, Ziele und Umweltstandards zu setzen, den gesetzlichen Rahmen – nicht mehr. Die Staaten und die EU-Kommission können festlegen, dass bis 2035 jeder Antrieb CO_2-neutral sein muss. Die dafür geeignete Technik müssen Wissenschaft und Wirtschaft entwickeln, Ingenieure, Entwickler, Unternehmer. Es ist ein katastrophal falsches Denken, wenn ein Wirtschaftsminister Investitionsentscheidungen trifft, um (angeblich) Unternehmen vor Fehlinvestitionen zu bewahren. Eine Investition ist das Risiko von Entrepreneuren. Wer eine falsche Entscheidung trifft, muss seinen Einsatz abschreiben. Wenn der Staat zum Gesetzgeber und Unternehmer wird, haben falsche Entscheidungen Folgen für den ganzen Staat, weil dann alle Anstrengungen verloren sind. Auch deshalb darf der Staat Unternehmer nicht entmündigen, das wäre das Ende der Marktwirtschaft. Wenn wir alles in staatliche Verantwortung legen, ist der Staat für wirtschaftlichen Erfolg, Umweltschutz und soziale Fragen verantwortlich. Das machtverteilende Prinzip zu brechen hat sich aber noch nie bewährt. Macht muss verteilt werden, eine Balance ist zu wahren. Sonst entsteht Diktatur.

6. Solange fossile Energieträger da sind, aber keine effizienten Alternativen zu Verbrennermotoren, werden wir den Klimawandel nicht aufhalten. Das Treibstoffangebot verschwindet

ja nicht. Statt Umweltziele bei uns mit der Brechstange und mit Verboten erzwingen zu wollen, sollten vorrangig innovative Ansätze der Wissenschaft gefördert und ausgebaut werden, die aller Welt nützen. Nur ein Beispiel: Die CO_2-Abscheidung, in Norwegen längst eine Option, akzeptieren inzwischen auch die Grünen.

7. Wir müssen für die Klimarettung privates Geld mobilisieren. Das gelingt nur, wenn es sich wirtschaftlich lohnt. In Verbote und Einschränkungen investiert kein Mensch. Wenn die Aktivisten von Fridays for Future meinen, am Klimawandel sei der Kapitalismus schuld, vergessen sie, dass kommunistische Länder immer weniger für den Umweltschutz leisten als kapitalistische. Ein Blick ins Bitterfeld der 1980er-Jahre reicht. Kapitalismus kann das Klima heilen. Wie wär's mit Öko-Kapitalismus statt Öko-Diktatur, mit Innovationen und neuen Technologien statt Verboten, mit neuen, klimafreundlichen Wachstumsimpulsen statt Degrowth?

Eine globale Aufgabe:
Gut gemeint ist der Feind des Besseren

Klimaschutz ist eine globale Aufgabe und macht nicht vor Grenzen halt. In der EU sind die Standards im internationalen Vergleich die höchsten, sie geben der Weltgemeinschaft entscheidende Impulse. Ein Staat allein würde diese hohen Standards nicht setzen, weil sie Wettbewerbsnachteile sein können. Das sind sie nicht mehr, wenn alle EU-Staaten mitmachen. Daher: Ohne die EU wäre der Klimaschutz lange nicht da, wo er jetzt steht. Einen anspruchsvollen Plan für die künftige EU-Klimapolitik hat die EU-Kommission unter Ursula von der Leyen nun mit ihrem Green Deal vorgelegt. Er ist das größte Klimapaket weltweit und das richtige Konzept, um die Klimaveränderungen zu bekämpfen, ohne der Wirtschaft zu schaden. Die reichen Länder müssen den Schwellenländern helfen, die wirtschaftlich aufholen wollen, ohne deren Umweltsünden zu wiederholen. Sonst spielen sie nicht mit, und wir schaffen weitere Ursachen, die Menschen zur Migration zwingen. Aber auch der Green Deal müsste mehr marktwirtschaftliche Elemente haben, weniger Verbotspolitik. Sozialisten und Grüne verstehen das nicht, das ist deren Denkfehler. Gut gemeint ist der Feind des Besseren.

Das Bessere sind Ideen, die gut fürs Klima und gut für den Geldbeutel der Menschen sind. Wie hatten die Deutschen sich aufgeregt, als die EU festlegte, dass Glühbirnen durch stromsparende Alternativen zu ersetzen sind. Wie empört waren sie über diese EU-Verordnung von 2009. Doch allmählich baute die Wirtschaft Lampen mit besserer Lichtleistung, sorgte für Haltbarkeit und eine positive Ökobilanz. Und schließlich setzte sich die Erkenntnis durch, dass es ineffizient ist, nur ein Zwanzigstel der Energie für Licht zu nutzen und mit dem Rest die Umgebung aufzuheizen. Heute, in der Krise, ist der Nutzen für alle offensichtlich: Auf der alten Birne steht: 60 Watt. Auf der neuen Birne steht: 4 Watt. Das erkennen auch Institutionen wie das Umweltbundesamt und der Bund für Umwelt und Naturschutz an. Und die Verbraucher haben verstanden, dass sie damit Geld sparen – und nebenher auch noch die Umwelt schonen.

Der Staat oder die EU setzte Richtwerte; die Industrie musste dafür sorgen, dass effektivere Technologien geschaffen werden. So geht das. Als wir uns in der EU über die Verringerung des Stromverbrauchs von solchen Geräten stritten, rief mich Markus Miele an. Der Unternehmer sagte: »Macht es schärfer.«

»Aber warum, Herr Miele, alle sind dagegen.«

Er aber erklärte: »Wir können das technisch umsetzen. Das ist ein Wettbewerbsvorteil für uns.«

Heute schaut jeder, der einen Kühlschrank kauft, auf den Stromverbrauch. Der ist jetzt ein Kaufargument. Was also lernen wir daraus? Dass Politik die Menschen auch mal mitziehen muss, vorangehen muss, wenn man es besser weiß. Aber es muss in eine Richtung gehen, dass Unternehmer wie Miele mitspielen wollen, mitdenken, vorausdenken. Deshalb ist es falsch, dass Wirtschaftsminister Habeck einseitig auf den Elektromotor setzt. Er zwingt die Unternehmen in eine Richtung, das hemmt das Denken in Alternativen. Das Argument bei Energiesparlampen und Kühlschränken war und ist, dass jeder Mensch das Richtige tun und gleichzeitig sparen kann. So wird es auch sein, wenn innovative Ersatzlösungen Müll, Unrat und Abfall reduzieren. Umweltschutz gelingt nur mit Technologieoffenheit. Und wenn Unternehmen damit das Geld erwirtschaften, das dem Staat eine gute Sozialpolitik ermöglicht, dann wäre wirklich allen geholfen.

Alleingänge und Arroganz: Das neue deutsche Streben nach weltpolitischer Größe

Als General Charles de Gaulle, oberster Widerstandskämpfer gegen die deutsche Besatzung und wenige Monate lang Ministerpräsident der ersten Regierung nach dem Krieg, 1958 nach einer »traversée du désert«, einer »Durchquerung der Wüste«, an die Macht zurückkehrte, war Konrad Adenauer tief besorgt. Er glaubte, dass mit dem als »Nationalist« verschrienen de Gaulle der europäische Weg zu Ende sei, die Geister der Vergangenheit wiederkehrten und die »Erbfeindschaft« sich fortsetzen könnte. Aber das Gegenteil geschah. Schon zu Beginn seiner Präsidentschaft lud der Franzose den Deutschen zu einem zweitägigen Besuch in sein bescheidenes Privathaus im lothringischen Colombey-les-Deux-Églises ein, um vertraulich miteinander zu sprechen. Keinem anderen ausländischen Staatsgast wurde diese Ehre je zuteil. Am 8. Juli 1962 bat de Gaulle Adenauer erneut nach Frankreich, dieses Mal nach Reims, um in der Krönungskathedrale der französischen Könige eine symbolische »Hochzeit« des deutschen und des französischen Volks zu feiern.

Aus all dem wuchs ein tiefes persönliches Vertrauen, und beide Staatsmänner versuchten fortan, dieses Gefühl auch auf ihre Völker zu übertragen. Ergebnis war der Élysée-Vertrag vom 22. Januar 1963, der die Versöhnung zwischen beiden Nationen dauerhaft festigen sollte. Darin versprachen die Regierungen, sich bei der Außen-, Europa- und Verteidigungspolitik sowie in Erziehungs- und Jugendfragen eng abzustimmen. Das Deutsch-Französische Jugendwerk sorgte bald für unzählige Austauschprogramme, und die Jugend arbeitete an ihren Sprachkenntnissen.

Der Elysée-Vertrag legte detailliert fest, wie oft im Jahr die Regierungschefs, die Minister, die Staatssekretäre sich zu treffen haben. Ein ständiger Beamtenaustausch sollte die Apparate dauerhaft verbinden. Valéry Giscard d'Estaing und Helmut Schmidt vertieften diese Entwicklung, später auch Helmut Kohl und François Mitterrand. Es gab wohl kein Treffen des Europäischen Rats, bei dem die Deutschen und Franzosen trotz anfänglich unterschiedlicher Auffassungen nicht gemeinsam gehandelt hätten. François Mitterrand sagte einmal in einer Ratssitzung: »Ich stimme in diesen Fragen mit Helmut Kohl nicht überein, aber Frankreich stimmt nicht gegen den deutschen Bundeskanzler.«

Bald jedoch sollte ein Bundeskanzler gegen den französischen Staatschef auftreten. Die deutsche Basta-Politik in der EU, die deutsche Politik wichtiger nimmt als französische, begann mit Gerhard Schröder in Nizza. Es ging um Macht. Im Ministerrat hatten die bevölkerungsstärksten EU Mitgliedstaaten lange Zeit mehr Gewicht als die kleinen. Bis einschließlich zum Vertrag von Amsterdam hatten Frankreich, Deutschland, Italien und Großbritannien je 10 Stimmen, Spanien 8, die anderen 2 bis 5. Bundeskanzler Gerhard Schröder hielt es bei Beginn der Verhandlungen für den Vertrag von Nizza gegen alle Regeln der politischen Vernunft für selbstverständlich, dass sich die nach der Wiedervereinigung größere Bevölkerung Deutschlands im Verhältnis zu Frankreich auch in einem größeren Stimmenanteil im Rat niederschlagen müsse.

Die 18 Mandate, die Deutschland im EP nach der deutschen Einheit mehr erhalten hatte, entsprachen demokratischer Zwangsläufigkeit. Schröders Vorstoß aber sah Frankreich als einen Angriff auf die Gleichrangigkeit der beiden Staaten. Im Ministerrat galten drei Kriterien: gewichtete Stimmen, Mehrheit der Mitgliedstaaten und Einwohnerzahl, durch die auch im Rat durch die Einheit ohnehin die Position Deutschlands schon gewachsen war. Eine, zwei Stimmen mehr beim ersten Kriterium war »Basta«- und Prestigedenken ohne Einfluss auf das Geschehen.

Aber Schröders Verzicht lohnte sich nicht auf Dauer. Die Regeln änderten sich bald wieder. Seit dem Vertrag von Lissabon hat jedes Land nur noch eine Stimme im Rat, für eine qualifizierte Mehrheit sind seither 55 Prozent der Länder nötig, die 65 Prozent der Bevölkerung repräsentieren. Schröder hat drei Abgeordnete verschenkt und dafür nichts bekommen – außer Misstrauen.

Denn Schröders Armdrücken endete fast mit einem Eklat. Frankreichs Präsident Jacques Chirac wollte ein Scheitern des Gipfeltreffens, was für ihn als Gastgeber eine Niederlage gewesen wäre, unbedingt verhindern. Beim Abendessen schrien sich die beiden Kontrahenten an. Bis zuletzt schien eine Einigung unmöglich; überall standen Gruppen, die beratschlagten, ob die Konferenz abgebrochen werden sollte. Da kam am späten Abend in einer Verhandlungspause der finnische Ministerpräsident Paavo Lipponen, ein Sozialdemokrat, auf mich zu. Schröder war in Hörweite, als Lipponen sagte: »Elmar, kannst du mal Helmut anrufen? Dann haben wir das hier schnell gelöst.« Das hieß: Mit Kohl statt Schröder wäre dieses Desaster nicht geschehen. Das EU-Parlament hat dem Vertrag von Nizza bis heute nicht zugestimmt – auf meinen Rat hin, und das wegen einer Absprache mit dem belgischen Premierminister Verhofstadt.[22]

Schröders gedankliches Zentrum war Deutschland. Während des Wahlkampfs 1998 bestürmten ihn in Straßburg die sozialdemokratischen Abgeordneten des EP-Parlaments, einen europäischen Wahlkampf zu führen. Kaltschnäuzig antwortete er:»Mit Europa kann man keinen Blumentopf gewinnen!« Noch Monate lang danach war Klaus Hänsch (SPD), bis 1997 Präsident des Europäischen Parlaments, über diese Äußerung verstört und entsetzt.

Das deutsch-französische Tandem, jahrzehntelang der Stabilitätsanker und Motor Europas, kam erstmals seit der »Politik des leeren Stuhls« de Gaulles, dem Boykott der Ratssitzungen durch die französische Verhandlungsdelegation Mitte der 1960er-Jahre, wieder in Turbulenzen. In der Zeit von Merkel und Sarkozy und Hollande funktionierte es. Mit der Nichtbeantwortung von Macrons Pro-Europa-Rede an der Sorbonne begann der Motor wieder zu stottern. Heute, unter Scholz und Macron, ist der Tiefstand erreicht. Scholz und seine Mannschaft, aber auch große Teile des politischen Berlin in Thinktanks und Medien reden ständig – unrealistischerweise – von deutscher Führung und verstören damit Frankreich und andere Nachbarn. Deshalb hat der Vertrag von Aachen von 2019 – unterschrieben von Macron und Merkel – auch keine Wirkung bekommen.

Dass die deutsche Außenministerin 2023 beschloss, Goethe-Institute in Frankreich zu schließen, ist erschreckend kurzsichtig und selbstvergessen und wird gravierende Folgen für Lösungen bei den Reformen der EU zeitigen. Nils Minkmar nannte es in der *Süddeutschen Zeitung* treffend »eine fröhliche Sägearbeit am letzten uns verbliebenen geopolitischen Ast. Die Symbolik dieser Maßnahme ist verheerend, das Entsetzen aus allen Teilen der Fachwelt und der Zivilgesellschaft gewaltig.«[23]

Heute bringen beide Seiten viel zu oft nicht ausreichend Geduld auf – etwa in der Rüstungspolitik –, um Probleme gemeinsam zu überwinden. Am Ende der gegenwärtigen Krise könnte

Deutschland sehr isoliert in einem schwachen Europa dastehen. Am Vorabend des 60. Jahrestags des Élysée-Vertrags titelte das bekannte Politikmagazin *L'Express:* »Zwischen Paris und Berlin geht nichts mehr.« In einer langen Analyse spricht das Blatt von einem »Vorgeschmack einer deutsch-französischen Scheidung«. Wie konnte es so weit kommen?

Mangelndes Fingerspitzengefühl: Führung à la Germany

Auf der Münchner Sicherheitskonferenz 2014 erklärten Bundespräsident Joachim Gauck, Außenminister Frank-Walter Steinmeier und Verteidigungsministerin Ursula von der Leyen, Deutschland sei bereit, künftig im internationalen Krisenmanagement eine bedeutendere Rolle zu spielen. »Europa kommt im Spiel der globalen Kräfte nicht voran«, meinte von der Leyen im Interview mit der Zeitschrift *Der Spiegel,* »wenn die einen sich immer dezent zurückhalten, wenn es um militärische Einsätze geht, und die anderen unabgestimmt nach vorne stürmen«. Mehr internationale Verantwortung hieß das – »im Rahmen unserer Bündnisse«. Gauck und Steinmeier meinten, Deutschland müsse sich außenpolitisch »früher, entschiedener und substanzieller« einbringen. »Empörungsrhetorik« reiche nicht mehr, ergänzte Steinmeier, Deutschland sei zu groß, um die Weltpolitik nur von der Außenlinie zu kommentieren.

Es waren die Jahre zwischen der Banken- und Griechenlandkrise, dem NATO-Einsatz in Libyen, dem Kampf gegen den sogenannten Islamischen Staat in Syrien und in europäischen Großstädten, Irans Atomprogramm, Russlands grünen Männchen auf der Krim und der zunächst verdeckten Einmischung in der Ostukraine. Und es waren die Jahre, in denen offensichtlich geworden war, dass die USA sich von Europa ab- und China zuwenden wollten. Europa sollte sich mehr um sich selbst kümmern, meinte nicht nur der US-Präsidentschaftskandidat von 2008, John McCain. Sogar der polnische Außenminister

Radosław Sikorski hatte es bereits 2011 anlässlich einer Rede in Berlin als Deutschlands Pflicht bezeichnet, eine Führungsrolle bei den notwendigen Reformen in Europa zu übernehmen. Sein eindringlicher Appell gipfelte in dem Satz »Deutsche Macht fürchte ich heute weniger als deutsche Untätigkeit.« Damit meinte er allerdings eines nicht: dass Deutschland allein die Führung Europas übernehmen solle.

Tatsächlich hat Deutschland neue Aufgaben angenommen, nicht konsequent, aber als Vermittler in Iran und zwischen Russland und der Ukraine. Und das Land hat sich auch militärisch beteiligt – in Mali und Afghanistan. Der Politikberater Volker Perthes (SWP) schrieb 2016, Deutschland habe in jenen Jahren einen »Crashkurs in geopolitischem Realismus« durchlaufen.[24]

Aber wie sieht diese Führung aus? Das deutsche Politikpersonal sendet verheerende Zeichen von Arroganz in Richtung seiner Partner. Als Bundeskanzler Scholz ein halbes Jahr nach Russlands Überfall auf die Ukraine an der Karls-Universität in Prag ankündigte, Deutschland werde »in den kommenden Jahren ganz erheblich in unsere Luftverteidigung investieren«, da sagte er auch: »Zugleich wird Deutschland diese zukünftige Luftverteidigung von Beginn an so ausgestalten, dass sich auch unsere europäischen Nachbarn daran beteiligen können, wenn es gewünscht wird, etwa Polen, Balten, Niederländer, Tschechen, Slowaken oder unsere skandinavischen Partner. Ein gemeinsam aufgebautes Luftverteidigungssystem in Europa wäre nicht nur kostengünstiger und effizienter, als wenn jeder von uns seine eigene teure und hochkomplexe Luftverteidigung aufbaut; es wäre ein Sicherheitsgewinn für ganz Europa und ein hervorragendes Beispiel dafür, was wir meinen, wenn wir von der Stärkung der europäischen Säule der NATO sprechen.«[25] Das hieß unmissverständlich: Entweder ihr macht bei unserem System mit, oder wir machen es allein. Friss oder stirb. Kooperation und gute Führung gehen anders. Warum hat Scholz das nicht etwas feinfühliger formuliert, als Aufforderung, ein gemeinsames europäisches Luftabwehrsystem aufzubauen, statt als »Angebot«, sich der deutschen Übermacht anzuschließen?

Vorpreschen auch an anderer Stelle: Natürlich war zu begrüßen, dass die deutsche Ratspräsidentschaft ein »Europäisches Kompetenzzentrum Ziviles Krisenmanagement« anstrebte, das inzwischen arbeitet. Aber warum Deutschland dies national in Berlin und nicht im Rahmen der EU-Strukturen machen wollte, habe ich bis heute nicht verstanden.

Auch mit ihrer Russlandpolitik (siehe Seite 92ff.) setzten sich die Deutschen vor dem Überfall auf die Ukraine rücksichtslos über europäische und transatlantische Interessen hinweg. Als sich die deutsche Energiepolitik mit ihrer Abhängigkeit von Russland als Fehler herausgestellt hatte, beschloss die Bundesregierung den Doppelwumms, damit die Deutschen im Winter nicht frieren mussten und die Wirtschaft konkurrenzfähig bleibt. Ohne Absprache. Der nächste Alleingang! Anderen Ländern fehlte dafür Geld, und sie beklagten Wettbewerbsverzerrung, protektionistische Tendenzen und mangelnde Solidarität. Denn die Folgen der deutschen Politik mussten sie alle mittragen. Wegen der hohen Nachfrage explodierten die Preise – für alle. Die Tschechen, die genug Atomstrom für eine günstige Versorgung hätten, mussten wegen der europäischen Vernetzung dieselben Preise für Strom und Gas bezahlen wie die Deutschen, dabei verdienen die Tschechen nur ein Drittel.

Viele unserer EU-Partner missbilligen auch den ideologischen Kampf gegen die Verlängerung der Laufzeit der deutschen Atomkraftwerke in diesen Zeiten. Emmanuel Macron dagegen will nicht nur den französischen Atomstrom als klimaneutral eingestuft wissen, sondern diese Energiequelle mit staatlicher Förderung ausbauen, um die Strompreise nachhaltig senken zu können. »Es wäre ein historischer Fehler, […] die Investitionen in die Kernenergie […] in Europa zu bremsen«, sagte er im August 2023. Das gelte umso mehr, wenn stattdessen mehr Kohle verbrannt werde – wie es ausgerechnet in Deutschland geschieht. Weil sich die EU wegen der deutschen Vorbehalte zu langsam bewegt, denkt Macron über nationale Lösungen nach, um den Energiemarkt zu reformieren und verlässlicher zu machen. Als die Deutschen ihr Zögern bei den Waffenlieferungen für die Ukraine beendet hatten, preschte die Bundesregierung von ganz hinten an die Spitze der Bewegung. Bevor die EU sich im März 2023 traf und eine Milliarde Euro bereitstellen wollte, verkündete Olaf Scholz: Deutschland sei bereit, seine »Beschaffungsvorhaben auch für andere Mitgliedstaaten zu öffnen«. Das hieß: Wir setzen die EU-Pläne in Deutschland um – ausgerechnet über das arbeitsunfähige Bundesbeschaffungsamt (siehe auch Seite 203ff.) statt über die European Defence Agency (EDA) –, und die anderen Länder können sich anschließen.

So verstandene Führung kommt nicht gut an. Sie ist außerdem vollkommen unnötig. Natürlich hören sich die EU-Staaten deutsche Vorschläge an. Und sie gehen auch oft darauf ein. Der neue deutsche Außenpolitikansatz kommt jedoch einer Bevormundung gleich. Helmut Kohls europapolitischer Leitgedanke war immer: Dass wir das Land mit den meisten Einwohnern und der größten Wirtschaftsleistung sind, wissen die anderen Europäer, sie wissen um unsere Größe und Macht, aber das müssen wir nicht jeden Tag demonstrieren. Ein Motto, das auch heute noch Gültigkeit haben sollte.

Stattdessen gehen die Deutschen wieder Sonderwege und ignorieren französische Befindlichkeiten. Angela Merkel hat nie auf Macrons Initiative für eine gemeinsame EU-Sicherheits- und Außenpolitik, 2017 an der Sorbonne gehalten, geantwortet. Niemand verlangt, dass wir jedem Gedanken Macrons folgen, aber die Aufbruchsstimmung, die er damals mit seinem Enthusiasmus verbreitete, hätte Merkel aufnehmen sollen. Das ist leider unterblieben. Ein schwerer Fehler, ein Versäumnis. Denn dort blickte Macron mit klarem Blick in die Zukunft. Europa sei »zu schwach, zu langsam, zu ineffizient, aber allein Europa kann uns eine Handlungsfähigkeit in der Welt geben angesichts der großen Herausforderungen dieser Zeit.« Er warb für gemeinsame Investitionsentscheidungen der EU-Mitgliedstaaten durch einen Europäischen Verteidigungsfonds, den es inzwischen immerhin – aber zu knapp bemessen – gibt, »eine gemeinsame strategische Kultur« und »eine europäische Interventionsinitiative für die Entwicklung dieser gemeinsamen Strategiekultur«. Das ist alles richtig, zentral die Wörter »gemeinsam« und »europäisch« statt egoistisch und national. Macrons Rede an der Sorbonne ist entstanden aus der Erkenntnis, dass die Europäer ihre Strategien an den eigenen Interessen ausrichten müssen, statt nur den USA zu folgen, die inzwischen ein unsicherer Kantonist sind.

Macron bekam 2018 für seine Verdienste um Europa den Karlspreis in Aachen. Am Abend saß ich im Parkhotel Quellenhof an der Bar. Gegen halb elf trat der Präsident herein und kam auf mich zu. Er suchte jemanden, der seine Akzeptanzrede[26] mit ihm diskutierte, die er am nächsten Tag halten sollte. Am nächsten Morgen wollte ich zur Messe in den Dom, aber da war kein Durchkommen mehr, weil alles abgesperrt war. Ratlos stand ich in der Hotelhalle, als Macron kam. »Herr Brok, war nett gestern Abend. Aber warum stehen Sie noch hier herum?«

Ich scherzte: »Der französische Präsident stoppt mein Taxi.« Er winkte mich heran und ließ mich im Wagen seiner Bodyguards mitfahren. Macron ist ein offener Typ, aber er fand keinen Zugang zu Merkel. Er hat das Gefühl, da ist eine Mauer. Und noch schlimmer ist es bei Scholz. Macron hatte Scholz zu den französisch-chinesischen Konsultationen eingeladen; seine Bitte, Scholz nach Peking zu begleiten, wurde dagegen abgeschlagen. Macron lud bei seiner späteren Chinareise die deutsche Kommissionspräsidentin von der Leyen in seine Delegation ein – ein

Wink mit dem Zaunpfahl, den Berlin in seiner Dickfelligkeit wohl nicht einmal bemerkt hat.

Immerhin sagte der Bundeskanzler bei seiner Rede in Prag, europäische Souveränität bedeute, »dass wir auf allen Feldern eigenständiger werden, dass wir mehr Verantwortung übernehmen für unsere eigene Sicherheit, dass wir noch enger zusammenarbeiten und zusammenstehen, um unsere Werte und Interessen weltweit durchzusetzen«. Es gibt Leute, die sagen, das sei Scholz' Antwort auf Macrons Rede an der Sorbonne gewesen. Das ist Unsinn, denn eine Antwort auf solch eine Rede gibt man nicht in Prag, sondern in Paris.

Ich war energisch für Berlin als Hauptstadt, und die Entscheidung war historisch richtig. Doch in mir melden sich langsam Zweifel, und ich werde mehr und mehr Anhänger der Bonner Republik, weil das eine bescheidene Republik war.

Kohls bescheidene Europapolitik: Immer an die Kleinen denken

Die bescheidene Republik zeigte sich deutlich in der Europapolitik unter Helmut Kohl: Es war im Jahr 1996, als ich mit Werner Hoyer, damals Staatsminister im Auswärtigen Amt, bis vor Kurzem Chef der Europäischen Investitionsbank, den Bundeskanzler traf. Wie üblich war Kohl allein erschienen. Wir erzählten, frotzelten, lachten, und Hoyer und ich berichteten über die Verhandlungen zur Überarbeitung des Vertrags zur Europäischen Union, der im Oktober 1997 in die Amsterdamer Verträge münden sollte. Nach drei Stunden sagte Kohl: »Jetzt müssen wir Schluss machen. Ruft mich nicht jeden Tag an. Ich vertraue euch. Ihr macht das schon richtig.«

»Herr Bundeskanzler«, wandte ich mich noch einmal an ihn. »Der Herr Hoyer hat's sehr schwer. Jeden Tag schicken ihm Ihre Ministerien Vorschläge. Das müssen sie abstellen. Wenn Sie uns vertrauen, muss der doch frei verhandeln können.«

Kohl antwortete:»Nee, das mache ich nicht. Die haben Derartiges vor mir geschrieben, die schreiben das jetzt, das werden die auch nach mir schreiben. Das können Sie nicht ändern.«
»Aber, Herr Bundeskanzler, was soll er denn machen?«
»Macht's wie ich, lest den Scheiß nicht.«
Kohl gab Hoyer also den Freibrief, die Aufträge seiner Regierung zu missachten. Wir waren schon an der Tür, als Kohl uns nachrief:»Wenn ihr vergesst, dass in der letzten Nacht der entscheidenden Sitzung des Europäischen Rats Deutschland an der Seite der kleineren Länder stehen wird, habt ihr alles falsch gemacht.«

Die kleinen Länder mitnehmen würde das heute wohl heißen. Die Geschichte nicht vergessen. Gesamteuropäisch denken. 1989, als Bush in Mainz war, bot der US-Präsident ihm»Partnership in leadership« an. Kohl hielt sich an seine Linie, er antwortete:»Ich akzeptiere – als Mitglied der Europäischen Gemeinschaft.« Ein Ausweis von Kohls Bescheidenheit und Klugheit.

Doch diese Bescheidenheit verlor schleichend ihre normative Kraft: Gegen Ende von Kohls Regierungszeit strebte das Auswärtige Amt einen ständigen Sitz Deutschlands im UN-Sicherheitsrat an. Schon bevor Gunter Pleuger das als Staatssekretär im Außenministerium Gerhard Schröder einredete, hatte er es bei Kohl versucht. Auf dem G7-Gipfel in Birmingham (Mai 1998) sagte Pleuger zu Kohl, er müsse das Thema bei Präsident Clinton ansprechen. Er werde ihm recht geben und ihm offiziell im Rahmen von G7 Unterstützung zusagen. Doch Clintons Unterstützung ist unterblieben. Warum das? Weil Kohl die Frage gar nicht stellte. Ich habe ihn später gefragt, warum er das nicht getan hat. Er antwortete:»Ständiger Sitz im Sicherheitsrat, das bringt nur Ärger und kostet Geld.« Das war Kohl in solchen geopolitischen Machtfragen, ein Mann von Bescheidenheit und Klugheit.

Kohl hat immer auch die Interessen der kleineren EU-Staaten bedacht. Deswegen vertrauten sie ihm. Und er hat sich gehütet, die

Großen zu demütigen. Über die deutsch-französische Führung sagte er: »Wenn du die Trikolore siehst, grüß sie dreimal«, sagte Kohl. Warum? »Es kostet nichts, und wer weiß, wofür es gut ist.« 1989 wussten wir, wofür es gut war. Ohne die EU hätte es keine deutsche Einheit gegeben. Die Europäer hätten es uns nicht zugestanden, wenn wir die Forderung nach deutscher Führung aufgestellt hätten. Thatcher, Mitterrand, auch die Polen hätten dem nicht zugestimmt, wenn sie nicht das Gefühl gehabt hätten, dass die Deutschen sich wohlfühlten in einem Europa, in dem sie eingebunden sind, und nicht wieder gefährlich werden.

Früher galt für die deutsche Politik in Europa: im Namen der Europäischen Union gemeinsam mit Frankreich. Jetzt wollen wir Führungsmacht sein. Offenbar haben alle den Bismarck-Satz vergessen: »Deutschland ist zu klein für die Vorherrschaft in Europa und zu groß für die Balance.« Deshalb wollte Bismarck Elsass-Lothringen nicht okkupieren. Andere dachten nicht an mögliche Folgen, und das hat uns in zwei Weltkriege geführt. Erst die EU hat eine tragfähige Balance kreiert. François Mitterrand, der am 22. September 1984 Hand in Hand mit Helmut Kohl an den Gräben von Verdun stand, war klar: »Le nationalisme, c'est la guerre«, Nationalismus bedeutet Krieg. Das sagte er am 15. Januar 1995 im EU-Parlament, und er ergänzte: »Krieg, das ist nicht nur Vergangenheit. Er kann auch unsere Zukunft sein.« Ein neuer deutscher Nationalismus wäre selbstmörderisch für Deutschland und Europa. Bismarck würde die AfD verachten.

Das arrogante deutsche Streben nach weltpolitischer Bedeutung – war es nicht mit dem Ende der nationalsozialistischen Diktatur überwunden gewesen? Bescheiden sein war doch das Motto unter Adenauer und Kohl gewesen. Henry Kissinger lobte Adenauers »Strategie der Demut« in seinem Buch *Staatskunst,* in dem er ihm (und seinen anderen Protagonisten) »Mut und Charakter« bescheinigt. »Mut, um unter komplexen und schwierigen Optionen eine Richtung zu wählen und damit das Althergebrachte hinter sich zu lassen; und Charakterstärke, um einen Kurs beizubehalten, dessen Nutzen und Risiken im Moment der Entscheidung nur unvollständig abgeschätzt werden können. « Adenauer habe »in sechs schicksalhaften Jahren … sein Land von der Teilung nach dem Krieg, den Restriktionen unter dem Besatzungsstatut und den Reparationen hin zur Beteiligung an der Europäischen Gemeinschaft und zur Vollmitgliedschaft in der NATO geführt. Die Strategie der Demut hatte ihr Ziel der Gleichberechtigung in einer neuen Struktur für Europa erreicht, für die Adenauers Kanzlerschaft stand.«[27]

Adenauers Weg zurück in die Völkergemeinschaft war der zu den Vereinigten Staaten von Europa. Über Führung hat Adenauer nie gesprochen. Er hat über Bescheidenheit Macht ausgeübt und dadurch Vertrauen gewonnen. So hielt es auch Kohl. Diese immer öfter mitschwingende verstörende Haltung, dass 75 Jahre nach Kriegsende wieder alle nach unserer Pfeife tanzen sollen, die hätte Kohl nicht zugelassen.

Fatale Alleingänge:
Auch Frankreich geht manchmal krumme Wege

Auch der französische Präsident Emmanuel Macron geht hin und wieder eigene Wege. Zumindest verwirrte er die fantasielosen Gegner immer wieder mit seinen Vorstellungen von »strategischer Autonomie«, inzwischen »europäische Souveränität«. In der schon erwähnten Rede an der Sorbonne warb er 2017 dafür, dass Europa »ergänzend zur NATO, selbstständig handlungsfähig ist«. Obwohl die Vorstellung von einem »autonomen« Europa undenkbar bleibt, klang da ein wenig der Gedanke einer Äquidistanz Europas zu China und den USA an, was selbstredend eine Verirrung wäre, weil China und auch Russland aggressive Diktaturen sind, die im Gegensatz zu unseren Zielen und Werten stehen. Verwirrend Macrons Interview auf dem Rückflug aus China (April 2023), wo französische Unternehmen (Alstom,

L'Oréal) Verträge abschlossen, während die Chinesen ein Militärmanöver vor Taiwans Küste absolvierten: »Wir als Europäer sind besorgt über unsere Einheit. [...] Die Chinesen sind ebenfalls besorgt über ihre Einheit, und Taiwan, aus ihrer Sicht, ist ein Bestandteil davon. Es ist wichtig zu verstehen, wie sie denken.« Das Schlimmste wäre, sagte Macron, »wenn sich die Europäer als Mitläufer dem amerikanischen Rhythmus und einer chinesischen Überreaktion anpassen müssten«. Macrons Formulierung bezüglich Taiwans weicht klar vom europäischen Konsens ab und repliziert das chinesische Narrativ.[28]

Es knirscht zwischen Deutschland und Frankreich. Macron, der Scholz nach Paris eingeladen hatte, als Xi ihn dort besuchte, wollte gemeinsam mit dem Bundeskanzler nach China reisen. Scholz lehnte das jedoch ab. Macron dagegen nahm Ursula von der Leyen mit und zeigte damit, dass er im Namen Europas redet. Macron hat europäisch gehandelt. Scholz tat das nicht.

Das hat zur Folge, dass nicht nur Frankreich, sondern auch die kleineren Staaten zunehmend misstrauisch werden. Das war schon so, als Angela Merkel in die USA reiste, um sich mit Joe Biden über Nord Stream 2 zu einigen und das Ergebnis danach dem russischen Präsidenten zu erläutern, ohne dass der eine Verpflichtung eingehen müsste. Hat dabei jemand daran gedacht, welche existenziellen Ängste das bei den EU-Staaten in Mittel- und Ost-Europa auslösen könnte, welche Erinnerungen das wecken könnte? Offenbar ebenso wenig wie wenig später, als Paris und Berlin dem Europäischen Rat sehr kurzfristig im Juli ein Treffen mit Putin vorschlugen, ohne es mit Brüssel und den östlichen EU-Staaten zu erörtern. Wie mag das in den vor vollendete Tatsachen gestellten EU-Hauptstädten ankommen? Wie sollen die kleineren Staaten den großen in der Außenpolitik vertrauen? Wir haben im Osten wie im Westen Europas dasselbe Problem. Dabei käme es jetzt darauf an, gemeinsam zu handeln. Nach dem erfreulichen Wahlergebnis im Oktober 2023 in Polen wäre es ein gutes Zeichen, wenn wir Warschau in unser Boot bitten und ein Weimarer Dreieck bilden.

Von solchen Alleingängen profitieren nur unsere großen Rivalen, China und Russland. Sie haben es leichter, wenn sie mit einzelnen EU-Staaten statt mit der viel potenteren EU reden. Donald Trump hatte denselben Gedanken in der ihm eigenen brutalen Deutlichkeit ausgesprochen. Wer glaubt, dem Sirenengesang der nationalen Größe nachgeben zu müssen, verkennt die Kraftverhältnisse. Eine gleichwertige Achse Berlin-Washington ist eine Fata Morgana. Statt sich einem Trugbild hinzugeben, müssten Paris und Berlin geduldig Vertrauen untereinander und bei den Mitgliedstaaten aufbauen und so ihre Führungsrolle legitimieren. Die große Mehrzahl der EU-Staaten ist bereit, das zu akzeptieren; aber sie möchten einbezogen werden in die Überlegungen der großen. Das gerade will die Europäische Union: Während die kleineren Länder vor dem großen europäischen Projekt lediglich Objekte der europäischen Großmächte waren, sitzen sie heute in der EU an allen Tischen und entscheiden mit. So soll, so muss das bleiben. Europa kann seine Interessen gegenüber den USA, China und Russland nur gemeinsam durchsetzen, nur eine einige EU hat ausreichend Gewicht – ökonomisch und politisch. Selbst die großen EU-Staaten sind einzeln zu schwach.

Was die Möchtegern-Großmächte in der EU offenbar hin und wieder vergessen, hat Jean-Claude Juncker einmal auf den Punkt gebracht:»Ich als Luxemburger weiß, dass es große und kleine Länder gibt, aber von Washington und Peking aus betrachtet gibt es in Europa nur kleine Länder, nur die etwas Größeren haben das noch nicht begriffen.«

Dass alle EU-Entscheidungen bis heute unter dem Vorbehalt des Bundesverfassungsgerichts (BVerfG) stehen, ist verheerend. In der Praxis muss klar sein: Europarecht schlägt nationales Recht. Der vor allem in Deutschland gehörte Vorschlag, den Europäischen Gerichtshof (EuGH) zu schwächen und die Rolle der nationalen Verfassungsgerichte zu stärken, ist töricht. Welche Gefahren das birgt, haben wir in den letzten Jahren in Polen und Ungarn zu spüren bekommen. Das BVerfG und seine Vorbehaltsansprüche in Europafragen werden nicht nur dort als Vorbild missbraucht.

Der EuGH, dessen Entscheidungen bei der Kontrolle der Vertragskonformität von EU-Gesetzgebung und deren Umsetzung verbindlich sind, ist eine eigenständige, unabhängige EU-Institution, die die Rechtsstaatlichkeit und den einheitlichen Rechtsraum der EU gewährleistet. Die 27 Richter werden nicht von EU-Institutionen nominiert und gewählt, sondern ausschließlich von ihren jeweiligen Heimatländern. Der in manchen Ländern zu hörende Vorwurf, der EuGH würde oft zu integrationsfreundlich entscheiden, ist nicht oder nicht mehr richtig. Das BVerfG versteht leider nicht, was es für das Ganze bedeuten würde, wenn die entsprechenden Gerichte in allen Ländern einen solchen Vorbehaltsanspruch hätten. Wenn die nationalen Regierungen mit dem EuGH unzufrieden sind, sollen sie doch andere Richter schicken, statt den EuGH zu schwächen oder mit der nationalen Verfassungsgerichtsbarkeit sogar institutionell zu vermengen. Das zerstört die Klarheit der Zuständigkeiten der Ebenen.

Das gilt übrigens auch für die immer wiederkehrenden Vorschläge, den nationalen Parlamenten unmittelbare Mitwirkung auf EU-Ebene zu verschaffen, obwohl Schmidt und Giscard das 1979 aus guten Gründen abgeschafft haben. Diese Parlamente sind als Kontrolleur ihrer Regierungen im Rat und mit ihren Ratifizierungsrechten bei Vertragsänderungen, Erweiterungen und dem Finanzrahmen schon massiv involviert. Sollen die Entscheidungsverfahren etwa noch ineffektiver werden, indem man in der Gesetzgebung neben dem EP und dem Rat eine dritte Kammer einführt?

Das BVerfG und mancher »Europaexperte« verstehen auch nicht, dass die EU und ihre Struktur nicht exakt das Abbild nationaler Modelle ist. Das Stimmenverhältnis von großen und kleinen Ländern drückt sich in einer korrekten Weise im Verhältnis von EP und Rat aus. Das wird in föderalen Systemen unterschiedlich gelöst. Man darf nicht das EP allein betrachten. Wenn jedoch das BVerfG daraus und aus der angeblich mangelnden Bedeutung des EP für die Europawahl eine Sperrklausel für verfassungswidrig erachtet, die es auf unterschiedliche Weise rechtlich oder de facto in fast allen Ländern (außer Spanien) gibt, fördert es die Zerbröselung des Parlamentarismus auf gefährliche Weise; außerdem schwächt es die Rolle der deutschen Vertretung im EP.

Das EP ist machtvoll, weil es unauflösbar und damit nicht erpressbar ist, weil es heute gleichberechtigt in fast der gesamten EU-Gesetzgebung und beim Abschluss der EU-Haushalts ist, weil alle Handels-, Assoziierungs- und Erweiterungsverträge seiner Zustimmung bedürfen, weil der Kommissionspräsident durch das EP gewählt und die Kommissare nicht ohne das EP ins Amt kommen. Außerdem kann nur das EP die Kommission abwählen. Ich hoffe, dass das BVerfG in diesen Fragen bei ihrer Abwägung von Repräsentanz der Wähler und Handlungsfähigkeit der einzigen direkt gewählten EU-Institution bald in der Realität ankommt.

Manche deutsche Verfassungsrichter haben ebenso wie deutsche »Nationalökonomen« – gibt es in dieser Welt eigentlich noch eine Nationalökonomie eines einzelnen europäischen Staates? – ein seltsam antiquiertes germanozentrisches Weltbild. Sie begehen einen bösen Denkfehler: Wenn Deutschland auf Privilegien wie den Vorbehalt des BVerfG besteht, dann können alle anderen ähnliche Ansprüche erheben. Die Folge wäre unvermeidlich: Die EU bräche auseinander.

Great Britain: Der fatale Brexit
Europa ist eine Vernunftehe, von hohem, häufig übersehenem oder für selbstverständlich genommenem Nutzen für jeden ein-

zelnen Menschen in Europa. 51,9 Prozent der Briten haben sich im Referendum 2016 leider gegen Europa entschieden, 48,1 Prozent Hellsichtigere wollten in der EU bleiben. Nun leiden die Insulaner unter der Entscheidung zum Brexit. Sie hätten auf den ehemaligen US-Außenminister John Kerry hören sollen, der einmal sagte: »Wenn Großbritannien aus der EU ausscheidet, ist es bloß eine einsame Insel im Atlantik.«

Die Nationalisten dort sprachen vom Kontinent und nannten die EU immer *common market*. Sie haben nicht begriffen, dass die Gemeinschaft auch ein politisches Projekt ist, nicht nur ein wirtschaftliches. Allerdings ist der Binnenmarkt der große Heimatmarkt, den die Wirtschaft wegen der Skaleneffekte und als internationale Startrampe braucht. Das müssen die Briten seit dem Brexit schmerzhaft erkennen; und sie müssen zusehen, dass die Souveränität der Bank of England nach einer Entscheidung der Europäischen Zentralbank immer nur noch wenige Minuten hält, bis sie der EZB folgen muss – wegen der Marktmacht.

Dabei waren es auch Briten gewesen, die sich für den Binnenmarkt stark gemacht hatten. Der Brite Lord Arthur Cockfield, Kommissar für Binnenmarkt, Steuern und Zölle und gleichzeitig Vizepräsident der EU-Kommission, gehört zu den Vätern des Binnenmarkts. Und im Wirtschafts- und Währungsausschuss stand an der Seite von Jacques Delors Sir Fred Catherwood aus Cambridge, der sich sehr für eine gemeinsame Währung einsetzte. Vor allem: Margaret Thatcher wollte das auch.

Zweimal, 1961 und 1967, war der Beitritt Großbritanniens an de Gaulles Veto gescheitert, der die Insel für »unverträglich mit Europa« hielt. 1973 klappte es schließlich, aber schon wenig später wollte die Labour Party die Briten wieder hinausführen, was Helmut Schmidt 1974 in einer launigen Rede auf deren Parteitag das Gefühl gab, er müsse »Damen und Herren der Heilsarmee von den Vorteilen des Trinkens überzeugen«. Dringend bat er: »Eure Comrades auf dem Kontinent wollen, dass ihr bleibt.«[29]

Als ich 1975 in London mit Millionen Menschen für den Verbleib in der EWG demonstrierte, marschierte neben mir eine Dame, die einen Pullover mit den Flaggen der Mitgliedstaaten trug; es war Margaret Thatcher, kommender Star der Konservativen, der Tories. Zwei Jahre später traf ich sie wieder – auf einem Kongress der englischen Jungkonservativen in Harrogate (in der Halle, wo später der ESC stattfand), wo sie als Oppositionsführerin sprach: Sie erwies sich wieder als überzeugte Europäerin, soweit eine Engländerin es sein kann. Während meiner Rede sah ich im Publikum viele grinsende Gesichter und fragte Maggie später, ob ich Unsinn erzählt hätte. Nein, sagte sie, wir haben nur eine Rede auf Englisch mit deutschem Akzent erwartet, aber wir haben nicht erwartet, dass ein Deutscher auf Englisch mit schottischem Akzent spricht. Das kam daher, dass ich zuvor ein Jahr lang in Edinburgh am Europainstitut studiert hatte.

Vor der Europawahl 1979 lud mich Thatcher, die gerade Premierministerin geworden war, als Redner zu ihrer Kundgebung pro Europa in Birmingham ein. Die Europäerin holte sich einen Deutschen zu ihrer Kundgebung, und als sich wenig später die European Democratic Union in London traf, lud sie mich privat in die Downing Street ein, gemeinsam mit Kanzlerkandidat Franz Josef Strauß und einigen Granden wie Maurice Couve de Murville. Beim Dinner in den oberen Privaträumen gab es Lamm mit Minzsoße, danach führten Denis Thatcher, der ehemalige Direktor von Burmah Oil, und Maggie uns durch ihre Wohnung. Erstaunlich, wie bescheiden sie dort lebten. Downing Street ist nicht groß, groß war dort nur die Bescheidenheit. Maggie stand mit Strauß und anderen, ich mit Denis etwas abseits, als sie sagte: »Dennis, schalte das Licht ein.« Er kuckt suchend um sich. Sie rauscht quer durch den Raum und sagt: »Euch Männer kann man zu nichts gebrauchen.« Später stand Strauß in einer Ecke, eine Gruppe Menschen um sich herum. Da rief Maggie ihm zu: »Franz Josef, you should not hold court in this house.«

Der EVP, die 1977 entstanden war, wollte die überzeugte Europäerin Thatcher nie beitreten, die Tories bildeten eine eigene Fraktion und stimmten nicht immer mit uns. Thatcher wollte nicht in die EVP, weil sie sich darin zu eingezwängt gefühlt hätte. Später versuchten Carl Bildt und ich, John Major zur Mitgliedschaft in der EVP zu bewegen. Er beantwortete unser zwanzigminütiges Argumentieren mit genau zwei Wörtern: »Very interesting.« Auch Major war überzeugter Europäer, er hat dem Vertrag von Maastricht mit der Währungsunion zugestimmt. Aber er hat bei der Ratifikation einen Fehler gemacht, der rückblickend der Beginn des Brexit war: Major hatte Thatcher beerbt und war gerade überraschend wiedergewählt worden. Er setzte bei den Schlussverhandlungen durch, bei den Zielen den Begriff federal/föderal durch »ever closer Union« zu ersetzen. Dieser Vorschlag wurde dann von EU-Gegnern als Argument gegen die EU eingesetzt. In den Wochen danach hätte Major den Vertrag zu Hause zügig durchsetzen können. Statt schnell zu handeln, ließ er sich auf Diskussionen mit den Brexitiers ein, damals eine kleine Minderheit. Und er ließ es zu, dass der Vertrag Wort für Wort ratifiziert wurde. Das dauerte ewig. Sein Zögern zerstörte seine Autorität, und er verlor die nächste Wahl gegen Blair.

Auch Blair war Europäer, er hatte nur in den entscheidenden Sekunden nicht genügend Mut, etwa bei der Währungsunion. Und den Amerikanern gab Blair einen Blankoschein für den Irakkrieg; er wurde nicht einmal informiert, wann er beginnt. Leute wie er schwimmen im Strom der Zeit, nie dagegen; sie verändern nichts. Deshalb bleibt von ihnen nichts übrig.

Immerhin rief Blair später die Briten zum Widerstand gegen den Brexit auf. Vergebens. Weil auf der Insel jahrzehntelang schlecht über die EU geredet und geschrieben worden war, konnte es nicht ausbleiben, dass die Zahl derer wuchs, die glaubten, es ginge ihnen ohne EU besser. Das war eine Mischung aus einem altmodischen Nationalismus, dem Glauben an ein *Global Britain* und purem Populismus. Der Schaden für Großbritannien ist groß. Wirtschaftlich gesehen ist der Austritt der Briten auch für die EU schädlich. Aber an den Stellen, wo die Briten die Entwicklung der Gemeinschaft bremsten, kommen wir jetzt schneller voran: bei der GASP, bei der verstärkten Zusammenarbeit. Die Briten verhandelten immer alles zu Ende und konnten dann doch nicht zustimmen.

Als das Inkrafttreten der Permanent Structured Cooperation (Pesco, siehe Seite 203ff.) in der gemeinsamen Sicherheits- und Verteidigungspolitik 2017 am üblichen britischen Veto zu scheitern drohte, sagte ich zu Boris Johnson, der damals britischer Außenminister war: »Boris, jetzt steht doch fest, dass ihr die EU verlasst. Dann behindere uns doch nicht weiter.« Tatsächlich enthielt er sich im Außenministerrat der Stimme und machte den Weg frei. Das war wie kürzlich bei Orbán, der vor einer Abstimmung über Aufnahme der EU-Beitrittsverhandlungen mit Moldau und der Ukraine auf die Toilette ging – danach aber weitere Finanzhilfen verweigerte. Die Methode Scholz ist also schon älter, so alt wie die Menschheit.

Auch wenn der Brexit für jeden überzeugten Europäer ein Schlag in die Magengrube war, darf die EU sich nicht gegen Großbritannien abschotten. Wir brauchen einander. Man sieht sich immer zweimal, heißt es. Ich vertraue auf die Vernunft der Europäer und der Briten, dass sie, einsichtig durch schlechte Erfahrung, zur Familie zurückkehren werden.

Die Hoffnung auf ein anderes Russland und die eigene Stärke

Im Sommer 1990 stand ich auf dem Platz vor der Oper in Poznan (Teatr Wielki), die 80 Jahre zuvor mit Mozarts »Zauberflöte« eingeweiht worden war. Neben mir stand der erste frei gewählte polnische Außenminister Krzysztof Jan Skubiszewski. Wir schauten auf den Brunnen, hinter uns die sechs ionischen Säulen und das darauf ruhende Tympanon, auf dessen Spitze ein Pegasus ruht. Ich fragte Skubiszewski nach den außenpolitischen Zielen seines Lands, und er antwortete:»Zwischen Russland und Deutschland zu liegen war für uns Polen nicht immer komfortabel.«Ich starrte ihn fragend an, denn das war die Untertreibung des Jahrhunderts. Unbeeindruckt fuhr er fort:»Und jetzt möchten wir Mitglied der NATO und der EU werden, damit uns die Deutschen gegen die Russen verteidigen.«Wie weitsichtig.

Dass Russland ein europäisches Land überfallen könnte, erschien jahrzehntelang abwegig. Uns. Die Polen wussten es besser. An unseren Stammtischen hieß es damals wie manchmal noch heute: Wenn wir mit den Russen gut auskamen, ging es uns immer gut. Welch eine Ignoranz gegenüber den Osteuropäern! Den Preis für unser Kumpelverhältnis mit den Russen haben die Völker bezahlt, die dazwischen lagen, die Polen und die baltischen Staaten. Nach den Teilungen am Ende des 18. Jahrhunderts gab es bis 1918 keinen polnischen Staat (auch keinen litauischen), weil die Russen, die Österreicher und die Deutschen sich das Territorium einverleibt hatten. Das selbstständige Polen von 1918 gab es nur, bis Hitler und Stalin es wieder zerrissen. Die heutige polnische Ostgrenze ist die Grenze des Hitler-Stalin-Pakts. Trotz alledem versteht anscheinend bis heute kaum jemand, weshalb die Osteuropäer die Russen so fürchten.

Mit seinem Krieg in der Ukraine hat Wladimir Putin die europäische Grundvereinbarung zerschlagen: die Unverletzlichkeit der Grenzen und die Souveränität der Länder. Diese Prinzipien waren schon im Westfälischen Frieden vor 375 Jahren für die Regionen des Deutschen Bunds festgelegt worden. Im 21. Jahrhundert – nach der KSZE-Schlussakte 1975 und der Charta von Paris für ein neues Europa – dürfen keine Einflusszonen von Staaten festgeschrieben werden. Und Staaten haben das Recht, Verträge mit Partnern frei zu unterzeichnen, Handels- und Wirtschaftsverträge ebenso wie militärische Bündnisse. Mit der Unverletzlichkeit der Grenzen sollte der Krieg in Europa Geschichte sein, kein Land konnte mehr Ansprüche auf ein Gebiet erheben, das ihm vor Jahrzehnten oder Jahrhunderten einmal angehört hatte. Wer sich von diesen beiden Prinzipien verabschiedet, kann in Europa hundert Gründe finden, um wieder Krieg um Territorien zu führen. Wir dürfen das Putin nicht durchgehen lassen. In der Ukraine geht es um viel mehr als ein Stück Land oder – was offenbar Putins Kriegsziel war – die ganze Ukraine. Es geht darum, die europäische Friedensordnung dauerhaft zu erhalten. Das erfordert eine andere Reaktion als die der europäischen Mächte in München 1938 gegen Hitler: Wir müssen standhaft und solidarisch mit der Ukraine sein, auch aus eigenem Interesse. Einem Aggressor wie Putin nachzugeben, das verstünde er als Schwäche.

Im November 2014 traf ich George Bush sen. in Austin/Texas. Er hatte mich, weil er selbst wegen seiner Parkinsonerkrankung nicht mehr fliegen konnte, zur Feier des 25. Jahrestags des Mauerfalls für ein Wochenende privat eingeladen. Ich brachte einen Brief von Kohl und Merkel mit und überreichte ihm die Robert-Schuman-Medaille der EVP-Fraktion. Beim Mittagessen saß ich zwischen George und Barbara Bush, Ex-Außenminister James Baker mit Frau und Ex-Sicherheitsberater Brent Scowcroft. Damals war die Krim schon überfallen, und ich fragte Bush, was er den Europäern riete: »Macht es so, wie Reagan und ich«, sagte er. »Ihr müsst, erstens, stark sein, zweitens Stärke zeigen, und dann reden, reden, reden.« In dieser Reihenfolge. Wir haben diese Reihenfolge verloren und vergessen, dass selbst Willy Brandt seine Ostpolitik bei Verteidigungsausgaben von vier Prozent des BIP aus einer Position der Stärke heraus verfolgte. Stattdessen hieß es von 1989 an, der ewige Frieden sei gesichert, das Ende der Geschichte, wie der Politikwissenschaftler und Bakers Strategieplaner Francis Fukuyama es nannte. Wir dachten, wir müssten nicht mehr aufpassen, dabei lautet der selten zitierte Wahlspruch der NATO: »Vigilia pretium libertatis« (Wachsamkeit ist der Preis der Freiheit). Stattdessen etablierte sich der Glaube, ein Beitrag zum Frieden sei es, schwach zu sein.

Inzwischen gehen immer mehr sogenannte Experten davon aus, dass die Ukraine scheitern wird. Damit das nicht eintritt, müssen wir das Land so ausrüsten, dass es auch in Russland systematisch militärische Infrastruktur, russische Logistik und die Nachschubwege zerstören kann. Wir wissen, dass wir nicht mit Bodentruppen nach Russland eindringen können. Wie aber kann man einen Krieg mit angezogener Handbremse gewinnen, wenn man den Angreifer nicht auch auf dessen Boden angreifen darf? Wir müssen endlich die Taurusraketen freigeben, damit die Ukraine Russlands Nachschub behindern kann.

Aus den USA ist zu hören, dass die Russen im Frühjahr 2024 eine Offensive starten werden, und es ist mit zehn Millionen Flüchtlingen aus der Ukraine in Europa zu rechnen. Die Russen betreiben diese Destabilisierungsstrategie schon länger, leiten Migranten über Finnland nach Europa, zuvor über Belarus. Verlöre die Ukraine, wäre eine Fluchtbewegung unvermeidlich. Das soll den rechten Parteien in Europa Rückenwind geben. In den ukrainischen sozialen Medien war im Herbst vorigen Jahres der Rat zu hören, das Land jetzt zu verlassen, jetzt gäbe es im Westen noch Häuser, später nur noch Zelte. Wenn Russland mit dieser Taktik Erfolg hätte, würden die Rechten in Europa argumentieren: Hättet ihr auf uns gehört und mit Putin zusammengearbeitet, hätten wir das Problem nicht.

Dass Außenministerin Baerbock nach Beginn des russischen Kriegs versprach, die Ukraine ungeachtet der Meinung auch grüner Wähler so lange wie nötig zu unterstützen, war richtig. Verantwortliche in der deutschen Außenpolitik dürfen sich grundsätzlich nicht nach Meinungsumfragen richten, sondern sie müssen nach vernünftigen Motiven handeln und dürfen sich nicht von Populismus und Augenblicksstimmungen beeinflussen lassen. Die Außenministerin darf nicht nach persönlichen oder Parteiinteressen handeln, sondern nach deutschen Interessen.

Als Helmut Kohl mir noch vor dem Fall der Berliner Mauer die Leitung des außen- und europapolitischen Bundesfachausschusses der CDU anvertraute, die ich bis 2019 innehatte, sagte er: »Mit guter Europa- und Außenpolitik kann man manchmal Wahlen gewinnen. Es ist aber unverantwortlich, Außenpolitik nur darauf auszurichten, Wahlen zu gewinnen.« Kluge Politiker haben in der deutschen Geschichte viele Entscheidungen aus Minderheitenpositionen heraus getroffen, etwa die Westintegration, den Beitritt zur NATO, die Ostpolitik und die Währungsunion. Dafür gelten Adenauer, Brandt und Kohl heute als große Staatsmänner.

Meine Mission auf dem Maidan: Zeit, Courage zu zeigen

Die Europäer, die 2003 in Slowenien, Ungarn, Litauen, Slowakei, Polen, Tschechien, Estland und Lettland mit überwältigenden Mehrheiten zwischen 67 und 94 Prozent für den Beitritt zur EU votierten, hatten große Hoffnungen. Sie hofften auf Sicherheit und auf wirtschaftliche Prosperität. Für diesen Traum kämpft nun auch ein Ukrainer, Vitali Klitschko, so zäh gegen die russische Aggression. Kennengelernt hatte ich ihn schon 2004 während der orangen Revolution in den Zelten des Maidans. Bei großer Kälte standen wir zusammen, auch wenn's zog. Nachdem die Russen auch seine Stadt angegriffen hatten, fragte ich ihn: »Warum machst du das alles? Statt Bürgermeister in Kiew zu sein und von russischen Raketen bedroht zu werden, könntest du dir an jedem anderen Ort der Welt ein schönes Leben machen.« Der ehemalige Boxweltmeister überlegte nicht lange: »Als ich als junger Boxer von Kiew nach Hamburg fuhr, sah ich Farbe erst, wenn ich über die Elbe kam. Von 1990 an sah ich Farbe in Ostdeutschland und später in Polen, nachdem es Mitglied der EU geworden war. Ich möchte, dass diese Farbe und dieser Wohlstand für meine Kinder in die Ukraine kommen.«

Die Ukrainer haben alles Recht auf ihrer Seite. Deshalb fuhr ich immer wieder dahin, traf Präsident Viktor Juschtschenko, den die Russen vergiftet hatten, und Ministerpräsidentin Julija Timoschenko; die beiden hassten sich, und Juschtschenko unterzeichnete keinen Haushalt von Timoschenko. Das war fatal, denn so konnte Viktor Janukowitsch, der Kandidat Moskaus, am 7. Februar 2010 bei den Präsidentschaftswahlen siegen.

Ein Jahr später saß Timoschenko im Gefängnis,»willkürlich und rechtswidrig«, wie der Europäische Gerichtshof für Menschenrechte später urteilte. Regierungschef Mykola Asarow hatte ihr ein»verräterisches« Gasabkommen vorgeworfen, das für die Ukraine»völlig unvorteilhaft« sei. Sogar Moskau dementierte das. In Wahrheit hatte das Gasabkommen in einem harten Winter die russische Blockade gegen die Ukraine und durch die Ukraine in die EU beendet. Timoschenko wurde dafür in der EU gefeiert, aber in der Ukraine im Oktober 2011 zu sieben Jahren Haft und einer Geldstrafe in Millionenhöhe verurteilt. In weiteren manipulierten Verfahren wurden ihr absurderweise unter anderem ein Mordauftrag und Steuerhinterziehung vorgeworfen. Es war klar, dass Janukowitsch und seine Kumpane das angeordnet hatten, um mit einem politischen Gegner abzurechnen. Der Präsident hatte panische Angst vor Timoschenko und wollte sie aus dem Weg räumen. Im Gefängnis verschlechterte sich ihr Gesundheitszustand.

Am 19. Dezember 2012 war ich in einer Delegation in Moskau, zwei Tage später, einem Freitag, sollte ich in der Früh in Tiflis sein. Weil es seit dem russischen Überfall auf Georgien keinen Direktflug mehr gab, entschloss ich mich zu einem mehrstündigen Zwischenstopp in Kiew; die Zeit nutzte ich, um mit Ministerpräsident Mykola Asarow, Parlamentspräsident Wolodymyr Rybak und führenden Vertretern der Regierung und Opposition über die Vertragsverhandlungen der EU mit der Ukraine und der Freilassung von Timoschenko zu reden. Diese Reise sollte mich einige Wochen später einholen.

Es geschah Ende März 2013 vor dem Parlament in Brüssel. Ich hatte ein Interview mit einem französischen Fernsehsender vereinbart, wie ich meinte. Am Abend ließen mich die »Journalistinnen« wissen, sie hätten ihre Akkreditierung vergessen; sie fragten, ob wir das Interview auch draußen führen könnten. Ich sagte zu und ging arglos auf den Vorplatz des EP. Dort stand eine Frau, aber eine Kamera war nicht zu sehen. Dafür stürmte eine barbusige Frau auf mich zu, kreischte unverständliche Sätze, schlug auf mich ein und zerrte an meiner Krawatte. Ich war in eine Falle getappt. Ein Sicherheitsmann warf sich dazwischen und die Frau zu Boden. Sie hieß Alexandra Schewtschenko von der mietbaren Aktionsgruppe Femen. Sie warfen mir vor, an jenem Tag in Kiew im Rotlichtbezirk Prostituierte getroffen zu haben.

Wie die ukrainische EU-Botschaft in der Ukraine und Botschafter Jan Tombiński richtigstellten, waren die Vorwürfe aus der Luft gegriffen. Die EU-Botschaft stellte sofort meinen exakten Terminplan von Ankunft bis Abflug minutiös auf ihrer Webseite ein. Zum Abendessen war ich in Tiflis. Auf dem Außenministertreffen in Dublin am Samstag sicherte mir die EU-Außenbeauftragte Ashton ihrer vollen Unterstützung zu. Das tat auch das Europäische Parlament. Dem *Spiegel* fiel auf, dass sämtliche Tipps für Recherchen meines Aufenthalts in Kiew vom Vize-Generalstaatsanwalt Renat Kusmin kamen, für den in den USA ein Einreiseverbot galt. Kurz darauf wurde er entlassen.[30]

Die Frauenorganisation musste danach erkennen, einer Fehlinformation aufgesessen zu sein, einer Intrige, die nicht nur mich, sondern die EU in Misskredit bringen sollte. Lanciert hatte die Vorwürfe offenbar die »Partei der Regionen« von Präsident Viktor Janukowitsch, wie »Femen.info« schließlich berichtete. Selbst Asarow und Janukowitsch mussten sich öffentlich entschuldigen.

Diese Diffamierungsmethode, ein Kompromat, ist eine übliche Waffe des Putin-Regimes. Mein Glück war, dass ich von meiner morgendlichen Ankunft bis zum Abflug am späten Nachmittag unter ständiger Betreuung der Botschaft war. So konnte ich lückenlos beweisen, dass die Story erfunden war. Umso erschütterter war ich, dass eine europäische Consultingfirma, die die Unternehmungen eines ukrainischen Oligarchen berät, der damals für Janukowitschs Partei der Regionen im Parlament saß, mich im Jahr 2024 mit dieser lang widerlegten Geschichte erneut konfrontierte.

Mit Janukowitsch hatte ich allein oder gemeinsam mit dem tschechischen EU-Kommissar Štefan Füle und dem schwedischen Außenminister Carl Bildt insgesamt mehr als 15 Stunden über Timoschenkos Freilassung verhandelt. Ihre Freilassung hatten EP und EU-Regierungen als unerlässliche Bedingung für die Europafähigkeit erklärt. Währenddessen wurde Timoschenko in der Haft wegen einer gefährlichen Krankheit von einem internationalen Ärzteteam unter Leitung der Berliner Charité betreut, initiiert durch das EP und finanziert durch die EU-Kommission. Diese Ärzte schlugen unter anderem vor, sie von Medizinern ihres Vertrauens und möglichst im Ausland betreuen zu lassen. Sie fürchtete zu Recht um ihr Leben. Nach einer Vereinbarung von EP-Präsident Martin Schulz und mir als dem zuständigen Ausschussvorsitzenden verhandelten der frühere irische EP-Präsident Pat Cox und der frühere polnische Präsident Aleksander Kwaśniewski regelmäßig mit Kiew über Timoschenkos Freilassung. Frei kam sie dennoch erst nach den Demonstrationen auf dem Maidan und der Flucht von Janukowitsch im Februar 2014, woraufhin sie in Berlin operiert werden konnte.

Beim Treffen der Staats- und Regierungschefs mit den Kandidaten für ein Assoziierungs- und Handelsabkommen (Georgien, Moldawien, Ukraine) Ende November 2013 warb EU-Ratspräsident Herman Van Rompuy vergeblich um Janukowitschs Unterschrift unter das Assoziierungsabkommen: »Die Zeit ist gekommen, um Courage zu zeigen und Entscheidungen zu treffen.« Aber Rompuy sagte dort intern auch den bedeutungsschweren Satz: »Wir bieten zehn Milliarden, die Russen zehn Milliarden und eine für Janukowitsch.« Tatsächlich sagte mir Janukowitsch an diesem Abend, er werde den Assoziierungs- und Handelsvertrag mit der EU nicht unterzeichnen.

»Janukowitsch hat Angst davor, die Macht zu verlieren«, glaubte Vitali Klitschko. In der Nacht und am folgenden Morgen liefen wieder mehr als Hunderttausend vor allem junge Menschen zum Maidan, um für den Weg nach Europa zu demonstrieren. Zwei, drei Tage später war auch ich dort, dann immer wieder, übernachtete in den Zelten, sprach vor 160 000 Leuten und einem Meer von Europafahnen; am Ende gab es Beifall und unentwegt Rufe, die ich nicht verstand. Sie riefen minutenlang danke, danke, danke; offenbar genoss ein Europäer wie ich ihr Vertrauen. Diese jungen Menschen wollten nur wie ihre Altersgenossen in der EU leben – frei in einem Rechtsstaat mit erfolgreicher Sozial-, Wirtschafts- und Umweltpolitik, nicht wie in Putins Russland.

Am 19. Februar 2014 hörte ich, dass Janukowitschs Leute ihre Angriffe auf den Maidan wieder verschärften. Ich war damals Co-Vorsitzender der EVP-Außenminister und habe den Co-Vorsitzenden von der Ministerseite angerufen, Radosław Sikorski: »Müssen wir nicht schnell nach Kiew fahren, um eine Lösung zu finden und weitere Eskalation zu unterbinden?«, fragte ich ihn. Er war gerade mit seiner Frau Anne Applebaum zum Schilaufen in Tirol eingetroffen. Nachdem sie zugestimmt hatte, rief Sikorski Bundesaußenminister Steinmeier an. Ich fuhr sofort von Brüssel nach München, wohin Sikorski eine polnische Maschine bestellt hatte. Steinmeier wollte am nächsten Morgen nachkommen.

Im Hotel Europa am Europäischen Platz, in dem die EU-Botschaft immer ihre Gäste unterbrachte, trafen wir am Abend Oppositionelle aller Gruppen, darunter Arsenij Jazenjuk und Vitali Klitschko. Auch Poroschenko – obgleich kein Mann der ersten Reihe des Maidans – war dort. Für den nächsten Morgen, 10 Uhr, war in der europäischen Botschaft ein Treffen zwischen Sikorski, mir und Steinmeier angesetzt, der den französischen Außenminister Laurent Fabius mitbrachte. Davor wollten Sikorski und ich auf den Maidan, aber ukrainische Sicherheitskräfte lenkten uns zum Michaelskloster der ukrainisch-orthodoxen Kirche oberhalb, wo schon Verwundete lagen. Später, in der Botschaft, sprachen wir erneut mit Oppositionspolitikern. Mit denen, Steinmeier, Sikorski und Fabius, die im Auftrag der Hohen Beauftragten der Europäischen Union handelten, fuhren wir zu Janukowitsch, wo der ehemalige Vorsitzende der russischen Duma als Putin-Gesandter dazustieß, Wladimir P. Lukin. Einige nahmen Klitschko später übel, ihn dort per Handschlag begrüßt zu haben, als schon Tote auf dem Maidan lagen. Nach einer Weile warf Janukowitsch mich raus, weil er »das Grinsen von Herrn Brok« nicht mehr ertragen konnte, wie er sagte. Ich saß fortan unten in der Eingangshalle, bewacht oder beschützt bis in die Nacht hinein von zwei Soldaten mit Kalaschnikows.

Oben paraphierten in der Nacht alle Beteiligten – auch Lukin und Janukowitsch – eine Abmachung, die binnen 48 Stunden vom Parlament ratifiziert werden sollte. Demnach sollte eine Übergangsregierung, ein »Kabinett des nationalen Vertrauens« (Janukowitsch), gebildet und eine Verfassungsreform erarbeitet werden, die Regierung und Parlament gegenüber dem Präsidenten stärken sollte; bis spätestens Jahresende sollte es Neuwahlen geben, Janukowitsch nicht mehr kandidieren.

Am späten Nachmittag, einem Freitag, sollte unterschrieben werden. Die EU-Delegation war pünktlich im Sitzungssaal der Präsidentschaft – ich in der Eingangshalle zwischen meinen Bewachern –, Janukowitsch und die Maidan-Delegation fehlten noch. Plötzlich kam der Putin-Vertraute Lukin eine Treppe herunter, auf der ich am Vortag drei Männer mit Sniper-Gewehren gesehen hatte. Lukin, den ich ganz gut kannte, rief mir zu: »Ich muss abreisen, Moskau hat mir gerade jetzt verboten, den paraphierten Text auch zu unterschreiben.«

Ich informierte die Delegation, die dann ein Treffen in einer protestantischen Kirche in der unmittelbaren Nähe vorbereiten ließ. Klitschko ließ mich daraufhin wissen, dass man aus Sicherheitsgründen nicht mit mehr als 40 Personen dorthin kommen könne. Außerdem sagte er wenig später, dass er und die anderen Sprecher bisher keine Mehrheit und kein Mandat hätten, das Papier unterzeichnen zu dürfen. Wir sollten zu ihnen kommen.

Nachdem die Bundeskanzlerin, von mir über den Stand der Dinge informiert, wohl einen Weg gefunden hatte, ihren Außenminister zu überzeugen, ins Hotel Moskau zu fahren, hielten er und Sikorski Reden. Auch ich sprach, aber der Maidanrat, verbittert und wütend wegen der vielen Toten, die auf dem Maidan lagen, stimmte noch immer mehrheitlich mit Nein. Daraufhin zogen die Außenminister ab, hießen mich aber weiter zu verhandeln. Am Ende stand eine Mehrheitsentscheidung. Danach fuhren Klitschko und Co. zu Janukowitsch, und alle unterzeichneten den »Vertrag über die Beilegung der Krise in der Ukraine« am frühen Morgen des 21. Februar: Janukowitsch, Vitali Klitschko (UDAR), Oleh Tjahnybok (Swoboda) und Arsenij Jazenjuk (Vaterland) für die Opposition sowie Sikorski, Steinmeier und für den nach China abgereisten Fabius Eric Fournier, Direktor im französischen Außenministerium. Nur einer unterschrieb nicht.

Damit ist Putins Legende widerlegt, wonach Janukowitsch durch einen Nazi-Staatsstreich gestürzt worden sei. Auch die Russen hatten paraphiert. Janukowitschs Abschied von der Macht war deshalb das Ergebnis von Verhandlungen zwischen dem damaligen ukrainischen Präsidenten, Vertretern der Opposition, drei EU-Außenministern im Namen der EU und dem Putin-Gesandten Wladimir Lukin. Demnach kam die neue ukrainische Regierung nach einem darin vorgesehenen Parlamentsbeschluss ins Amt. Das Ergebnis haben die Ukrainer in je zwei Parlaments- und Präsidentschaftswahlen inhaltlich bestätigt.

Steinmeier nahm mich in der Bundeswehrmaschine mit nach Deutschland. Im Flugzeug erreichte uns noch vor dem Start die Nachricht, das Parlament habe dem Deal zugestimmt. Das ging schnell. Im Papier stand binnen 48 Stunden, nicht binnen 48 Minuten, wie wir witzelten. Das hieß: Janukowitsch hatte keine Parlamentsmehrheit mehr hinter sich. Am nächsten Tag war er per Hubschrauber aus seiner Prachtvilla verschwunden – mit einem beträchtlichen Vermögen.[31]

Am Sonntagabend war ich – wie lange schon geplant – mit einer Delegation des Auswärtigen Ausschusses des EP erneut in Kiew, wieder im selben Hotel. Jazenjuk, der Stratege des Maidans, teilte mir mit, dass der Präsident – offensichtlich schon in Russland – ihm am Samstagmorgen mitgeteilt habe, dass er zurückgetreten sei und den Beschluss des Parlaments nicht gegenzeichnen werde. Wenig später – wohl auf Weisung Moskaus – habe er erneut angerufen und mitgeteilt, er sei im Amt und werde – entgegen der Vereinbarung – nicht unterzeichnen. Putin, der ihn als Schwächling verachtete, wollte damit wohl schon die Staatsstreich-Lüge vorbereiten.

Jazenjuk berichtete außerdem von einem erfolgreichen Antrag im Parlament, die russische Sprache zu verbieten, und ich sagte: »Was für Idioten.« Am Montag gelang es mir, den Parlamentspräsidenten, der zu dieser Zeit amtierender Staatspräsident war, davon zu überzeugen, dieses Gesetz nicht zu unterschreiben. Emotion ist kein guter Ratgeber, aber der Schaden war bereits angerichtet: Obwohl das Gesetz nicht in Kraft trat, lieferte es Putin einen Vorwand für seine Legenden.

Putins Legendenbildung: »Einkreisung durch die NATO«
Der Streit, ob mögliche Pläne einer NATO-Osterweiterung um Georgien und die Ukraine und eine »Einkreisungspolitik« zu Russlands Krieg gegen die Ukraine geführt haben, ist müßig und überflüssig. Deutschland und Frankreich haben das 2008 gemeinsam verhindert. Wladimir Putin wusste, dass es dabei bleiben würde. Seit Helmut Kohl ist klar gewesen, dass die Ukraine niemals Mitglied der NATO werden könnte. Kohl hat mir berichtet, was Jelzin ihm 1994 gesagt hatte, als die letzten russischen Truppen aus Deutschland abzogen: »Ihr könnt mit den ehemaligen Sowjetrepubliken machen, was ihr wollt, aber die rote Linie heißt: NATO und Ukraine.« Anderes galt immer bezüglich einer möglichen EU-Mitgliedschaft der Ukraine. Wiktor Tschernomyrdin, russischer Botschafter in Kiew (und russischer Ministerpräsident zu Jelzins Zeiten von 1992 bis 1998) sagte mir 2008: »Eine EU-Mitgliedschaft der Ukraine ist möglich.« Die rote Linie blieb die NATO.

Damals schien noch alles denkbar zu sein. Gemeinsam mit Steinmeier, dem russischen Außenminister Sergei Lawrow und Hermann Bühlbecker, dem Produzenten der Aachener Printen der Fa. Lambertz, fuhr ich ins Dortmunder Westfalenstadion, um das Spiel Deutschland gegen Russland anzusehen. Ich ärgerte mich, dass René Adler im Tor stand, nicht Manuel Neuer von Schalke 04. Damals verhandelten die EU und Russland noch für einen neuen Partnerschaftsvertrag 2. Generation und einen Modernisierungsvertrag, um der russischen Wirtschaft auf die Beine zu helfen. Es gab damals regelmäßige Treffen zwischen Abgeordneten der Duma und des EP. Und man konnte mit Lawrow noch zusammenarbeiten. Mehrfach kam er in meinen Ausschuss.

Als es hieß, Syrien habe am 21. August 2013 in Ghuta Chemiewaffen eingesetzt und verfüge über ein großes Reservoir derartiger Waffen, war ich als Ausschussvorsitzender in der EU-Außenministerratssitzung in Vilnius. Die Frage war, wie das Giftgas international kontrolliert und sichergestellt werden könnte, nachdem Clinton und Cameron mit ihren militärischen Plänen an ihren Parlamenten gescheitert waren. Mit Polens Außenminister Sikorski – wieder – entwickelte ich einen Plan, von dem die Außenbeauftragte Wind bekam. »Welche Revolution bereitest du wieder vor?«, fragte Catherine Ashton, als ich an ihr vorbeiging. Ich reichte ihr das Papier. John Kerry, der eingeladen war, saß neben ihr; er schielte herüber und biss an. Auch Lawrow, den Kerry einband, machte mit. Und so präsentierte Kerry den Vorschlag scheinbar nebenbei während einer Pressekonferenz mit dem britischen Außenminister William Hague. Eine Journalistin fragte, ob es etwas gebe, womit Assad einen Angriff der USA noch verhindern könnte. »Sicher«, antwortete Kerry, »er könnte binnen einer Woche seine chemischen Waffen der internationalen Gemeinschaft übergeben.« Wenig später griff Lawrow – scheinbar völlig überraschend – den Vorschlag auf. Assad wurde so gezwungen, seine Chemiewaffen erfassen und vernichten zu lassen. Die *Welt* berichtete später aus Washington, dass ein Deutscher aus dem EP die Amerikaner und Russen zum gemeinsamen Handeln gebracht habe. Leider hat das letztlich alles nichts genützt. Assad mordet mit Russlands Hilfe bis heute in Syrien.

Zurück zu Putins Legenden. Deutschland hat sich – trotz großen Missfallens der USA – an alle Vereinbarungen seit 1990 gehalten. Östlich der Elbe hat es keine NATO-Stationierung gegeben, keine permanenten NATO-Truppen in den neuen Bundesländern. Die NATO hatte bis zum völkerrechts- und vertragswidrigen Einmarsch in der Ukraine und der ständigen Verletzung des Luftraums im Baltikum in allen neuen NATO-Gebieten einschließlich Ostdeutschlands keine ständigen Truppen und Waffen stationiert. Bis 2014 gab es in Osteuropa lediglich Manöver.

Die Osterweiterung der NATO 1999 und 2004, die sich übrigens immer mehr zu einer politischen Organisation entwickelt hat, war kein Verstoß gegen Vereinbarungen. Es gab und gibt keine Vereinbarung zwischen Russland und der NATO (oder Deutschland), dass Polen, das Baltikum und andere ehemalige Ostblockstaaten nicht aufgenommen werden. Das belegen Gespräche mit Helmut Kohl, aber auch mit dem damaligen polnischen Außenminister Krzysztof Skubiszewski. Nach den drei Teilungen Polens durch St. Petersburg, Berlin und Wien und der letzten von 1939 durch Hitler und Stalin und ihrem gemeinsamen Überfall auf Polen konnten wir Deutschen den Polen schwerlich den gewünschten Schutz in der NATO verweigern. Falsch war Putins Behauptung, die NATO umzingle Russland, schon allein, weil nur sechs Prozent von Russland an NATO-Gebiet grenzen. Der NATO-Beitritt von Finnland und Schweden ist Folge der russischen Aggression in der Ukraine. NATO-Mitglied Dänemark hat im Juni 2022 mit mehr als zwei Dritteln der Stimmberechtigten entschieden, den »EU-Verteidigungsvorbehalt« aufzugeben. Die Renaissance des transatlantischen Bündnisses ist Folge von Putins Aggression.

Auch die russische Behauptung nach der Besetzung der Ostukraine und der Krim, die Ukraine sei mit Waffen, Truppen und Sondereinheiten »vollgepumpt« worden, war Fake News. Die angebliche Sorge Putins, dass der Westen mit der Bundeswehr an der Spitze in Richtung Russland marschiert, ist Unsinn. Unsinnig ist auch, dass in der Ukraine ein Genozid an Russen drohte. Putins Krieg war nie ein präventiver, er hat andere Gründe.

Richtig ist: Russlands zunächst hybrider Krieg in der Ostukraine 2014, den der Kreml als Bürgerkrieg gegen die russische Minderheit und als inneren Konflikt kleinredete, aber von außen mit Waffen unterstützte, sowie die Stationierung von atomwaffenfähigen Iskanderraketen in Kaliningrad zwei Jahre später, die in wenigen Minuten Warschau und Berlin erreichen können, hatten die Spannungen erhöht. Als Antwort auf die russische militärische Aggression gegen die Ukraine und die Verletzung des

Luftraums der baltischen Staaten verlegte die NATO vier Bataillone ins Baltikum und nach Polen. Was inzwischen an Menschen und Waffen an der NATO-Ostflanke stationiert ist, wurde nach 2014 eingeführt, war aber nicht als permanente Einrichtung gedacht. Da konnte Ben Hodges, der frühere Drei-Sterne-General und Kommandierende der US Army Europe (bis 2017) noch so betteln und beten, dass man endlich die Infrastruktur so ausbaue, dass im Krisenfall Panzer nach Rumänien geliefert werden könnten.

Wir wollten es nicht wahrhaben. Auch Putins Schläge gegen die Opposition nach Rückkehr ins Präsidentenamt haben uns die Augen nicht geöffnet. Ich hatte bereits beim Petersburger Dialog 2012 in Moskau in der Arbeitsgruppe Politik über meine Sorgen wegen der autoritären Entwicklung in Russland mit Alexej Gromyko (Enkel von Andrej Gromyko, Außenminister der UdSSR von 1957 bis 1985) und Wjatscheslaw Nikonow (Enkel von Gromykos Vorgänger Wjatscheslaw Molotow, Mitunterzeichner des Molotow/Ribbentrop-Vertrags) gesprochen: Verschärfung des Versammlungsgesetzes, das Gesetz gegen angebliche »ausländische Agenten«, die Geldzuflüsse aus dem Ausland melden mussten, ein Verleumdungsgesetz gegen Journalisten und Behinderungen des Internets. Da empörten sich die deutschen Oberlobbyisten und Firmen-Repräsentanten der in Moskau ansässigen Unternehmen sowie der Ostausschuss der deutschen Wirtschaft. Ich verstünde nichts von Russland, urteilten sie. Aber dann stand ein Zuhörer auf und sagte: »Brok hat recht.« Man müsse die Frage der Demokratie und Rechtsstaatlichkeit ernst nehmen, wenn man ein modernes Land sein wolle. Es war Michail Gorbatschow.

Aber das hat nichts bewirkt. Selbst nach der Aggression des Kremls auf der Krim und in der Ostukraine hielten wir Kurs auf weiterhin gute Wirtschaftsbeziehungen. Bei den Sanktionen blieb Deutschland zunächst sehr zurückhaltend. Natürlich litten und leiden die Europäer mehr unter den Sanktionen gegen Russland als die USA. Wir sind näher am russischen Markt, wir brauchen Energie, die Amerika selbst hat. Aber ökonomisch gesehen waren die Geschäfte mit Russland – außer in der Energiefrage – relativ unbedeutend, weil das Handelsbilanzvolumen mit Russland auch zu guten Zeiten geringer war als das mit den Niederlanden, Belgien oder Österreich. Viel wichtiger als gute Geschäfte mit Russland war und ist das Verhältnis zu Washington, weil deren Atomschirm uns Sicherheit gibt.

Dem BASF-Vorstandschef Jürgen Hambrecht prophezeite ich frühzeitig, dass Putin ihm die Produktionsstätten der BASF-Tochter Wintershall mit einem Federstrich wegnehmen könnte. Hambrecht aber vertraute Putin, und es kam zu mehreren Joint Ventures mit Gazprom. Nach der Aufgabe des Russlandgeschäfts und einer faktischen Enteignung musste Wintershall Dea 7,3 Milliarden Euro abschreiben.

Als Lawrow 2015 auf der Münchner Sicherheitskonferenz Janukowitschs Flucht als Folge eines Staatsstreichs darstellte und Russlands Aggression auf der Krim und in der Ostukraine rechtfertigte, habe ich ihm im Plenum widersprochen: »Wir haben ein Regelwerk in Europa geschaffen, das bedeutet: territoriale Integrität und Souveränität der Völker. Und beide Prinzipien sind verletzt worden.« Ich wies darauf hin, dass es sich auf der Krim und in der Ostukraine nicht um einen innerukrainischen Kampf handle, sondern dass Russland Konfliktpartei sei. »Das muss man feststellen, das ist eine entscheidende Voraussetzung für eine richtige Beurteilung. Wir werden das nur bewältigen können, wenn eine faire Beurteilung der innerukrainischen Position da ist. Ihre Beschreibung der innerukrainischen Position ist nicht akzeptabel. Es war kein Coup, sondern es war eine Vereinbarung mit Präsident Janukowitsch, die vom Parlament mit einer großen Mehrheit beschlossen worden ist. Es haben zwei Wahlen stattgefunden, wo 80 Prozent der Bevölkerung sich proeuropäisch ausgesprochen haben, die Nationalisten und Faschisten und die Kommunisten zwei bis drei Prozent der Stimmen bekommen haben und ein europäischer Kurs beschlossen worden ist. Das ist die wahre Situation.« Dafür gab es Beifall aus dem Publikum.

»Und ich meine, dass es keinen Grund mehr geben darf im 21. Jahrhundert, dass die Prinzipien von Helsinki der territorialen Integrität und der Souveränität verletzt werden. Zur Souveränität gehört es, dass jedes Volk, auch die Ukraine, souverän eine Entscheidung treffen kann, mit welchem Land es einen Handelsvertrag abschließen kann.« Wenn die jeweils großen Nachbarn das Recht erhalten, die Nachbarn zu kontrollieren, fuhr ich fort, »treten wir in die alten Zeiten der Kabinettspolitiken zurück, und dieses sollte nicht bei den Entscheidungen der souveränen Beziehungen der Völker sein, die in diesen Tagen in der Ukraine verletzt wird«.[32] Lawrow sagte später: »Das hättest du mir auch unter vier Augen sagen können.«

Konnte ich nicht. Die Gegenseite muss wissen, dass es so nicht geht. Das Zögern der Deutschen bei SWIFT, Nord Stream 2, Waffenlieferungen und dem Verbot von Überflugrechten hat Putin möglicherweise fehlinterpretiert, und er hat das Risiko einer militärischen Aktion unterschätzt. Die Rhetorik der Putin-Versteher von München bis Berlin in Politik und Wirtschaft, die Aktivitäten Schröders und anderer Putin-Vasallen haben das noch verstärkt. Auch die Gier in Wirtschaftskreisen, die erfolgreich auch in CDU/CSU und FDP sowie Regierungskreisen lobbyierten, hat diese Entwicklung befördert.

Putin zog daraus offenbar eigene Schlüsse. Deutschlands Nachsicht, die innenpolitische Schwäche von Biden, der Wahlkampf in Frankreich, der Regierungswechsel in Deutschland und der Brexit – sah das nicht alles danach aus, als sei nun seine Stunde gekommen? Vielleicht waren es auch seine Berater, die ihn zu Fehleinschätzungen verführten. Davon, dass Europa schließlich doch entschlossen mit Sanktionen reagierte –

Deutschland war nicht der Treiber –, war Putin überrascht. Er hatte offenbar angenommen, ganz Europa werde den deutschen Kurs der Diplomatie und Nachgiebigkeit fortsetzen. Dass es anders kam, war der EU zu verdanken. Wir müssen den Autokraten dieser Welt klarmachen, dass wir nicht erpressbar sind. Ich weiß es zu schätzen, dass Außenministerin Baerbock diese Linie ebenfalls vertritt. Allerdings: Dass auch Xi ein Diktator ist, bezweifelt niemand, aber als Außenministerin würde ich das anders formulieren.

Putins Ideologie: Zurück zum Zarenreich

Es war 2005, als Wladimir Putin erstmals den Zerfall der Sowjetunion als »größte geopolitische Katastrophe des 20. Jahrhunderts« bezeichnete. Ernst genommen als potenzielle Gefahr hat diese Aussage damals ganz offensichtlich niemand. Putin wiederholte sie kurz vor Weihnachten 2021 im russischen Staatsfernsehen: »Für mich war das genauso eine Tragödie wie für die überwältigende Mehrheit unserer Bürger. Was bedeutete denn der Zerfall der Sowjetunion? Das war der Zerfall des historischen Russlands mit der damaligen Bezeichnung Sowjetunion. Wir haben vierzig Prozent unseres Territoriums verloren.«

Nicht viele haben rechtzeitig erkannt, dass sich dahinter eine aggressive Agenda verbarg. Im Mai 2014 zitierte der *Spiegel* aus einem Papier des NATO-Verteidigungsplanungsausschusses: »Russlands Fähigkeit und Absicht, ohne große Vorwarnung bedeutsame Militäraktionen zu unternehmen, stellt eine weitreichende Bedrohung für den Erhalt von Sicherheit und Ordnung dar.« Während ich daraufhin davor warnte, dass das Bündnis »das Baltikum mit konventionellen militärischen Mitteln nicht schützen« könnte, warnte Jürgen Trittin (Grüne) noch davor, die »Ukraine-Krise« als Rechtfertigung für Aufrüstung zu missbrauchen. Er sagte: »Ich sehe zurzeit niemanden, der beabsichtigt, das stärkste Militärbündnis der Welt anzugreifen.« Er verlangte nach einer politischen Lösung, zu der die NATO nichts beitragen könne, sie allerdings durch eine »Rückkehr zu einer Kalten-Kriegs-Politik erschweren«.[33]

Inzwischen sehen wir klarer. Wir haben keinen kalten, sondern einen heißen Krieg. Putin wollte von Anfang an – das ist jetzt offensichtlich – das alte kolonialistische Zarenreich wiedererrichten, wie sein Aufsatz aus dem Juli 2021 offenbarte, als er die »historische Einheit von Russen und Ukrainern« beschwor und Russen, Ukrainer und Belarussen als »ein Volk« bezeichnete, als Erben der mittelalterlichen Kiewer Rus.[34] In seinem unheiligen Kampf verteufelt er die Ideen der Entkolonialisierung, das Selbstbestimmungsrecht der Völker, das Recht auf nationale Identität, Demokratie und Freiheit für bösartige und gefährliche Instrumente des Westens.

Im 21. Februar 2022, drei Tage vor der Invasion, sagte er in seiner Rede an die Nation: »Die Ukraine ist für uns nicht einfach ein Nachbarland. Sie ist integraler Bestandteil unserer eigenen Geschichte, unserer Kultur, unseres geistigen Raums. Es geht um unsere Leute, um Menschen, die uns nahestehen, unter ihnen sind nicht nur Kollegen, Freunde, Menschen, mit denen wir gemeinsam gedient haben, sondern auch Verwandte, wir sind mit ihnen über Bluts- und Familienbande verwoben.« Die Bewohner der südöstlichen, historischen altrussischen Lande hätten sich seit jeher Russen und Orthodoxe genannt. »So war es vor dem 17. Jahrhundert, als sich ein Teil dieser Gebiete wieder mit dem Russländischen Staat vereinte, und so blieb es danach.«

Er kritisierte Lenin und Stalin, die historische Gebiete Russlands abgetrennt und abgestoßen hätten, ohne die Millionen Menschen zu fragen, die dort lebten. Stalin habe vor und nach dem Großen Vaterländischen Krieg einige polnische, rumänische und ungarische Gebiete der Sowjetunion angegliedert und sie der Ukraine gegeben. 1954 habe Chruschtschow Russland die Krim weggenommen und der Ukraine geschenkt. »So ist es entstanden, das Territorium der Sowjetukraine.«Die»Sowjetukraine« nannte Putin»ein Ergebnis der bolschewistischen Politik und man kann sie heute mit Fug und Recht als Wladimir-Lenin-Ukraine bezeichnen. Er ist ihr Erfinder und ihr Architekt.« Den Donbass habe Lenin»buchstäblich in die Ukraine hineingequetscht«. Im September 1989 schließlich habe das Zentralkomitee der KPdSU»ein schicksalsträchtiges Dokument verabschiedet – die sogenannte Nationalitätenpolitik der Partei unter aktuellen Bedingungen. Putin zitiert entscheidende, für ihn offensichtlich verheerende Sätze:»Die Unionsrepubliken haben alle Rechte, die ihrem Status als souveräne sozialistische Staaten entsprechen.« Und dann beklagte er»den Zerfall des unter dem Namen Sowjetunion firmierenden historischen Russland«.[35]

Für Putin hatte die Ukraine»im Grunde nie eine gefestigte Tradition einer eigenen authentischen Staatlichkeit«. Sein Revisionismus ist historisch zweifelhaft, völkerrechtswidrig, verstößt gegen alle Verträge, die Moskau seit 1990 unterschrieben hat (einschließlich des Budapest-Memorandums) und gegen die Ergebnisse aller Wahlen und Volksabstimmungen in der Ukraine seit ihrer Selbstständigkeit 1991. Putin glaubt auch an eine historische Mission, die schrittweise erfüllt werden müsse. Die Gefahr liegt darin, dass ihn der Preis für eine weitere militärische Aktion nicht interessiert. Wer sich in hundert Jahren in den Geschichtsbüchern als großer»Zar« in der Reihe von Iwan, Peter und Stalin wiederfinden möchte, ist nicht so sehr an den Kosten interessiert. Putin weiß, dass er nicht mehr viel Zeit hat.

Die Ukraine, die sich westwärts orientiert, ist für Putin eine Bedrohung. Eine wirtschaftlich erfolgreiche, demokratische und rechtsstaatliche Ukraine und deren verführerische Botschaft an die Bürger Russlands würden sein System in Moskau ad absurdum führen. Im Gegensatz zum diktatorischen China kann Putin seinem Volk nicht einmal eine Verbesserung der Lebensbedingungen bieten – wegen des korrupten Oligarchensystems, das nach alter Sowjetmanier von dem Verkauf von Rohstoffen und Waffen lebt und den Ausbau einer im Wettbewerb stehenden Wirtschaft verhindert. Nur mit Mitteln der Repression und der Wahlfälschung kann er die Städte noch unter Kontrolle halten – und indem er das genügsame russische Volk mit Nationalismus begeistert.

Das Vertragsangebot an die NATO und die USA vom 17. Dezember 2021[36] enthielt einen Passus, wonach die Russische Föderation und alle Vertragsparteien, die am 27. Mai 1997 Mitgliedstaaten der NATO waren, außerhalb ihres Territoriums keine Streitkräfte über jene hinaus stationieren dürfen, die zu diesem Zeitpunkt in anderen europäischen Ländern standen. Russland wollte damit zurück zum Stand vor der NATO-Osterweiterung, die auf dem Gipfel in Madrid im Juli 1997 beschlossen worden war.

NATO-Mitglieder sollten darauf verzichten, Waffen außerhalb ihres nationalen Territoriums zu stationieren und solche zurückzuziehen, die dort bereits stationiert sind, also in Tschechien, Ungarn und Polen (1999), Bulgarien, Estland, Lettland, Litauen, Rumänien, Slowakei, Slowenien (2004), Albanien, Kroatien (2009) sowie Montenegro (2017) und Nordmazedonien (2020). Das hieß Neutralisierung, Entmilitarisierung, es ging um Einflusszonen und die alten Sicherheitsinteressen. Russlands Eingriffsrecht auf das Gebiet der Ukraine war damit allerdings nicht beseitigt. Putin erhob Anspruch auf den alten Vorhof, das »nahe Ausland«; wie unter der Breschnew-Doktrin gesteht er den ehemaligen Mitgliedern des Warschauer Pakts nur eine »begrenzte Souveränität« zu. Er sieht auch die baltischen Staaten als Teile Russlands. Letztendlich greift er bis nach Polen. Putin betreibt die alte imperialistische Politik des 20. Jahrhunderts, Russland stünde damit de facto wieder an der deutschen Grenze.

In den 1930er-Jahren hielt niemand Hitlers Pläne für das »Volk ohne Raum« (Hans Grimm) für realistisch. Niemand glaubte ernsthaft, Hitler könnte das umsetzen. So auch bei Putin: Selbst nach den Manövern an der Westgrenze Russlands und der Südgrenze von Belarus 2020/21 und dem Aufmarsch wollten wir nicht erkennen, dass das der Vorbereitung dessen diente, was ein Jahr später kommen sollte. Zwar ist Putin damals abgezogen, aber er hat das schwere Gerät dort stehen lassen. Das mussten die politisch Verantwortlichen doch sehen. War die Kanzlerin nicht vollumfänglich informiert? Hatte sie nicht alle Informationen aus dem sozialdemokratisch geführten Außenministerium erhalten? Wusste ein offenbar unfähiger Bundesnachrichtendienst, dessen Chef am Tag des Angriffs noch in Kiew weilte, nichts oder glaubte er den Amerikanern nicht?

Deutsche Fehler I: Beifall und Nachsicht für Putin
Als Wladimir Putin 2014 die Krim besetzte und die Ukraine im Osten angriff, reihte sich Deutschland einfältig und geschichtslos nicht bei denen ein, die eine klare westliche Politik gegen die Aggression entwickelten. Weder die aggressive Politik und die Drohungen Russlands gegenüber der Ukraine und souveränen neuen EU- und NATO-Mitgliedstaaten noch der Beginn der Invasion Russlands in der Ukraine hat zu einer schnellen, eindeutigen Verurteilung des Kremls geführt, sondern Deutschland hat an seinen wirtschaftlichen Interessen festgehalten; die SPD hat »aus historischen Gründen« und gefangen in einer nostalgischen Ostpolitik immer noch Rücksicht auf den Aggressor genommen. Dass neben Polen die Ukraine Opfer des Hitler-Stalin-Pakts und des von Stalin veranlassten Hungertods von rund fünf Millionen Ukrainern zwischen 1933 und 1935 war – vergessen. Dass die Nazis vor allem in der Ukraine, Weißrussland und Polen mordeten – vergessen. Dass Hitler Stalin 1939 vertraglich die Westukraine, Teile Polens, Moldawien und die baltischen Staaten schenkte, um im September gemeinsam Polen zu überfallen?

Bundesaußenministerin Annalena Baerbock sagte zwar richtig: »Wer redet, der schießt nicht.« Aber auch sie musste spätestens am 24. Februar 2022 erkennen, dass zu reden nur erfolgreich sein kann, wenn man stark ist – militärisch oder wirtschaftlich. Deutschland darf nicht vergessen, dass die Ukraine trotz aller Reformmängel eine Demokratie und Putins Russland eine die Freiheit bekämpfende Diktatur ist.

An dem Schaden der verfehlten deutschen Russlandpolitik wird Deutschland lange tragen. Deshalb müssen wir heute den Menschen helfen, die in der Ukraine um ihr Leben kämpfen. Die Ukrainer dürfen und müssen selbst die Entscheidung über ihr Schicksal treffen können; dazu brauchen sie Waffen. Dem kann auch ein Christ zustimmen.

Der hin und wieder zu hörende Vorwurf, die USA bereichere sich am Krieg in der Ukraine, ist völlig irrig. Die USA kämpfen für uns, und das seit dem Zweiten Weltkrieg. Ohne Amerikas Hilfe und Ausbildung stünde Russland auch in Mitteleuropa (neben Finnland, Estland und Lettland) schon an der EU-Grenze. Glücklicherweise leistet Europa inzwischen einen erheblichen Anteil an der Hilfe für die Ukraine. »Die EU-Länder holen mit der zugesagten Militärhilfe weiter auf und haben die USA inzwischen überholt«, meldet der Ukraine Support Tracker des Instituts für Weltwirtschaft. »Vor allem Deutschland und die nordischen Länder (Dänemark, Norwegen, Schweden und Finnland) haben in den vergangenen Monaten erhebliche neue Hilfen zugesagt.« Von den seit Kriegsbeginn bis Oktober 2023 zugesagten Lieferungen von schweren Waffen im Wert von 25 Milliarden Euro entfallen 43 Prozent auf die USA und 47 Prozent auf alle EU-Länder und -Institutionen zusammen. Die USA sei weiter größter Geber von Militärhilfe bei einem Gesamtvolumen von 44 Milliarden Euro, Deutschland hole jedoch mit militärischen Zusagen in Höhe von über 17 Milliarden Euro rasch auf.[37]

Natürlich vertreten die Amerikaner dort auch ihre Interessen. Die Amerikaner wollen Europa als Partner nicht verlieren, und zwar aus sicherheitspolitischen und aus ökonomischen Gründen. Trotz Trump waren die USA immer noch eine Demokratie, ein Rechtsstaat, der funktioniert. *Checks and balances.* Das ist der qualitative Unterschied. Solange Russland militärisch so aggressiv ist, können wir Mittel- und Westeuropa ohne amerikanischen Schutzschirm nicht verteidigen. Solange wir keine europäische Gemeinsame Außen- und Sicherheitspolitik, keine wirkliche Verteidigungspolitik haben, werden wir noch gewaltig auf die Amerikaner angewiesen sein.

Haben wir Putins Rede im Bundestag 2001 falsch interpretiert? Der Bundestag klatschte damals minutenlang, als der Russe eine Weile Deutsch redete, Goethe zitierte, Deutschland so überaus wichtig nahm und noch einmal von einem Europa von Lissabon bis Wladiwostok schwadronierte. Wir haben uns einlullen lassen. Putin sprach mit keinem Wort darüber, wie er sich eine europäische Sicherheitsarchitektur wirklich vorstellt. Welche Rolle Russland darin spielen sollte? Im NATO-Russland-Rat gab es diesbezüglich ganz klar niedergelegte Regelungen über die Zahl von Truppen, über Manöver. Die NATO-Russland-Akte von Paris war eigentlich ein Dokument für eine europäische Sicherheitsarchitektur unter nach wie vor unterschiedlichen, aber trotzdem an der gemeinsamen Sicherheit interessierten Partnern.

Putins Idee eines Europas von Wladiwostok bis Lissabon ist ein russisch dominiertes Europa. Das war ein alter sowjetischer Vorschlag. Er steckte schon in der Philosophie der Stalinnote von März 1952: Friedensvertrag und vereinigtes, neutrales Deutschland. Gustav Heinemann war nicht der Einzige, der dafür plädierte, diesen Vorschlag ernst zu nehmen. Er war evangelisch, Oberbürgermeister in Essen und dann Bundesinnenminister. Wegen Adenauers Wiederbewaffnungsplänen, der faktischen Westbindung und der Europa-Idee sah er die Wiedervereinigung gefährdet. Deshalb trat er 1950 zurück und bald aus der CDU aus.

Was bei Putin Europa von Wladiwostok bis Lissabon hieß, war ein Europa unter russischer Oberherrschaft und ohne EU und Amerika: Amerikaner raus aus Europa – damit wäre Moskau die dominante Macht auf unserem Kontinent, geografisch zumindest. Das war über Jahrzehnte das strategische Konzept. Aber politisch ist die USA seit der KSZE ein europäischer Staat, und ohne sie wäre das keine Friedensordnung. Mit Wladiwostok bis Vancouver wäre ich nur einverstanden, wenn es die USA und die EU einschließt.

Deutsche Fehler II:
Die verhängnisvolle Abhängigkeit von Putins Rohstoffen

Wenn wir klug sind, werden wir bei späteren Betrachtungen auch über Fehler des Westens reden müssen. Dass die Russen unter Boris Jelzin in den 1990er-Jahren eine Marktwirtschaft ohne soziale Planken einführten, wie sie Karl Marx beschrieben hatte, war dem Rat der Chicago Boys und den Ökonomen aus Harvard mit ihrer puren, radikalen Marktideologie zu verdanken. Millionen Russen litten Hunger, Rentner erhielten keine Rente mehr, der kleine Mann litt, auch die Frauen und Kinder. Das hat es Putin seit 1999 ermöglicht zu behaupten: Ich beschütze euch vor dem Chaos der Jelzin-Zeit; Demokratie heißt Chaos. Ihr könnt wählen: mich oder das Chaos.

Mag sein, dass wir unsere Fördermöglichkeiten nicht ausgereizt haben. Aber immerhin standen wir 2014 kurz vor dem Abschluss eines neuen Partnerschaftsvertrags zwischen EU und Russland. Damit wollten wir die russische Wirtschaft anschieben, die ja auch unter Putin – anders als China – nie den Sprung zu einer eigenen marktwirtschaftlichen Entwicklung geschafft hat. Die Wirtschaftsstruktur glich der aus Sowjetzeiten mit dem Unterschied, dass die Staatskonglomerate heute in den Händen willfähriger Oligarchen liegen. Aber gab es wirklich eine Chance, in einem russischen Dorf 50 Kilometer außerhalb Moskaus in diese Richtung zu wirken? Gab es 2014 noch eine Chance auf friedliche Entwicklung? Hätte man die siamesischen Zwillinge, die gegenseitig Gefangenen, Putin und die Oligarchen, zu einer wirklichen Marktöffnung bringen können?

Vielleicht haben wir versäumt, Russland auf die Beine zu helfen. Und Putin fühlte sich und sein Land für das Entgegenkommen bei der Wiedervereinigung nicht angemessen gewürdigt. Das war nicht so sehr der Fehler der Europäer, sondern der Amerikaner. Es wäre klüger gewesen, einer gedemütigten einstigen Weltmacht, die auf dem Boden kroch und sich nur mühsam berappelte, nicht noch einen Tritt zu verpassen. Dass Russland nur noch »eine Regionalmacht« war, mag sachlich zutreffend gewesen sein, aber das hätte Barack Obama sich besser verkniffen. Helmut Schmidt hat zu Zeiten des Kalten Kriegs einen ähnlichen Satz geprägt: »Die Sowjetunion ist ein Obervolta mit Atomwaffen.« Das ist exakt die Beschreibung von heute. Aber muss man auf der stolzen Seele herumtreten? Gleichwohl dürfen derartige verbale Spitzen keine Begründung für einen Krieg sein.

Der größte Fehler war jedoch, sich in eine Rohstoffabhängigkeit zu begeben. Wenn der Westen in den letzten Merkel-Monaten und der Anfangsphase Scholz das klar erkannt und nicht gesagt hätte, dass Nord Stream 2 ein rein wirtschaftliches Projekt sei, sondern der Westen zusammengestanden wäre, hätte man vielleicht den Krieg verhindern können. Nord Stream 1 und 2 dienten dazu, die Pipelines durch Polen und die Ukraine überflüssig zu machen. Das hatte nichts mit Wirtschaft zu tun, sondern mit der langfristigen Strategie Putins, die viele deutsche Politiker nicht durchschauten, und der erschreckenden, egoistischen Kurzsichtigkeit deutscher Unternehmer.

Folge der vielen Fehleinschätzungen war auch, dass deutsche Energieunternehmen in Mittel-, Ost- und Südeuropa zugunsten von Gazprom Alternativen wie die Nabucco-Pipeline (für Gas aus Aserbeidschan via Türkei) oder die Vereinbarung der Österreichischen Mineralölverwaltung (ÖMV) mit Norwegen verhinderten, darunter auch ein Russlandfreund der BASF, Jürgen Hambrecht. Einige dieser deutschen Unternehmen verkauften mit Zustimmung des Wirtschaftsministeriums auch noch ihre Gasspeicher, die für Sicherheit sorgen sollten, an Russlands Gazprom, die zusätzlich Geld für den Bau von Nord Stream 2 erhielt. Dass Deutschland keine LNG-Anlandestellen baute, lag im Interesse dieser Unternehmen, aber auch an Umweltschützern und einer Prise Antiamerikanismus. Und so lieferte Gazprom schon ohne Nord Stream 2 etwa 55 Prozent des in Deutschland gebrauchten Gases. Mit der neuen Leitung wären es an die 70 Prozent geworden. Auch 37 Prozent unseres Öls kamen aus Russland. Noch schlimmer war es bei der Kohle. Ich war immer für Handel mit Russland und auch für den Kauf von Gas, aber 35 Prozent hätten gereicht. Darüber habe ich mit Merkel oft gestritten.

Die russische Ölfirma Rosneft mit ihrem Aufsichtsratsvorsitzendem Gerhard Schröder hielt bis zum Überfall auf die Ukraine Anteile an den fünf größten Raffinerien, noch im Januar 2022 konnte sie ihren Anteil an der Anlage in Schwedt auf 97,5 Prozent aufstocken. Diese deutschen Unternehmen haben es geschafft, unterstützt von der Bundesregierung, dass Gazprom nicht unter die EU-Regel insbesondere des *unbundling* fiel, womit eine Entflechtung von Netzbetreibern und Energieversorgern angestrebt werden sollte, um Marktmacht zu minimieren.

All das musste Putin glauben lassen, ein Angriff auf die Ukraine bliebe für ihn ohne Folgen. Das Leisetreten und die Uneinigkeit vor allem in Deutschland und Frankreich mit dem neuen Präsidenten haben bei Putin zur Überzeugung geführt, dass die Europäer seinen Angriff hinnehmen werden, wie wir es 2014 hingenommen hatten. Es war und ist eine der größten Sünden des vorigen und jetzigen Jahrhunderts, dass man Diktatoren mit

Freundlichkeit begegnet ist, was sie zu Fehlkalkulationen verleitet hat. Wenn wir das fortsetzen und zulassen, dass auch andere Länder mit revisionistischen Machtansprüchen mit der Geschichte und angeblichem Sicherheitsbedürfnis militärische Drohungen und Krieg einsetzen, ist Europa wieder zurück in der ersten Hälfte des vorigen Jahrhunderts.

Die Angst der Osteuropäer: Frieden mit Russland?

In den USA und in Deutschland werden inzwischen die Stimmen von links wie rechts lauter, mit Blick auf den Krieg in der Ukraine mit Russland in Friedensverhandlungen einzutreten. Wie soll das jetzt gehen? Mit Putin? Die Balten und die Polen sagen schon, die USA und Deutschland wollen uns verkaufen. Jetzt klüngeln die Deutschen wieder mit den Russen über unsere Köpfe hinweg. Ich verstand das Gefühl der Bedrohung in Frontstaaten wie Polen, Rumänien und den baltischen Ländern. Wer in Deutschland könnte das nicht verstehen, wo wir doch bis 1989 Frontstaat waren. Und deshalb war ich, anders als etwa Gregor Gysi, immer einverstanden mit der dauerhaften Stationierung von NATO-Soldaten in Osteuropa. Das war keine »Eskalation«, sondern sollte in einer veränderten Lage der glaubwürdigen Abschreckung gegenüber einem imperialistischen Russland dienen.

Wollen wir etwa nach dem 18. Jahrhundert und dem Zweiten Weltkrieg die Balten, die Polen, die Ukrainer und die Moldawier wieder im Stich lassen? Donald Tusk sagte mir schon 2005, eine Menge Polen verglichen die Verträge für die Nord-Stream-Pipelines mit dem Hitler-Stalin-Pakt. Olaf Scholz' zögerliches Ja zu Waffenlieferungen hat in Osteuropa Misstrauen gesät, seine späte Zustimmung zum SWIFT-Ausschluss Russlands ebenfalls.

Wer in Vilnius, Prag oder Warschau nicht nur die diplomatischen Freundlichkeiten hören will, erlebt ein hohes Maß an neuem Misstrauen, das die Deutschen fast völlig ausblenden. Der seit Václav Havel bis heute einflussreiche tschechische Politiker

Alexandr »Sascha« Vondra, tschechischer Außen- und Verteidigungsminister und Abgeordneter im EU-Parlament, wies mich auf einen dramatischen langfristigen Glaubwürdigkeitsverlust Deutschland in Mittel- und Osteuropa hin – wegen seiner verfehlten Energiepolitik, der Schwäche der deutschen und damit auch europäischen Verteidigungsfähigkeit sowie der zunächst zögerlichen Unterstützung der angegriffenen Ukraine bei Waffenlieferungen und Finanzhilfen. Auch Macrons Weigerung, Butscha als »Völkermord« zu bezeichnen, hat nicht zur Beruhigung der Osteuropäer beigetragen, ebenso wenig dessen Bemerkung, Moskau dürfe nicht gedemütigt werden. Das alles hat dazu geführt, dass wir in der EU inzwischen einen Ost-West-Konflikt haben.

Der vormalige polnische Ministerpräsident Mateusz Morawiecki sagte mir auf meine Frage, woher er stamme: »Ich komme aus Wrocław, Breslau. Aber ich bin dort Flüchtling. Meine Familie ist dorthin gegangen, weil sie wegen des Hitler-Stalin-Pakts aus dem Teil Polens vertrieben wurde, den die Sowjetunion sich angeeignet hat.« Ist es angesichts der Geschichte und der Gegenwart nicht verständlich, dass Osteuropäer sich sorgen?

Wir haben Krieg in Europa, wenn auch nicht in der EU. Wir sollten uns bei aller Kritik daran erinnern, dass sie uns Frieden und Freiheit gebracht hat über 75 Jahre, dass die Verständigung zwischen den Mitgliedern der EU trotz allen Streits so tief ist, dass die Bürger der EU sich gegenseitig achten. Und dass in keinem Land wieder Hass gegen ein anderes Land besteht, auch nicht in Polen, wo selbst zu Zeiten der rechtsnationalen PiS-Regierung 80 Prozent der Menschen sich für die EU aussprachen.

Bei allem Streit über die Russlandpolitik: Ohne EU hätte es keine gemeinsame Politik gegeben, keine Sanktionen gegen Russland. Sie sind für die Europäer das einzige Instrument zu reagieren, die selbst kein Militär einsetzen möchten oder können. Zur Zeit des Kriegsbeginns erhielt Putin für Energielieferungen von den Mitgliedsstaaten der EU täglich 700 Millionen Euro. Um diesen Krieg nicht mitzufinanzieren, mussten die Sanktionen hart sein – und wir mussten unsere Geschäfte mit russischen Energielieferanten zurückfahren.

Generell gilt auch: Ohne EU wären wir abhängiger von den USA. Und ohne EU müssten sich die USA nicht mit uns auseinandersetzen. Gemeinsam bringen wir mehr Gewicht auf die Waage, auch gegenüber China. Europäische Macht ist der Binnenmarkt und dessen Handelspolitik – weil wir die militärische noch nicht haben, aber dringend haben müssen. Was machen wir, wenn Trump wieder an die Macht kommen sollte? Er würde vermutlich weniger Geld für die Ukraine zur Verfügung stellen und die Ukrainehilfen zur Disposition stellen. Er würde auf einen Deal mit Putin setzen, was diesen zu weiteren Untaten ermutigen könnte.

Den Amerikanern müssen wir heute sagen, dass wir in absehbarer Zukunft ein selbstständiges, demokratisches Russland haben wollen und dass wir nicht beabsichtigen, es zu zerschlagen. Das ist im strategischen Interesse der Europäer und der Amerikaner. Denn sollten wir Russland zerschlagen oder in die Arme Chinas treiben, werden die Chinesen auf Dauer de facto Sibirien übernehmen. Das können wir nicht wollen. Ein friedfertiges, das Völkerrecht anerkennendes Russland muss als Partner und Teil Europas, nicht der EU, angesehen werden. Mit Putin allerdings wird das nicht mehr möglich sein.

IV. EU: WAS GELUNGEN IST UND WAS NOCH BESSER WERDEN KANN

Ein Europäisches Parlament (EP) von gewählten Abgeordneten der Bürger Europas war bei der Gründung der Montanunion nicht vorgesehen. Die Montanunion hatte eine Versammlung von Delegierten der nationalen Parlamente, die nicht viel zu sagen und noch weniger Durchsetzungskraft hatten und später oftmals nicht aus der ersten Reihe stammten. Nach Inkrafttreten der Verträge von Europäischer Wirtschaftsgemeinschaft (EWG) und Euratom war diese Versammlung die parlamentarische Plattform für alle drei Gemeinschaften geworden, die sich später selbst den Namen Europäisches Parlament gab. Parlamentarischer Ehrgeiz war jedoch kaum erkennbar, weil die Mitglieder ihr Amt als Zweitjob und fast ohne persönliche Mitarbeiter wahrzunehmen hatten. Damals hieß es: »Hast du einen Opa, schick ihn nach Europa.« Diesen Satz haben Reinhold Bocklet von der CSU und ich erfunden. Der zweite Teil des Gedichts lautete: »Und liegt auch sie im Koma, nimm doch auch die Oma.« Das war mehr als ein Scherz. Zwei stellvertretende Bundesvorsitzende der Jungen Union wollten damit ihre Ansprüche auf Mitwirkung an diesem großartigen Projekt anmelden.

Inzwischen ist das Europaparlament von einem Mitspieler zu einem Mitgestalter bis hin zu einem gleichberechtigten Mitentscheider geworden, auf Augenhöhe mit dem Ministerrat und der

EU-Kommission. Heute geht fast nichts mehr gegen das Parlament. Wie war das möglich?

Ich nahm in der ersten Legislatur an einer Debatte teil, an der sich Otto von Habsburg, Philipp von Bismarck, Charles Wellesley (der heutige Herzog von Wellington) und Michel Poniatowski, Abkömmling der polnischen Königsfamilie und ehemaliger französischer Innenminister, beteiligten. Ich hatte damals das Gefühl, dass die europäische Geschichte des Nationalismus und des Kriegs ein Ende gefunden hatte. Aber das EP der Anfangsjahre hatte nicht genügend Gewicht, um aus sich selbst heraus Öffentlichkeit zu erzeugen. Das klappte höchstens, wenn Figuren wie Willy Brandt, Hans Katzer, Kai-Uwe von Hassel, Altiero Spinelli, Emilio Colombo oder Alfons Goppel sich äußerten.

Es waren Valéry Giscard d'Estaing und Helmut Schmidt, die 1979 die Direktwahl des EP und die Währungsschlange als Vorstufe der Währungsunion in der EU durchsetzten und damit die innere Stagnation durchbrachen. Das gelang besser als erwartet und eröffnete den drei Dekaden langen Reformprozess der EU bis hin zum Vertrag von Lissabon, der am 1. Dezember 2009 in Kraft trat. Das EP erhielt als einzige unmittelbar gewählte EU-Institution eine außerordentlich große demokratische Legitimation. Erfahrene Europapolitiker wie Egon A. Klepsch (CDU) und Erwin Lange (SPD) nutzten diese Legitimation ebenso wie jüngere Abgeordnete, die sich voller Elan und Europabegeisterung hauptamtlich auf ihre Arbeit im EP konzentrieren konnten.

Diese Euphorie führte schon im Herbst 1979 dazu, dass diese Abgeordneten in der Königsdisziplin jedes Parlaments, dem Haushaltsrecht, den Streit mit dem überraschten Ministerrat aufnahmen. Das einzige Recht des europäischen Parlaments war damals ein rudimentäres Haushaltsrecht, das sich darauf beschränkte, Ja oder Nein zu sagen. (Übrigens, wie auch das britische Parlament.) Als der Ministerrat bestimmten Haushaltswünschen des Parlaments nicht zustimmte, blockierte es den Haushalt für 1980. Nach halbjähriger Auseinandersetzung sollte am 17. Juni 1980 über einen Kompromiss abgestimmt werden. An diesem Tag trat ich dank EVP-Fraktionschef Klepsch als Nachrücker für Albert Pürsten ins Europäische Parlament ein. Durch Zufall wurde ich sofort Teil dieser mutigen Politik der damaligen Politikergeneration, die gegen die Vorstellungen ihrer Chefs in den Hauptstädten das europäische Projekt vorantrieben.

Die früheren Reformverträge zwischen der Einheitlichen Europäischen Akte (EEA) und dem Vertrag von Lissabon trieben Verantwortliche aus dem Rat voran, die Veränderungen wollten. Dort gab es immer Gegner von Fortschritten, die den Nationalstaat stärken wollten, aber wesentliche Teile traten für Reformen und Weiterentwicklung der EU ein.

Das EP, dessen Mitglied ich damals schon war, trug zu dieser Entwicklung in den Jahren 1983 und 1984 maßgeblich bei. Auf Grundlage des Albert/Ball-Berichts (Michel Albert und Robert James Ball) definierte das EP nicht nur die Vollendung des Gemeinsamen Markts auf Basis der vier Grundfreiheiten (freier Verkehr von Waren, Kapital, Dienstleistungen und Personen), sondern auch begleitende Maßnahmen wie die Harmonisierung der Steuern und die Europäisierung des öffentlichen Auftragswesens. Den daraus entstandenen Bericht nutzte die Kommission mit Delors als Präsident in Einklang mit Kohl und Mitterrand, um das umzusetzen, was Europa ökonomischen Nutzen und Stärke brachte.[38]

Der große italienische Sozialist Altero Spinelli, der als Gefangener Mussolinis schon Vorschläge für ein föderales Europa entwickelt hatte, gründete damals im europäischen Parlament die Krokodilgruppe. Im exzellenten Straßburger Lokal »Krokodil« begannen schon zu dieser Zeit die Arbeiten für eine europäische Verfassung. Grundlage war ein Bericht des großen Europäers und belgischen Premierministers Leo Tindemans aus den Siebzigerjahren. Gleichzeitig kam auch der Bericht des luxemburgischen Premierministers Pierre Werner erneut auf die Tagesordnung, weil das europäische Parlament eine Resolution über die Schaffung einer Währungsunion (der sogenannte Franz-Bericht, benannt nach Otmar Franz, Konzernchef von Klöckner und von 1981 bis 1989 Abgeordneter der CDU im EP) verabschiedete.

Ich hatte das große Glück, als Nachrücker an allen wichtigen Projekten beteiligt zu werden: in Delors' Sonderausschuss des EP über die Schaffung eines europäischen Binnenmarkts, im Plenum bei den Debatten über die Währungsunion und eine europäische Verfassung.

Erfreulicherweise gab es plötzlich auch Staats- und Regierungschefs, die in dieselbe Richtung dachten: der neue französische Präsident François Mitterrand (1981) und der neue Bundeskanzler Helmut Kohl (1982), die 1985 mit dem neuen Kommissionspräsidenten Jacques Delors an der Modernisierung der Gemeinschaft arbeiteten. Es gäbe keinen Binnenmarkt ohne Jacques Delors, den vor allem Abgeordnete aus Deutschland, Großbritannien und den Benelux-Staaten, Christdemokraten und Tories, im EP begeistert unterstützten. Delors, Kohl und Mitterrand haben die »Eurosklerose« überwunden, die europäische Lähmung.

Im folgenden Jahrzehnt entwickelte sich eine bis dahin unbekannte Dynamik, die durch die deutsche Einheit und die Freiheit von Mittel- und Osteuropa zusätzlichen Schub erhielt. In Parlament, Kommission und Rat arbeiteten insbesondere deutsche, französische und italienische Politiker gemeinsam an einer Zukunftsstrategie.

Der erste große Erfolg dieser Strategie war die Einheitliche Europäische Akte (EEA) von 1987, die vertragliche Grundlage für den europäischen Binnenmarkt, um gegen Japan und die USA konkurrenzfähig zu werden. Für diesen Themenbereich des Binnenmarkts wurde erreicht, dass im Ministerrat fast 90 Prozent aller dafür notwendigen Gesetzgebung mit Mehrheit entschieden werden konnten. Das europäische Parlament kam erstmalig aus seiner Konsultationsrolle bei der Gesetzgebung heraus, weil seine Beschlüsse in den meisten Fällen verbindlichen Charakter erhielten, wenn sie von der Kommission unterstützt wurden. All dies fand auch die Zustimmung der britische Premierministerin Margaret Thatcher, die den Binnenmarkt aus ökonomischen Gründen wollte. Sie verstand auch, dass Mehrheitsentscheidungen nicht vermieden werden konnten und dass das Parlament nicht unberücksichtigt bleiben konnte, weil dies insbesondere auch die Gründerstaaten der EU so wollten. Thatcher wäre niemals aus der EU ausgetreten, Sie hätte den Binnenmarkt für Großbritannien genutzt und gleichzeitig als Mitglied hart für die Interessen ihrer Nation gekämpft.

Für das europäische Parlament war dieser noch bei Weitem nicht ausreichende Fortschritt in der Gesetzgebung der Durchbruch auf dem Weg zu einer gleichberechtigten Institution. Seither konnte das EP mehr und mehr Einfluss auf die Rechtsetzung nehmen, und die nationalen Parlamente mussten diese europäischen Gesetze anwenden. Dieses Binnenmarktprinzip wurde in den folgenden Verträgen von Maastricht und Amsterdam ausgebaut. Maastricht schuf 1992 auch die Grundlagen für die Wirtschafts- und Währungsunion, und aus den Europäischen Gemeinschaften wurde die Europäische Union (EU). Die nach 1990 geschlossenen Verträge sollten »das Zusammennähen der beiden Europas« ermöglichen, wie es der ehemalige polnische Außenminister Bronisław Geremek formulierte.

Der Binnenmarkt und das schlechte Image der EU

Wer der Einladung zu einem Vortrag über die EU folgt, kann lernen, wie die Menschen über die Union denken. Dem Gastgeber ist nicht bewusst, was er sagt, wenn er mich als »Berufspolitiker« vorstellt.[39] Ich habe mich nie als Berufspolitiker gesehen, sondern als überzeugten Europäer, der sich für diese grandiose Idee der Freiheit und des Friedens mit einem Mandat der Bürger voll und ganz einsetzen konnte. »Berufspolitiker« klingt abwertend. Henryk Broder wählte gar den persönlichen Angriff: »Ich bin ein Europäer, und Sie sind ein EU-Funktionär. Das ist der Unterschied. Ich lebe in Europa, Sie leben von Europa.«[40] Für seine persönliche Kritik an mir – gemeint war aber die EU – verlieh ihm die Europa Union Deutschland (EUD) die Europa-Distel 2013. In meiner Laudatio sagte ich: »Wir haben so viele Parallelen: Wir sind beide 1946 geboren, haben beide ein Jurastudium ohne Abschluss und beide wurden wir dann Journalisten. Sie sind ein verbitterter Kritiker geworden, ich habe versucht zu gestalten.«

Mit den Menschen, die die Völker Europas in der EU vertreten, hat auch die Institution ein schlechtes Image. Sie wird verspottet und in ihrer Bedeutung nicht ernst genommen. Der Journalist Rolf-Dieter Krause, durchaus kritischer Leiter des Brüsseler ARD-Studios, sagte in meiner Gegenwart einmal treffend: »Über Europa können Sie jeden Blödsinn behaupten, und es wird Ihnen sofort geglaubt.«[41] EU-Blaming ist eine Art Volkssport geworden. Beklagt werden Regelungswut, ausufernde Bürokratie und hohe Kosten durch einen aufgeblähten Apparat. Broder erregt sich über »substanzielle Sachen, die das Wesen der Europäischen Union ausmachen: Bürokratie, Mittelvergeudung, Leerlauf und Größenwahn. Das sind die vier Säulen der EU.«[42]

Eine der Säulen der EU ist seit 1998 ein Parlament, ohne das fast nichts geht. Kein Gesetz kann gegen den Willen des Europäischen Parlaments, also gegen die Volksvertretung, beschlossen werden. Das EU-Parlament kann Drittlandverträge ablehnen, Erweiterungsverträge ablehnen, Handels- und Datenschutzverträge zum Beispiel mit den USA ablehnen, die damit nicht zustande kommen. Das Mitentscheidungsrecht hat es seit 1998, seit 2010 in fast allen Bereichen. Der Rat kann nichts allein entscheiden. Auch das Parlament kann nichts allein entscheiden. Das ist wie in den Vereinigten Staaten zwischen Senat und Repräsentantenhaus, wie in Deutschland zwischen Bundestag und Bundesrat bei zustimmungspflichtigen Gesetzen. Die EU hat ein klassisches Zweikammersystem – das Parlament als Vertreter der Bürger, den Rat als Vertreter der Nationalstaaten. Sie ist noch kein Staat, arbeitet aber wie ein Bundesstaat. Das scheint nicht allgemein bekannt zu sein. Auch dass der EU-Binnenmarkt und der Euro auf unserem weltgrößten Markt fast alle nationalen Handelshemmnisse beseitigt und auch im Zusammenhang mit der EU-Handelspolitik die deutschen Exporterfolge entscheidend befördert haben, ist aus manchen Köpfen offenbar verschwunden. Dabei beruht der deutsche Reichtum auf dem europäischen Binnenmarkt, wohin wir zwei Drittel unseres Exports schicken. Höchste Zeit, mit ein paar Mythen aufzuräumen.

Im beliebtesten Spott gegen die EU geht es um die Krümmung der Gurken. Aber die »Verordnung (EWG) Nr. 1677/88 der Kommission vom 15. Juni 1988 zur Festsetzung von Qualitätsnormen für Gurken« haben nicht gelangweilte EU-Bürokraten ausgeknobelt, sondern sie war ein Wunsch des Handels. Das war durchaus sinnvoll, weil in eine Kiste mehr gerade Gurken passen als krumme. Der Staat, der sich im Ministerrat am längsten dagegen wehrte, war Deutschland. Unbemerkt wurde diese Verordnung 2009 ausgesetzt, aber der Handel hält an dieser Regelung fest.

Die EU sieht sich häufig dem Vorwurf der Überbürokratisierung durch einen aufgeblähten Beamtenapparat ausgesetzt. Nichts könnte falscher sein! Die EU-Kommission hat weniger Mitarbeiter als die Stadt München. Europas Institutionen haben allerdings eine erstaunliche Entbürokratisierung geschafft. Deutschland hatte einst, wie jedes andere Land auch, 100 000 bis 200 000 DIN-Normen. Diese Standardisierung half der Wirtschaft und den Menschen, denn wenn es einheitliche Elektrostecker und Steckdosen gibt, dann fließt der Strom. Heute gelten derartige Standards in der ganzen EU. Das heißt, wir haben aus 27-mal 200 000 Standards einmal 200 000 Standards gemacht. Das ist eine drastische Entbürokratisierung, dank der viele mittelständische Unternehmen intensiver im europäischen Binnenmarkt tätig sind als in ihrem Heimatmarkt, weil ein deutsches Produkt auch in Frankreich ohne weitere Kontrolle verkauft werden kann. Die vielen Familienunternehmen in Schwaben und Westfalen haben vom Binnenmarkt ungeheuer profitiert. Als ich 1980 Mitglied der EU wurde, entfielen 15 bis 20 Prozent des Umsatzes eines mittelständischen Unternehmens auf den Export, heute sind es 50 bis 70 Prozent. Der Binnenmarkt ist die Basis unseres ökonomischen Erfolgs, er bedeutet mehr Handel, mehr Arbeitsplätze, Wohlstand für viele.

Die europäischen Institutionen machen Europa moderner und leistungsfähiger. Es gefällt natürlich nicht allen, wenn die EU ein strenges Lieferkettengesetz anstrebt. Wirtschaftsverbände beklagen die hohen Kosten, ein neues und unkalkulierbares Haftungsrisiko, mehr Bürokratie und Wettbewerbsnachteile. Das ist ihr gutes Recht, aber es ist Unsinn, weil damit nicht nur deutsche Unternehmen dazu aufgefordert sind, Kinderarbeit und Umweltverschmutzung bei ihren internationalen Lieferanten zu unterbinden, sondern alle in der EU. Wenn die EU mittels einer Ökodesign-Richtlinie und der Verschärfung des Energieeffizienzindexes den Stromverbrauch von hochwertigen großen Fernsehapparaten senken soll, sieht Media Markt »die TV-Zukunft bedroht«. Auf der hauseigenen Webseite heißt es: »Alle 8K-TVs, größere QD-OLED-Fernseher, microLED-Geräte und einige 4K-LCD-TVs sollen ab März 2023 nicht mehr verkauft werden dürfen.« Diese Geräte »könnte dasselbe Schicksal ereilen wie die Glühbirne: ein EU-weites Verkaufsverbot, das sich auch auf andere Erdteile auswirken dürfte«.[43] Die Ökodesign-Richtlinie hat dasselbe Ziel wie damals das Ende der Glühbirne: »die umweltgerechte Gestaltung von Produkten« zu verbessern, das bedeutet: weniger Energiefresser. Gut, wenn sie verschwinden. Gut auch, wenn Geräte über die ganze Lebensdauer (nicht nur innerhalb der Gewährleistungsfrist) reparierbar sein müssen. Wir rücken damit der Wegwerfgesellschaft auf den Pelz, verkleinern Schrotthalden: bei Smartphones, Waschmaschinen, Fahrrädern und stromfressenden Fernsehgeräten.

Das Schlimmste aber ist, dass nationale Regierungen die EU als Fußabtreter missbrauchen: Wenn es regnet, war es Brüssel, wenn die Sonne scheint, waren es Paris, Amsterdam und Berlin. Die haben zwar im Rat mehrheitlich zugestimmt, tun aber zu Hause so, als hätten sie nichts damit zu tun.

Die große Freiheit:
Was wir alle vom EU-Binnenmarkt haben

Bevor Preußen sich daran machte, die Mitgliedstaaten des Deutschen Bunds unter dem Dach des Deutschen Zollvereins zusammenzuschließen, musste ein Händler von der holländischen Grenze bis Bielefeld sechs Zollkontrollen über sich ergehen lassen. Deshalb waren die Deutschen gegenüber den Engländern bei der Industrialisierung 50 Jahre zurück. Der Nationalökonom Friedrich List sagte, die vielen Zoll- und Mautlinien in Deutschland blockierten den Verkehr, wie wenn die Glieder des menschlichen Körpers den Fluss des Blutes unterbänden.

Träte heute Frankreich oder Deutschland aus der EU aus, wäre der Schaden für die Wirtschaft ebenso absehbar wie unermesslich. Deutschland exportiert zwei Drittel seiner Waren in EU-Staaten. Wer könnte übersehen, welche Folgen eine Exportnation zu gewärtigen hätte, behinderten neue Grenzen, Zölle, zerbrochene Lieferketten den freien Warenverkehr? Auch politisch wäre das eine Katastrophe wegen des sinkenden Gewichts im Vergleich zu internationalen Konkurrenten. Großbritannien ist ein warnendes Beispiel, wie die Entwicklung seit dem Brexit zeigt (siehe Seite 72ff.).

Der größte industrielle Binnenmarkt der Welt beflügelt die Wirtschaft, und davon profitieren seine Bürger: Das Pro-Kopf-Einkommen der Europäer liegt um 840 Euro höher, als es ohne Binnenmarkt der Fall wäre, hat die Bertelsmann Stiftung schon 2019 errechnet. Die Deutschen haben durchschnittlich mehr als 1000 Euro jährlich mehr in der Tasche, die in Oberbayern und Hamburg sogar rund 1500 Euro.[44]

Nur Ignoranten können die Vorteile übersehen: Menschen, Güter, Dienstleistungen und Kapital können sich frei bewegen. Europäer können an jedem Ort in der EU leben, arbeiten und Unternehmen gründen. Auch der Warenverkehr ist frei. Nur Nationalisten beklagen diese Freiheit – weil die Nationalstaaten Macht über Menschen verlieren, die dadurch Freiheit gewonnen haben. Nationalstaaten führten Kriege, in der EU schaffen sie friedliche gemeinsame Problemlösungen. Von der gemeinsamen Handelspolitik profitieren alle Europäerinnen und Europäer.

1979 fällte der Europäische Gerichtshof eine wichtige Entscheidung für den freien Warenverkehr im sogenannten Cassis-de-Dijon-Urteil. Die Firma Rewe hatte dagegen geklagt, dass französischer Johannisbeerlikör, Cassis, nicht nach Deutschland eingeführt werden durfte, weil er entgegen der Branntweinverordnung zu wenig Alkohol enthielt, nämlich 18 statt 22 Prozent. Im Binnenmarkt gilt jedoch die Regel, dass ein Produkt, das in einem Land gesetzesgerecht hergestellt und verkauft wird, auch in allen anderen Ländern verkauft werden darf – es sei denn man weist eine Gefährdung der Gesundheit nach. Die besten Anwälte Deutschlands konnten jedoch nicht nachweisen, dass weniger Alkohol gesundheitsgefährdend ist.

Acht Jahre später wurde behauptet, nun gehe es dem deutschen Bier an den Kragen. Nach Deutschland gelangte bis dahin kein Bier, das nicht nach dem deutschen Reinheitsgebot gebraut war, wonach Bier nur mit Wasser, Malz, Hopfen und Hefe gebraut werden darf. Eingeführt hat das der bayerischen Herzog

Wilhelm IV. im 16. Jahrhundert in einem Steuergesetz. Das hatte also nichts mit Reinheit zu tun. Bier, das die Deutschen exportierten, brauten sie auch gar nicht nach dem Reinheitsgebot – mit gutem Grund: Denn Bier reist nicht gern in südliche, sonnige Gebiete, schon gar nicht ohne Zusatzstoffe. Als der Europäische Gerichtshof 1987 urteilte, dass mit dem Reinheitsgebot der freie Handel behindert werde, schäumte die Biernation, deren Männer damals noch ein Viertel ihres Kalorienbedarfs mit dem Nationalgetränk deckten. Aber es nutzte nichts, die Einfuhr von Bier, das nicht nach dem Reinheitsgebot gebraut war, musste erlaubt werden. Die Wut der Brauereien dämpfte die Bestimmung, dass sie weiter mit dem Reinheitsgebot werben durften, das »Chemiebier« dagegen nicht. Dem Umsatz des deutschen Biers hat das alles nicht geschadet, der Marktanteil ausländischen Biers ist marginal. Und auch das bleibt, wie es immer war: Alt und Kölsch sind nie nach dem Reinheitsgebot gebraut worden, weshalb das Wort Bier nicht auf der Flasche steht. Doch produziert und getrunken wird es wie immer.

Auch um den französischen Käse (etwa Brie, Roquefort, Camembert) gab es Streit. Er wird in den USA stark besteuert oder darf gar nicht verkauft werden, weil nicht pasteurisierte Milch als Brutstätte von Bakterien und Salmonellen gilt. In den 1980er-Jahren hatten auch die Europäer darüber gestritten, ob Produkte aus Rohmilch hygienisch verantwortbar seien. Spanier, Italiener und Franzosen empörten sich darüber, dass auch Deutsche verlangten, Rohmilch generell zu pasteurisieren, um Keime abzutöten. Es gab unterschiedliche Auffassungen, dann eine Mehrheitsentscheidung von Parlament und Ministerrat, und seither dürfen alle EU-Bürger jeden in einem Mitgliedstaat erlaubten Käse genießen.

Wie kann man den Nutzen der EU und des Binnenmarkts für alle verständlich machen? Darüber sprachen wir 2014 bei der Europa-Union in Bonn, deren Ehrenvorsitzender ich war. Meine

Idee: Die Menschen sollten künftig ohne zusätzliche Kosten in ganz Europa mit ihrem heimischen Tarif telefonieren können. Das nahm Martin Selmayr, Kabinettschef von Jean-Claude Juncker, mit zu Kommissarin Viviane Reding. 2017 führte die EU die Roaming-Regelung ein und zeigte damit, dass in der EU die Menschen im Zentrum der Gemeinschaftspolitik stehen. Jean Monnet hatte das so formuliert: »Wir einigen keine Staaten, wir bringen Menschen einander näher.«

Handelspolitik: Wie die EU unsere Industrie schützt

Die Handelspolitik gehörte neben Agrar- und Wettbewerbspolitik zu den ersten Bereichen von gemeinsamer Politik, sichtbar an der in den Römischen Verträgen festgelegten Zollunion, aber auch durch Regelungen für Ein- und Ausfuhr, den Schutz gegen Dumping und staatliche Subventionen und damit verbundene Wettbewerbsnachteile für Unternehmen mit Sitz in der EU. Das Parlament entscheidet wie in fast allen Bereich durch das »ordentliche Gesetzgebungsverfahren« auch in diesem mit.

»Gemeinsame Handelspolitik« mag langweilig klingen. Aber wenn eine halbe Million E-Bikes aus China zu Dumpingpreisen in die EU eingeführt werden, dann hat die European Bicycle Manufacturers Association (Europäischer Fahrradherstellerverband) gute Gründe, ein Anti-Dumping-Beschwerde an die EU zu richten und eine Untersuchung zu fordern: 2017 versuchten chinesische Hersteller, »ihre staatlich subventionierten Überkapazitäten durch die Ausweitung inländischer Preiskämpfe auf Exportmärkte auszugleichen«, klagten die europäischen Fahrradbauer. Mit Geld vom Staat unterboten chinesische E-Bikes die Preise der EU-Industrie erheblich.

Aber warum sollen sich Käufer in Europa nicht über preisgünstige Fahrräder aus China freuen? Weil die Räder unter den Gestehungskosten verkauft werden, um Konkurrenten auszuschalten. Dumping schadet uns allen. Es waren deutsche Hersteller, die Elektrofahrräder (electronically power assisted cycles, EPAC) erfunden und in den vergangenen zwanzig Jahren Hunderte Millionen Euro in dieses Hightech-Produkt investiert hatten. Und sie leisteten damit »einen wichtigen Beitrag zu den Umwelt- und Klimaschutzzielen der EU, da sie das Potenzial haben, den Stadtverkehr erheblich zu verändern«.[45] Die EU schritt ein, und chinesische Produzenten von E-Bikes mussten von 2019 an bis zu 70 Prozent Ausgleichszoll entrichten.[46] So schützt die EU ihre Unternehmen gegen Wettbewerbsverzerrung. Umgekehrt konnten sich die Hersteller von Motorrollern aus Italien und Deutschland freuen, dass die EU bei der WTO ein Verfahren gegen russische Antidumpingzölle einleitete, worauf Russland diese Zölle 2018 einstellte.

Die EU schützt Exporteure und Investoren auch gegen Handelsbarrieren im Ausland, die teilweise harmlos daherkommen, aber neue Hygienevorschriften haben genauso viel Wirkung wie Einfuhrzölle und allerlei weitere nicht-tarifäre Handelshemmnisse wie Lizenzierungsverfahren oder Behinderungen beim Zugang zu öffentlichen Ausschreibungen. Als besonders kreativ bei neu erdachten Barrieren erweisen sich China, die USA, Indien und Algerien. Solche Schikanen kosten EU-Unternehmen Jahr für Jahr Milliarden Euro. Zwischen 2014 bis 2019 beseitigte die EU-Kommission 123 Handelsbarrieren in der Landwirtschaft und bei Autoteilen, in der Pharmabranche und bei Informations- und Kommunikationstechnik. Das stärkt den offenen Handel und die Fairness im Wettbewerb und sichert 36 Millionen Arbeitsplätze im Handel und bei Zulieferern. Mit der Europäischen Strategie zur Wirtschaftssicherheit versucht die EU-Kommission, Unternehmen und Schlüsselsektoren wie Biotechnologie, Gentechnik, künstliche Intelligenz und moderne Halbleiter besser zu schützen und Abhängigkeiten von einzelnen Handelspartnern zu reduzieren.

Industrieförderung:
Wirtschaft stärken, Abhängigkeiten verringern

Die Vereinigten Staaten wissen, wie wichtig Industriepolitik ist – und handeln danach. Der Inflation Reduction Act (IRA) von 2022, der in erster Linie einer klimafreundlichen Produktion gewidmet sein soll, erhöht auch die Wettbewerbsfähigkeit der dortigen Industrie. Wenn sich das fortsetzt, ist damit zu rechnen, dass »das schon heute enorme Wohlstandsgefälle zwischen einem durchschnittlichen Europäer und Amerikaner im Jahr 2035 so groß sein« wird »wie zwischen einem durchschnittlichen Europäer und Inder heute«, prophezeit das European Centre for International Political Economy.[47]

Die Initiative Next Generation EU hat dasselbe Ziel, die EU stellt dafür mehr als 800 Milliarden Euro bereit, dass Europa grüner, gesünder, stärker, gleicher wird und digital aufholt. Der Unterschied ist: Die USA gewähren der Industrie attraktive Steuervorteile, was private Investitionen anlockt; Europa gibt staatliche Zuschüsse, was Mitnahmeeffekte auslöst.

Wo Wettbewerb nicht im nationalen oder europäischen Rahmen stattfindet, sondern im globalen, darf auch die EU vereinzelte Branchen im Rahmen von Wettbewerbspolitik stützen. Im September 2023 zählte die deutsche Standortmarketingagentur Germany Trade & Invest in 15 Staaten 64 neue Halbleiterinvestitionen, die meisten davon in den USA, 12 an der Zahl. Deutschland steht mit zehn Projekten auf Platz zwei, davon fünf in Dresden, zwei in Itzehoe und je eines in Ensdorf, Magdeburg und Reutlingen. Weil Chips in der EU als »strategische Vermögenswerte für wichtige industrielle Wertschöpfungsketten« gesehen werden und die Abhängigkeit von Asien, besonders von China, reduziert werden soll, fördert die EU (wie auch die USA) solche Investitionen für schnellere und kleinere Halbleiter im Rahmen des European Chips Act mit 43 Milliarden Euro. Das schafft Tausende Arbeitsplätze – Tendenz steigend. Denn der Bedarf soll sich – das erwartet die Industrie – bis 2030 verdoppeln. Die digitale Transformation lässt neue Märkte für die Chipindustrie erwarten: hochautomatisierte Autos, Cloud, Internet der Dinge, Konnektivität, Raumfahrt, Verteidigung und Supercomputer.[48] Europa und damit auch Deutschland sind Gewinner, weil die EU-Unternehmen sichere Zulieferer auf dem Heimatmarkt finden.

Kohäsionsfonds:
Für Zusammenhalt und gleichere Lebensverhältnisse
Die Deutschen klagen gern, dass sie Zahlmeister der EU seien, dass Deutschland unangemessen viel Geld in die EU stecke. Das ist Unsinn. Deutschland sorgt für knapp 30 Prozent des EU-Budgets. Das entspricht dem Anteil an der EU-Wirtschaftskraft. Deutschland stand bei allen europäischen Vereinigungsbestrebungen immer auf der Gewinnerseite. In dieser Gemeinschaft wird nicht der Arme reicher und der Reiche ärmer, sondern beide werden reicher, weil auch die Absatzchancen steigen, wenn die Wirtschaft bei den Ärmeren wächst.

Vielleicht klingt die EU manchmal zu bürokratisch. Was ist ein Kohäsionsfonds? Es sind Mittel, die seit 1994 in Mitgliedstaaten verteilt werden, wo das Bruttonationaleinkommen pro Kopf weniger als 90 Prozent des EU-Durchschnitts beträgt. Das Geld soll in Umweltprojekte und ins transeuropäische Netz der Verkehrsinfrastruktur investiert werden. Bis 2027 profitieren davon Bulgarien, Estland, Griechenland, Kroatien, Lettland, Litauen, Malta, Polen, Portugal, Rumänien, die Slowakei, Slowenien, Tschechien, Ungarn und Zypern, genauer: die Menschen dort durch Arbeitsplätze und Wachstum, die Umwelt durch eine grünere, CO_2-arme Kreislaufwirtschaft sowie das Gemeinschaftsgefühl durch ein stärker vernetztes Europa.

Der Europäische Fonds für regionale Entwicklung (EFRE) fördert die Entwicklung von rückständigen Regionen und hilft Industrieregionen im Niedergang beim Strukturwandel. Auch das Ruhrgebiet erhielt Mittel zur Umstrukturierung schon während der EGKS, heute aus dem Kohäsionsfonds. Die neuen Bundesländer bekamen Hilfen seit 1990, auch der ländliche Raum und benachteiligte Gruppen, die der Sozialfonds bedient. Die Kohäsionspolitik der EU stärkt schwache Regionen und Gruppen, sie schafft soziale Gerechtigkeit, wirkt regionalen Ungleichgewichten entgegen, sorgt für Wettbewerbsfähigkeit, Angleichung der Lebensverhältnisse und mehr europäische territoriale Zusammenarbeit. In ganz Europa halfen EU-Mittel den beigetretenen Ländern beim Aufbau ihrer Wirtschaft. Der Kohäsionsfonds ist der europäische Marshallplan, mit dem die USA Deutschland und Europa wieder auf die Beine halfen.

Durch die Hilfe der EU und die Öffnung der Märkte steigt in den unterstützten Staaten das Bruttosozialprodukt erheblich, und dadurch werden Polen, Rumänen und Bulgaren auch Kunden. Die Hilfe stärkt dort die Wirtschaftskraft, dadurch wächst die Kaufkraft, und die Menschen erwerben auch deutsche Produkte. Ein Fünftel des EU-Haushalts fließt in Fonds zur Hilfe von schwachen Ländern, Regionen und Gruppen, und sie schaffen damit auch in erheblichem Umfang Investitionsgüter deutscher Maschinenbauer an. Um solche Folgen der EU-Mitgliedschaft, solche Erfolge ins Licht zu rücken, brauchen wir jährliche Kosten-Nutzen-Analysen aller 27 EU-Mitgliedstaaten. Müsste die Bundesregierung diese Analysen jedes Jahr dem Deutschen Bundestag vorlegen, könnten auch die Deutschen den Nutzen der angeblich teuren EU nicht übersehen.

Ziel all dessen sind ausgeglichenere Lebensverhältnisse in Europa. Das strebten wir stets auch innerhalb Deutschlands an: Früher pamperte Nordrhein-Westfalen Bayern – durch den Länderfinanzausgleich –, heute überweist Bayern wie auch andere »Nettozahler« dem klammen Berlin Geld, das im und nach dem Krieg seine Banken und seine Industrie an den Süden und Westen verloren hat.

Diese Art eines intelligenten finanziellen Ausgleichs sichert langfristig die Bereitschaft unserer Nachbarländer, ihre Märkte offenzuhalten. Ein nicht unerheblicher Teil der transferierten Mittel fließt über umfangreiche Aufträge auch wieder an deutsche Unternehmen zurück. Warum sollten schwächere Länder der EU beitreten, wenn der Nutzen nur bei den starken Staaten wie Deutschland läge? Der Kohäsionsfonds sorgt für fairen Ausgleich.

Das soziale Europa:
Die Wirtschaft muss den Menschen dienen

Die EU ist nicht nur für die Wirtschaft zuständig. Die Soziale Marktwirtschaft ist etwas anderes als lediglich freier Markt. Sie ist der dritte Weg, das Gesellschaftsmodell zwischen Sozialismus und Kapitalismus. Die Soziale Marktwirtschaft ist Ausdruck des christlichen Menschenbilds und der christlichen Soziallehre und sorgt für Gerechtigkeit. Deshalb muss die EU die Macht von Großunternehmen gegenüber der Politik und auf dem Markt kontrollieren. Zu Beginn der 1980er-Jahre habe ich in einem Sonderausschuss des EU-Parlaments am ersten Vorschlag für den Binnenmarkt mitgearbeitet und als Vertreter der Christlich-Demokratischen Arbeitnehmerschaft (CDA) dafür gesorgt, die wilden Ideen der Wirtschaftsliberalen zu stoppen. Jacques Delors, der ein treuer Kirchgänger war, sagte mir damals: »Wäre ich Deutscher, ich wäre CDU-Mitglied – weil es dort die CDA gibt.« Dasselbe äußerte übrigens auch António Guterres, den ich schon kennenlernte, als er Premierminister Portugals war: »Wenn es in unserem Land so etwas wie die CDU gäbe, die einen Arbeitnehmerflügel wie die CDA hat, wäre ich nicht in die Sozialistische Partei eingetreten.« Guterres, inzwischen Generalsekretär der Vereinten Nationen, war nie ein Marxist, sondern Verfechter der katholischen Soziallehre.

Wer »die europäische Säule sozialer Rechte« – 20 Grundsätze für Chancengleichheit und Arbeitsmarktzugang, faire Arbeitsbedingungen, Sozialschutz und soziale Inklusion – als nettes Sammelsurium von ebenso freundlichen wie wertlosen Absichtserklärungen angesehen hat, ist eines Besseren belehrt worden. Stück für Stück wird diese Säule zur Realität, und das ist gut für die Menschen in Europa.

Die EU hat im November 2022 eine Richtlinie über angemessene Mindestlöhne erlassen. Weltfremd wäre es, einen einheitlichen gesetzlichen Mindestlohn für alle EU-Staaten vorzuschreiben. Dafür sind die Unterschiede in der Höhe der Bezahlung zu groß. Gerechte Löhne müssen auch nicht per Gesetz festgelegt werden, dafür sind Tarifverträge da. Ziel der EU ist es, in allen Ländern 80 Prozent Tarifbindung zu erreichen. Das wird die Entwicklung vieler nationaler Mindestlöhne beschleunigen. Nicht in Luxemburg mit einem monatlichen Mindestlohn von 2257 Euro, aber in Bulgarien mit 332 Euro ist eine Untergrenze auch eine Frage der Würde. Niedrige Löhne sind eine Subvention für Unternehmen, weil sie später zu einer niedrigen Rente und neuerlichen Subventionen führen. Einen gesetzlichen Mindestlohn kennen bereits 21 EU-Staaten, künftig müssen das alle Länder nach einheitlichen Kriterien in angemessener Höhe festlegen. Als angemessen gelten 60 Prozent des Bruttomedianlohns und/oder 50 Prozent des Bruttodurchschnittslohns (der sogenannte Kaitz-Index). Von hohen Arbeitnehmerstandards, Sozialpartnerschaft und Tarifautonomie profitieren rund 25 Millionen Arbeitnehmer in der EU, die bisher trotz Arbeit von Armut bedroht sind.

Eine neue Dynamik hat sich auch beim Schutz von Plattformarbeitern ergeben, den Dienstleistern im Web oder bei Lieferdiensten, oft Selbstständige oder Freiberufler, die meistens schlecht abgesichert waren. Auf Druck des Europäischen Parlaments und nach langen Verhandlungen zwischen Parlament und Rat hat die EU-Kommission einen Richtlinienentwurf vorgelegt, der Plattformarbeiter durch gerechte Einklassifizierung, Mindestlohn und Sozialversicherungen wirksam schützt, beispielsweise Fahrer bei Uber und Lieferdiensten.

Die EU hat auch eine europäische Pflegestrategie verabschiedet, bei der die EVP-Fraktion die treibende Kraft war. Ebenso ist der EU an der Bekämpfung von Kinderarmut gelegen, was in Deutschland skurril klingen mag. Aber der Zugang zu Trinkwasser und einer Wassertoilette ist für Kinder in Rumänien und Bulgarien noch nicht selbstverständlich. Ich kann mich nicht damit abfinden, dass auf unserem reichen Kontinent Kinder unter erbärmlichsten Bedingungen aufwachsen. Deshalb ist es richtig, dass die EU dort hilft.

Die Liste der Verbraucherschutzrechte ist lang: Fällt ein Flug aus, gibt es Entschädigung. Ist ein Föhn kaputt, kann man ihn umtauschen, egal, wo in der EU wir ihn gekauft haben. Und bei Lebensmitteln genießen wir in der EU die weltweit höchste Sicherheit. Der Binnenmarkt sorgt auch für Qualität, dafür, dass in Wurst nur drin ist, was drin sein darf, um die Verbraucher zu schützen. Das heißt aber nicht, dass alle Würste gleich sind; es gibt keine europäische Einheitswurst. Es gibt Wurst aus Westfalen und Bayern, aber auch Salami aus Italien und Ungarn; alle schmecken anders, aber ich kann sie überall guten Gewissens genießen. »Einheit in Vielfalt« heißt das. Gerade beim Verbraucherschutz zeigt sich der Nutzen der EU. Dabei verursachen die höheren Standards keinen Wettbewerbsnachteil für die Unternehmen, weil alle, die ihre Produkte in der EU verkaufen wollen, sich an diesen Standards orientieren müssen, damit Verbraucherschutz im ganzen Binnenmarkt verlässlich ist.

Aber natürlich ist auch in der EU nicht alles Gold: Wir bedürfen dringend der Entbürokratisierung bei Innovation, Wettbewerbsfähigkeit sowie sozialer und umweltpolitischer Nachhaltigkeit, indem wir auf unnötige Berichtspflichten verzichten. Bei Planungs- und Genehmigungsverfahren gilt das auch in Bund, Ländern und Kommunen. Vorbild muss dabei die Geschwindigkeit sein, mit der industrielle Projekte in Nordamerika genehmigt werden. Bürokratie abzubauen darf jedoch nicht bedeuten, Standards für Umwelt und Arbeitnehmer zu senken. Wir sollten jedoch nicht immer zuerst die Risiken sehen, sondern öfter mal die Chancen. Damit die Unternehmen leisten können, was Jean-Claude Juncker so eindeutig und richtig formuliert hat: »Die Wirtschaft muss den Menschen dienen, nicht umgekehrt. Die Menschen müssen im Mittelpunkt stehen.«

Die EU-Erweiterungen: Fortschritt und Gewinn für alle

In einem Aufsatz beklagte ich vor einem halben Jahrhundert (1976), dass Europapolitik nicht im Bewusstsein der Bevölkerung verankert sei. Das werde so bleiben, wenn »Europa sich zu Recht oder Unrecht nur als ein Instrument der Krämer und der Agrarier darstellt«. Es habe sich »als Irrtum der Väter der Römischen Verträge herausgestellt, allein die wirtschaftliche Integration werde genügend Dynamik entwickeln, daß an ihrem Ende notwendigerweise die politische Union stehen werde«.[49] Tatsächlich war die Montanunion nicht aus wirtschaftlichen Gründen gebildet worden, sondern um die Kriegsindustrie zu kontrollieren. Die Menschen wollten Versöhnung, weil sie Krieg und Nationalsozialismus durchlitten hatten. Wenig später sollte sich unter der Europäischen Verteidigungsgemeinschaft eine gemeinsame europäische Armee sammeln. Fast alle Länder haben den Vertrag ratifiziert, letztendlich ist es an Frankreich gescheitert, was Konrad Adenauer für ein großes Unglück und das Ende seiner politischen Bemühungen hielt.

Die Römischen Verträge zur Gründung der Europäischen Wirtschaftsgemeinschaft (EWG) waren eine Art Ersatz für die gescheiterte politische und verteidigungspolitische Einigung, eine »neue Rechtsordnung des Völkerrechts« (Europäischer Gerichtshof) und damit ein Gemeinschaftsrecht mit individuellen Rechten für Bürger und Unternehmen. Die Grundlagen erarbeitete ein vom ehemaligen belgischen Ministerpräsidenten Paul-Henri Spaak geleiteter Ausschuss. Damit begab sich die Gemeinschaft – das war nicht vorgesehen – auf den wirtschaftlichen Weg, schuf eine Zoll- und Landwirtschaftsunion.

Die Europäische Kommission als einheitliche Exekutive für die drei westeuropäischen Verträge, die EWG, die Europäische Gemeinschaft für Kohle und Stahl und die Europäische Atomgemeinschaft (Euratom), wurde im Fusionsvertrag von 1967 geschaffen. Die Einheitliche Europäische Akte (EEA) ließ die drei Verträge unberührt. Als ihr Ziel war formuliert: bis 1992 einen »Raum ohne Binnengrenzen« zu schaffen, »in dem der freie Verkehr von Waren, Personen, Dienstleistungen und Kapital« gewährleistet ist.

Die Bevölkerung war für ein gemeinsames Europa, die Generation Helmut Kohls hat die Schlagbäume abgeschafft. Die europäische Union war das Ziel einer Volksbewegung der europäischen Föderalisten, der Parteien, vor allem christdemokratischer Parteien. Wegen des Binnenmarkts sind die Interessen seither zunehmend verschachtelt, sodass man über lange Zeit gute Gründe hatte zu glauben, die europäische Integration sei ein nicht mehr umkehrbarer Prozess.

Als 1989 die Mauer fiel, dann der Eiserne Vorhang und schließlich in der Folge die Sowjetunion und der Ostblock zerbrachen, war klar, dass die EU sich neuen Mitgliedern öffnen musste. Ursprünglich zu sechst, von 1973 an mit Dänemark, Irland und dem Vereinigten Königreich zu neunt, nahm die Europäische Wirtschaftsgemeinschaft 1981 Griechenland auf, um die dortige junge Demokratie zu festigen. 1986 kamen Spanien und Portugal als elftes und zwölftes Land sehr schnell dazu, ebenfalls mit der politischen Begründung, die ehemaligen Diktaturen im demokratischen Lager zu verankern. Auch nach dem Zusam-

menbruch der Sowjetunion sollten die künftigen Erweiterungs-
runden der Wiedervereinigung des Kontinents dienen und dabei
helfen, dass die Staaten, die gerade ihre Freiheit gewonnen hatten, freiheitlich bleiben konnten – in NATO und EU.
Darauf aber musste die europäische Staatengemeinschaft
vorbereitet werden. Nicht nur mussten die künftigen Mitglieder
integrationsbereit reformiert werden, auch die Struktur der europäischen Gemeinschaft brauchte eine Runderneuerung. Denn
die große Erweiterung von 15 (1995 waren Finnland, Österreich
und Schweden dazugestoßen) auf schließlich 27 Mitglieder
(2004 und 2007) musste auch institutionell bewältigt werden.
Die Verträge von Amsterdam über Nizza bis Lissabon sollten
darauf vorbereiten. Ein entscheidendes Motiv war mit dem Be-
griffspaar »deepening and widening« verknüpft. Die EU sollte
vertieft und erweitert werden.

Als Verhandler des Parlaments bei allen Regierungskonferenzen, die in die Verträge von Maastricht (unterzeichnet 1992, in
Kraft getreten 1993), Amsterdam (1997/1999) und Nizza (2001/
2003) mündeten, und als Fraktionsvorsitzender im Verfassungskonvent kann ich sagen: Nach einem langen Prozess mit großer
Anstrengung und großem Willen im Rat und in der Kommission
waren auf dieser Basis die Erweiterungen 2004 und 2007 um die
mittel- und osteuropäischen Staaten (plus Zypern und Malta)
möglich. Aus Vertiefung vor Erweiterung wurde bald Erweiterung und Vertiefung. Auch ich habe mich als Berichterstatter der
Beitrittsverhandlungen für Bulgarien und Rumänien eingesetzt.
Im Nachhinein war das ein Fehler. Bis dahin hatten sich alle Auf-
nahmeländer, auch wenn noch nicht alle Bedingungen erfüllt
waren, in die richtige Richtung entwickelt. Bei Rumänien und
Bulgarien aber sahen wir lange Zeit immer wieder zwei Schritte
vor und drei zurück. Inzwischen geht es besser.

Die Erweiterung der EU ist kein Selbstzweck, sondern hat
laut EU-Parlament sowohl eine wirtschaftliche als auch eine po-

litische Agenda: Sie war auch immer ein Projekt der Demokratieförderung in den Ländern – in Griechenland, Spanien und Portugal weg von den rechten, in Ost- und Mitteleuropa weg von den kommunistischen Diktaturen.

2013 trat Kroatien als vorerst letzter Mitgliedstaat bei. Weitere bereiten sich darauf vor: Neben der Ukraine, Moldawien und vielleicht Georgien sind das die Staaten auf dem Westbalkan und die Türkei. Das heißt, mittelfristig könnten 35, 36, 37 Länder der EU angehören. Das macht vielen Menschen Angst, aber sie müssen sich nicht fürchten. Wenn wir es richtig machen, haben alle Seiten von einer wachsenden Union Gutes zu erwarten: die alten EU-Staaten und die künftigen, und vor allem die Menschen, hier wie dort.

Ukraine: Geostrategie ist kein alleiniges Kriterium im Aufnahmeprozess

Die Gemeinschaft der Staaten hat sich selbst 1945 im Rahmen der Vereinten Nationen (UN) Regeln auferlegt, um »künftige Geschlechter vor der Geißel des Krieges zu bewahren«. Die Mitglieder versprachen, den »Grundsatz der Gleichberechtigung und Selbstbestimmung der Völker« zu achten und ihre internationalen Streitigkeiten durch friedliche Mittel so beizulegen, »dass der Weltfriede, die internationale Sicherheit und die Gerechtigkeit nicht gefährdet werden«. Klar und deutlich steht in Artikel 2, Absatz 4 der UN-Charta: »Alle Mitglieder unterlassen in ihren internationalen Beziehungen jede gegen die territoriale Unversehrtheit oder die politische Unabhängigkeit eines Staates gerichtete oder sonst mit den Zielen der Vereinten Nationen unvereinbare Androhung oder Anwendung von Gewalt.«

Selbstbestimmung der Völker heißt, dass jedes Land nach eigenem Wunsch jedem Vertrag und jedem Bündnis beitreten darf. Das gilt auch für die Ukraine, die – wie auch die Republik Moldau und Georgien – seit Juni 2022 Bewerberland ist. Daran gab es Kritik. »Einer funktionierenden Marktwirtschaft stehen in den drei Ländern die strukturelle Stärke von Oligarchen und deren Netzwerke entgegen«, befand Barbara Lippert von der Stiftung Wissenschaft und Politik (SWP). »Ebenso fehlt es dafür an einem unabhängigen und effektiven Justizsystem samt Strafverfolgungsbehörden, die etwa gegen eine bis in höchste Kreise verbreitete Korruption und gegen organisierte Kriminalität vorgehen. Auch wegen solcher Defizite und Unsicherheiten fließen Auslandsinvestitionen nur spärlich in die drei Länder.« Außerdem könnte »eine in ihrer Tragweite noch unabsehbare Komplikation« darin bestehen, »dass die staatliche Kontrolle in der Ukraine, Georgien und Moldau nicht das gesamte Staatsgebiet abdeckt und sich dies bis auf Weiteres wohl nicht ändern wird«. Außerdem werde der Wiederaufbau vor allem in der Ukraine riesige Summen verschlingen, auch aus der EU.[50]

Das ist mir zu sehr Schwarzmalerei. Zuerst müssen wir der Ukraine mit Waffen helfen, um sich aus der russischen Umklammerung befreien zu können. Wenn das Land nach dem russischen Krieg gemeinsam wieder aufgebaut wird, wenn Investitionen aus der EU kommen, dann wird es Aufschwung und Wachstum geben, der auch die demokratischen Reformen beschleunigen wird. Ich habe als Ukraineberater von Kommissionspräsident Juncker schon 2019 mit dem neuen Präsidenten Wolodymyr Selensky gesprochen – über Reformen, Rechtsstaatlichkeit, Anti-Korruption und wie die EU dabei helfen kann. Damals zeigte ich dem obersten »Diener des Volkes« ein Foto, in dem Selensky sitzt, auf seinem Schreibtisch lief ein Aschenbecher über. Ihor Kolomojsky, zweitreichster Oligarch in der Ukraine, Förderer und Unterstützer Selenskys im Wahlkampf, der damals als »Schattenpräsident« und Russlandfreund galt, war starker Raucher, aber es war nicht jedem erlaubt, beim Präsidenten zu rauchen. Also fragte ich ihn, ob der Oligarch zu Besuch gewesen sei. Es stimmte. Aber in der Zwischenzeit hat Selensky ihm sein

Medienimperium mit dem Fernsehsender 1+1 (in dem Selenskys Shows liefen) weggenommen und seine 2016 verstaatlichte
Privatbank nicht zurückgegeben, was der IWF gefordert hatte.
Auch gegen andere Oligarchen ging Selensky vor. Gegen Kolomojsky verhängten die USA Sanktionen, und Selensky hat sich
klar von ihm distanziert. Seit September 2023 liefen Ermittlun-
gen gegen Kolomojsky wegen Betrugs und Geldwäsche. »Es wird
zweifellos kein jahrzehntelanges ›business as usual‹ mehr für diejenigen geben, die die Ukraine ausgeplündert und sich über das
Gesetz und jegliche Regeln gestellt haben«, sagte Selensky dazu.[51]

Selbstverständlich gilt auch für die Ukraine: Wenn das Land
Mitglied der EU werden will – und das hat die Regierung erklärt
–, dann muss sie die Werte der EU achten und sich für ihre Förderung einsetzen: Freiheit und Demokratie sowie die Achtung
der Menschenrechte, der Grundfreiheiten und der Prinzipien
der Rechtsstaatlichkeit. Und sie muss die drei »Kopenhagener
Kriterien« erfüllen:

»*Politisches Kriterium*«: institutionelle Stabilität, demokratische und rechtsstaatliche Ordnung, Wahrung der Menschenrechte, Achtung und Schutz von Minderheiten

»*Wirtschaftliches Kriterium*«: funktionsfähige Marktwirtschaft und Fähigkeit, dem Wettbewerbsdruck innerhalb des EU-
Binnenmarkts standzuhalten

»*Acquis-Kriterium*«: Übernahme der gemeinschaftlichen
Regeln, Standards und Politiken, welche die Gesamtheit des EU-
Rechts darstellen.

Stimmt der Rat der Europäischen Union der Aufnahme von Beitrittsverhandlungen zu (einstimmig), führt die Kommission die
Verhandlungen bei den 35 Kapiteln von Wirtschafts- über Außenpolitik, Rechtsstaatlichkeit und anderen. Vieles davon ist
noch nicht erreicht. Trotz Russlands Krieg dürfen wir ihnen
nichts versprechen, was wir nicht halten können. Geostrategie ist

kein alleiniges Kriterium im Aufnahmeprozess. Die Ukraine leidet unter und kämpft gegen Korruption, ist noch längst nicht durch Reformen genügend auf die EU vorbereitet und deswegen noch nicht beitrittsfähig. Wir müssen geduldig bleiben – und die Ukraine auch.

Westbalkanstaaten:
»Alles, nur nicht die Institutionen«

Es ist unsere Aufgabe, meint das EU-Parlament, »Frieden, Stabilität und die wirtschaftliche Entwicklung in den Ländern des westlichen Balkans zu fördern und eine Perspektive für die Integration in die EU zu eröffnen«, damit sie sich nicht Russland zuwenden oder gar China.[52] Mit Montenegro und Serbien sind Beitrittsverhandlungen und Verhandlungskapitel schon vor Jahren eröffnet worden. Albanien und Nordmazedonien sind seit Juli 2022 Bewerberland, seit Dezember 2022 Bosnien-Herzegowina, auch das Kosovo hat inzwischen den Antrag auf EU-Mitgliedschaft gestellt.

Allerdings gibt es daran Kritik: Der Balkankorrespondent der *FAZ*, Michael Martens, hat sich 2022 gegen eine Vollmitgliedschaft der sechs Balkanstaaten ausgesprochen. Das sei »das falsche Rezept zur Stabilisierung des Balkans«. Keiner sei beitrittsreif, Bosnien habe »seit Jahren keine maßgeblichen Reformfortschritte mehr gemacht«. Er empfiehlt lediglich den »Beitritt des Balkan-Sextetts zum Europäischen Wirtschaftsraum«[53] als Zwischenschritt wie bei Österreich, Finnland, Schweden, den ehemaligen Ländern der Europäischen Freihandelsassoziation (Efta), oder als Endstufe wie bei Norwegen, Island, Liechtenstein mit dem Europäischen Wirtschaftsraum (EWR) sowie mit der Schweiz auf der Grundlage bilateraler Verträge. Martens übernimmt damit Vorschläge, die das EP schon seit mehr als 15 Jahren beschlossen hat, zumeist aufgrund von Resolutionen, die ich eingereicht hatte.

Der Westbalkan hat große historische und aktuelle strategische Bedeutung für die EU. Aber die Fortschritte der Länder bei der Erfüllung vor allem der politischen Kriterien von Kopenhagen und die mangelnde Integrationsfähigkeit der EU lassen einen baldigen EU-Beitritt nicht zu. Es liegt an Bosnien-Herzegowina selbst, aus ihren zwei Teilstaaten und drei Identitäten einen funktionierenden Staat zu machen. Solange Serbien und Kosovo ihren Streit nicht ausräumen, können auch sie nicht Mitglieder der EU werden. Ich möchte solche Probleme nicht in die EU holen. Wenn wir Viktor Orbán und Miroslaw Lajčák (dem Sonderbeauftragten für den Dialog zwischen Belgrad und Pristina) folgen, die das Vetoprinzip behalten, aber gleichzeitig und schnell erweitern wollen, dann schwächen wir die EU.

Solange eine Vollmitgliedschaft nicht möglich ist, müssen wir Zwischenlösungen wie die genannten finden, die den Menschen vor allem auch ökonomische Fortschritte bringen. Wir sollten diese Länder mit einem Assoziierungsvertrag zum Europäischen Währungsraum (EWR) enger an die EU binden, damit die Menschen dort den Fortschritt erkennen können, die Verbesserung ihrer wirtschaftlichen Lage, den Nutzen für sie persönlich. Das würde ihren Enthusiasmus für die EU wecken. Wir sollten sie nicht zu lange warten lassen, vor allem die Länder des Westbalkans.

Kommissionspräsident Romano Prodi (von 1999 bis 2004 im Amt) formulierte es einmal so: »Alles, nur nicht die Institutionen.« Als EWR-Länder wären diese Staaten zwar nicht Mitglied der EU, sie übernähmen aber EU-Recht und EU-Standards; damit können sie Vollmitglieder des Binnenmarkts mit allen vier Freiheiten werden, an EU-Programmen teilnehmen und später auch Schengen beitreten, sofern sie die Sicherheitsbedingungen erfüllen.

Die EU darf sich nicht überdehnen. Es ist gut, diese Länder an Europa zu binden und ihnen zu nutzen, ohne dass sie Vollmitglied sind. Europa muss aber auch darauf achten, seine Identität zu bewahren und handlungsfähig zu bleiben. Erweiterungen könnten dazu führen, dass die Bürger sich nicht mehr wohlfühlen in Europa, weil es an Wärme fehlt, an Seele, an Identität.

Türkei: Derzeit nicht mitgliedsfähig

Die Türkei bewegt sich seit 20 Jahren eher weg von der EU und erfüllt die Bedingungen zur Aufnahme nicht. So kann das Land kein Mitglied der EU werden. Rückblickend war es falsch, Beitrittsverhandlungen mit der Türkei aufzunehmen. Das Land ist zu groß und auch wegen Erdoğans Außen- und Innenpolitik sowie des Bruchs von Rechtsstaats- und Menschenrechtsprinzipien nicht mitgliedsfähig; außerdem ist es wohl kaum zu einem Souveränitätsverzicht bereit, der für eine Mitgliedschaft nötig ist. Und doch: Die EU sollte konstruktive Beziehungen aufbauen, damit die Türkei, deren Gesellschaft in weiten Teilen nicht islamistisch ist, nicht vollständig in ein anderes Lager abrutscht. Das wäre sicherheitspolitisch verheerend. Eine gute Partnerschaft ist auch für die Türkei von Interesse, weil sie ökonomisch abhängig ist von der EU, aus der fast zwei Drittel der Auslandsinvestitionen kommen. Der Zugang zum EU-Binnenmarkt und die Zollunion sind für die türkische Wirtschaft entscheidend, kein Nachbar könnte Ersatz bieten.

Nachdem am 3. Oktober 2005 die Beitrittsverhandlungen zwischen Türkei und EU begonnen hatten, wies ich in einem Beitrag für das Magazin *Die Politische Meinung* der Konrad-Adenauer-Stiftung auf die schwierigen Verhandlungen hin. 70 Entscheidungen des Rats über die 35 Verhandlungskapitel müssten einstimmig fallen. »Sollte auch nur ein Votum davon negativ ausfallen, steht die EU vor einem Problem.« Am Ende könnten wir mit dem jetzigen Plan »am Ende nur entweder die Türkei durch ein ›Nein‹ beleidigen oder zähneknirschend zu allem Möglichen ›Ja‹ sagen.« Weitsichtiger wäre gewesen, eine dritte Option »unterhalb der Vollmitgliedschaft und oberhalb der Nachbarschaftspolitik als Alternative zu schaffen. Schließlich ist es keinesfalls sicher, ob es der Türkei gelingen wird, alle Kapitel der gemeinsamen EU-Rechtsordnung wie vorgesehen umzusetzen.« Ich nannte Zweifel an einem funktionierenden demokratischen Rechtsstaat in der Türkei, an der Einhaltung der Menschenrechte, an der Gewährleistung der Meinungsfreiheit und der Rechte der Frauen, wies auf den Einfluss alter administrativer und institutioneller Strukturen hin, vor allem des Militärs, auf Ehrenmorde und Kinderehen und auf die eingeschränkte Religionsfreiheit insbesondere für die griechisch-orthodoxe Kirche. Und ich nannte die Kosten, die entstünden, weil die Wirtschaftskraft der EU pro Kopf 22 300 Euro ausmachte, in der Türkei nur etwas mehr als ein Viertel (6300 Euro).»Wenn die heutigen EU-Regeln angewendet würden, hätte die türkische EU-Mitgliedschaft eine Verdoppelung des deutschen Nettobeitrages zur EU zur Folge (Mehrkosten sechs bis acht Milliarden Euro).«

Dennoch sei, so schrieb ich, die Türkei an die EU zu binden auch im Fall des Scheiterns wichtig: Die EU brauche Partner in einer auch künftig sowohl geostrategisch als auch wirtschaftlich wichtigen Region, und für die Türkei wäre »eine europäische Perspektive ein enormer Antrieb für die Reformen und Stabilisierung des Landes«. Ich plädierte für eine Zwischenstufe mit klarer europäischer Perspektive – jedoch unterhalb der Vollmitgliedschaft, aber mit Aussicht auf ökonomischen Erfolg der Türkei und letztlich auch mit der Option einer später folgenden Mitgliedschaft: eine deutliche privilegierte Partnerschaft im Europäischen Wirtschaftsraum (EWR+). Damit »die heutige EU ihre eigene Stabilität und ihren Wohlstand bewahrt und nicht durch Überdehnung zerbricht«. Denn:»Historisch sind viele Staatengebilde zum Zeitpunkt ihrer größten Ausdehnung gescheitert.«[54]

Hausaufgaben für die EU:
Erst Reformen, dann weitere Mitglieder

Es war im Jahr 1975, als ich Polen als Mitglied der deutsch-polnischen Schulbuchkommission erstmals besuchte. In Polen begann das Ende des Kommunismus im europäischen Osten während einer schweren Wirtschaftskrise. Nachdem Anna Walentynowicz, Kranführerin an der Lenin-Werft in Danzig, entlassen worden war, weil sie laut für die Rechte von Arbeitern eingetreten war, demonstrierten Arbeiter an mehreren Orten im Land. Daraus entstand die Gewerkschaft Solidarność, die am 17. September 1980 offiziell gegründet und schließlich als erste unabhängige Arbeitnehmervertretung in einem sozialistischen Land zugelassen wurde. Der Danziger Elektriker Lech Wałęsa führte sie an. Die Arbeiter forderten neben der Freilassung von Walentynowicz höhere Löhne statt der Preissteigerungen für Lebensmittel, und sie traten ein für Bürgerrechte und damit für Demokratie und Freiheit. Die Regierung konnte die Proteste nicht unter Kontrolle bekommen, weshalb sie am 13. Dezember 1981 auf Druck aus Moskau das Kriegsrecht verhängte, die Solidarność verbot und ihre Anführer verhaftete. Auch in diesen Jahren war ich mehrfach dort. Die Proteste setzten sich fort, die Regierung konnte das Land nicht beruhigen – bis es 1989 zu einem »Runden Tisch« zwischen Regierung und Gewerkschaft kam, dessen wichtigstes Ergebnis freie Wahlen waren. Die Gewerkschaft trat als Bürgerkomitee an und erhielt 99 Prozent der Stimmen. Lech Wałęsa, den ich erst 1989 persönlich kennenlernte, wurde erster Präsident eines Lands, das sich schnell in Richtung Marktwirtschaft entwickelte.

Den polnischen Städten sieht man die großen Fortschritte an, die verbesserten Lebensbedingungen. Polen ist seit zwanzig Jahren Mitglied der EU und hat durch Reformen, die Kohäsionspolitik der EU und den Binnenmarkt ein sechsmal so hohes Bruttoinlandsprodukt wie 1990. Das hat für politische und wirtschaftliche Stabilität gesorgt.

Auch die EU muss Probleme lösen, ihre eigenen. Je mehr Mitglieder, desto schwerer wird es, im Rat – wo das noch nötig ist – einstimmige Entscheidungen zu erzielen. Wir sehen, wie unerquicklich die nationalen Egoismen Vereinbarungen bei der Migration verhindert haben, wie lange wir schon bei der Außen- und Sicherheitspolitik kaum vorankommen, wie ein Quertreiber wie Orbán unsere Sanktionspolitik zu torpedieren versucht. Deswegen muss es klar sein, dass Reformen eine entscheidende Bedingung für die Erweiterung der EU sind. Solange die Gemeinschaft ihre Entscheidungsfähigkeit nicht verbessert, kann sie nicht erweitert werden. Wir brauchen Mehrheitsentscheidungen statt Einstimmigkeit auch in wesentlichen Fragen der Außen-, Sicherheits- und Verteidigungspolitik, bei Handels- und Haushaltsfragen und beim Entscheidungsmechanismus, sonst lähmt sich die EU bei demnächst 35 oder mehr Mitgliedsländern. Bevor die EU neue Mitglieder aufnimmt, braucht sie institutionelle Veränderungen (siehe Seite 223ff.).

Das wäre auch im Interesse der kleineren Länder, die fürchten, von den großen dominiert zu werden. In der EU sitzt jedes Land, ob groß oder klein, an jedem Tisch von Entscheidungen, im Rat und in der Kommission. Wenn das aber zur Blockade der EU per Veto führt – zum Beispiel in der zunehmend wichtigen Außen- und Sicherheitspolitik –, dann sehen wir Ansätze, dass die Deutschen, die Franzosen, auch Großbritannien und noch ein, zwei andere Staaten Entscheidungen außerhalb der EU suchen, ohne die kleinen Länder. Wenn die kleinen Länder auf ihr Veto bestehen, werden ein paar europäische »Großmächte« die Außenpolitik wieder unter sich selbst ausmachen. Das können die »Kleinen« nicht wollen.

Mit Blick auf Erweiterungen muss klar festgehalten werden: Die Erweiterung der EU war und ist Sicherheitspolitik, denn sie diente der Stabilisierung der mittelosteuropäischen Staaten. Dass Länder wie Polen, Ungarn und Bulgarien – bei allen Problemen

– sich dabei auch zu Rechtsstaatlichkeit und Gewährleistung anderer, für die Bürger wichtiger Prinzipien verpflichtet haben, hat auch die dortige Wirtschaft beflügelt. Doch die EU ist kein Basar, sie ist ein Staatsgebilde sui generis. Es funktioniert nur, wenn die Gesetze für alle verbindlich gelten, wenn nicht jede Nation beliebig entscheiden kann, welches Gesetz in ihrem Land gilt und welches nicht. Deshalb dürfen die beitrittswilligen Staaten Ehrlichkeit erwarten. Die sogenannten Fortschrittsberichte der Kommission melden jedoch immer recht vage, es gebe Fortschritt; aber man erkennt ihn nicht. Diese Unehrlichkeit schadet auch diesen Ländern. Versäumnisse müssen klipp und klar kommuniziert werden. Serbiens Präsident Aleksandar Vučić sagte mir: »Elmar, wir mögen dich, weil du der Einzige aus Brüssel bist, der uns klar und deutlich die Wahrheit sagt, auch wenn es erst einmal wehtut.« Vučić sagte mir auch einmal: »Unser Herz ist in Moskau, unser Verstand ist in Brüssel.« Dadurch erschien er mir glaubwürdig. Seit Putins Angriffskrieg 2022 scheint mir bei ihm der alte Panslawismus mit allen religiösen, ideologischen Bestandteilen Vorrang gewonnen zu haben.

Die Diskussion über die Aufnahme der ehemaligen jugoslawischen Teilstaaten auf dem Westbalkan hat mit Sicherheitspolitik und Geopolitik zu tun. Ob Serbien den panslawistischen Weg geht und welchen Einfluss die Türkei und Saudi-Arabien in den Balkanländern ausüben können, sind Fragen der Sicherheitspolitik mit hoher Bedeutung für Europa und Deutschland. Ich ergänze ausdrücklich: Der Westbalkan und die Ukraine haben nicht nur aus historischer Verantwortung einen Anspruch auf Mitgliedschaft. Ich habe davor keine Angst. Die Ukraine ist ein 40-Millionen-Volk, aber einige sind größer an Einwohnerzahl und Wirtschaftskraft. Es wäre eine große Stärkung für uns und mit Blick auf den neuen Imperialismus Moskaus auch ein Zuwachs an Sicherheit. Der preußische Stratege Clausewitz hat einmal kurzgefasst geschrieben: Sorge dafür, dass der Nachbar deines möglichen Feindes dein Freund ist. Eine selbstständige Ukraine zwischen uns und Russland lässt uns ruhiger schlafen.

EU-Erweiterung:
Wir müssen die Identität der Völker achten

Alle Länder Mittel- und Osteuropas, die 2004 und 2007 Mitglied der EU wurden, wollten das westliche demokratische Modell. Alle. Auch die Bevölkerung wollte das, selbst in Polen und Ungarn waren 80 Prozent der Menschen für die Mitgliedschaft. Leider haben in manchen Staaten Regierungen aus Gründen des Machterhalts den entscheidenden Punkt unserer Vorstellungen von Europa nicht mehr akzeptiert: Freiheit und Rechtsstaatlichkeit. Das ist eine sehr gravierende Herausforderung für die Glaubwürdigkeit und den Bestand der EU.

Schon als die EU in den 1990er-Jahren Neumitglieder aufnahm, als sie sich 2004 darauf vorbereitete, zehn weitere Staaten in den Bund aufzunehmen, 2007 noch einmal zwei, gab es viel Kritik an hohen Kosten von Ökonomen, aus Parteien und Medien und aus allen EU-Ländern. Ihre Skepsis hat sich als falsch erweisen. Das war schon so bei den Erweiterungen um Spanien und Portugal.

Einige im EP plädierten dafür, an den Dolmetscherkosten zu sparen und sich auf die Kernsprachen zu beschränken, wie die Vereinten Nationen es tun, die nur sechs Amtssprachen kennen, während es bei der EU inzwischen 24 sind. Als Hauptberichterstatter für die Erweiterung, der ich von 1999 bis 2007 war, gehörte ich zu denen, die das verhinderten. Ich tat das, um an etwas Grundsätzlichem festzuhalten, das die EU zusammenhält: Alle Nationen haben eine Identität, und die geben sie nicht ab, wenn sie sich der Gemeinschaft anschließen. Und weil auch die Menschen in Estland, Lettland, Litauen, Malta, Polen, der Slowakei, Slowenien, Tschechien, Ungarn und Zypern sowie in Bulgarien und Rumänien einen Anspruch darauf haben, ihre Identität in der EU behalten zu dürfen, sind deren Sprachen genauso wertvoll wie die deutsche, englische, französische. Wer das ändern will, untergräbt das Fundament der EU. In einem direkt gewählten Parlament – das EP ist kein Diplomatenparlament – muss jeder Bürger unabhängig vom Bildungsstand das Recht auf gleiche Mitwirkungsmöglichkeiten haben. Die Arbeit von mehr als 5000 Übersetzern und Dolmetschern kostet die EU deutlich mehr als eine Milliarde Euro. Aber wie teuer es auch immer sein mag: Ein zentralistisches Europa, das die Identität der Völker nicht achtet, würde zu Recht scheitern.

Die angebliche Gefährdung der Identität ist gegenwärtig das vielleicht wirkmächtigste Argument der antieuropäischen Populisten. Gerade bei den jüngeren Mitgliedstaaten, die schlechte Erfahrungen mit Zentralismus gemacht haben, müssen wir deshalb so agieren, dass die Nationen und auch die Minderheiten nicht befürchten müssen, die EU könnte ihre jeweilige Identität (Sprache, Kultur, Geschichte, Religion) zerstören.

Gemeinsam stark sein: EU-Handelspolitik ist Sicherheitspolitik

Es ist wahr: Deutschlands Wohlstand beruhte wesentlich darauf, dass wir unsere Verteidigung an die USA delegiert, billige Energie aus Russland bezogen und massenhaft nach China exportiert haben. Dass drei Bundeskanzler behauptet hatten, Gazprom und Nord Stream 2 hätten nichts mit Politik zu tun und seien ein rein wirtschaftliches Projekt, zeugt von erschreckender Naivität. Öl und Gas bedeuten Macht. Spätestens seit Moskaus Krieg in der Ukraine mussten wir erkennen, dass wir abhängig und politisch erpressbar sind.

Gelernt haben die Deutschen daraus offenbar nicht viel. Einige der in Russland involvierten deutschen Unternehmen wiederholen die Fehler in China. Rund die Hälfte der dortigen europäischen Direktinvestitionen stammt von deutschen Firmen, der größte Teil davon von vier deutschen Unternehmen. Volkswagen bilanziert rund 40 Prozent seines Absatzes in China und produziert dort inzwischen mehr Autos als in Wolfsburg. Dabei werden deutsche Unternehmen in China seit zwei Jahrzehnten über den Tisch gezogen. Mehrheitsbeteiligungen sind ihnen untersagt, Investitionen bedingen Technologietransfers, und sobald die Chinesen das Know-how erworben haben, werden sie zu Konkurrenten. Nicht anders als Putin ist Xi ein Diktator, und die deutsche Wirtschaft frisst auch diesem aus der Hand. Sollte China seine Arme nach Taiwan ausstrecken, wäre auch diese Handelsbeziehung zu Ende.

Es müsste doch für alle erkennbar sein, dass die chinesische »Belt and Road«-Initiative kein wirtschaftliches Projekt ist, sondern ein globales, mit dem China seinen weltpolitischen Machtanspruch untermauern will. Xi stellt 900 Milliarden Dollar zur Verfügung und lässt damit in 65 Ländern Infrastrukturprojekte für den See- und den Landweg bauen. China reicht diese astronomische Summe als Kredite zu einem relativ hohen Zinssatz an seine Partner weiter, die für 90 Prozent der Baumaßnahmen chinesische Unternehmen beschäftigen müssen. Damit schaffen die Chinesen Abhängigkeiten, die ihnen strategisch langfristig nützen – nicht nur gegenüber Europa, sondern im Kaukasus und in Asien, in Afrika und Lateinamerika. Geduldig und mit viel Geld hat China vielfältige politische, ökonomische und kommunikative Netzwerke aufgebaut. China hat klar erkannt: Handelspolitik ist auch Sicherheitspolitik. Und Peking handelt entsprechend.

Auch deutsche Wirtschaftspolitiker orientieren sich zu sehr an dem Staat, der schon unsere Solarindustrie ruiniert hat, die mit Unternehmen wie SolarWorld von Frank Asbeck Weltmarktführer gewesen war. Für den Preisverfall und seine Insolvenz machte Asbeck später »die extreme chinesische Überproduktion und deren Notverkäufe zu Dumpingpreisen« verantwortlich.[55]

Tatsächlich hatte die EU deshalb 2015 ein Dumpingverfahren gegen China ausgelöst. Kurz bevor Angela Merkel mit einer deutschen Wirtschaftsdelegation nach Peking fliegen wollte, klingelte bei Kommissionspräsident Juncker das Telefon. Ich saß bei ihm, als eine Anruferin aus dem Bundeskanzleramt ihn bat, das gerade angelaufene Dumpingverfahren gegen chinesische Produzenten von Solaranlagen zu beenden, damit deutsche Unternehmen ihre Autos weiter ungestört in China verkaufen dürfen. Damals hatten wir noch eine moderne und florierende Solarindustrie. Heute ist davon nicht viel geblieben, chinesische Unternehmen beherrschen den europäischen Markt. Gerade in diesen Tagen der Energiekrise können wir dies alle spüren, weil »Lieferschwierigkeiten« den Ausbau von Photovoltaik in Europa und vor allem auch in Deutschland hemmen und verzögern.

Auch der Transrapid fährt heute nicht zum Münchner Flughafen, sondern in Shanghai. Die gleiche Blindheit gegenüber den Chinesen führte dazu, dass die Troika unter Druck von Bundesfinanzminister Wolfgang Schäuble die Griechen zwang, den Hafen Piräus an die Chinesen zu verkaufen. Auch beim 5G-Netz machen wir uns abhängig von China, von Huawei. Über die Frage, die chinesische Firma beim Netzausbau aus Sicherheitsgründen auszuschließen, kam es auf dem Parteitag im Herbst 2019 zu einem Zerwürfnis zwischen dem Vorsitzenden des Auswärtigen Ausschusses Norbert Röttgen, der sich damals Hoffnungen auf den Parteivorsitz machte und dem auch ich in der Frage Huawei zuneigte, und der größeren Gruppe um Bundeskanzlerin Merkel und Wirtschaftsminister Peter Altmaier, die an Huawei festhielten.[56] Röttgen blieb misstrauisch gegenüber dem chinesischen Unternehmen, das gesetzlich dazu verpflichtet ist, mit Chinas Sicherheitsbehörden zu kooperieren; er fürchtete »um die digitale Souveränität Europas«.[57] Das sah bald auch London so und schränkte die Zusammenarbeit ein. Deutschland nicht. Die USA warnten deshalb, sie würden den Austausch von Geheimdienstinformationen einschränken. US-Außenminister Mike Pompeo warnte in Berlin konkret vor einer eingeschränkten Weitergabe von Erkenntnissen der Abhörallianz »Five Eyes«.

Die Frage Huawei ist bis heute nicht zufriedenstellend geklärt, das Misstrauen gegenüber den Chinesen ist groß und begründet. In all den Jahren hätte die EU gut daran getan, die Entwicklung einer europäischen G5-Technik voranzutreiben. Wir haben mit Ericsson oder Nokia zwei Unternehmen, die dasselbe so gut können wie Huawei, aber noch klein sind. Das wäre eine gesamteuropäische industriepolitische Aufgabe. Warum vergeben wir Aufträge nicht an Ericsson und Nokia? Eventuelle höhere Kosten sind Investitionen in die Zukunft, in eine eigene Wirtschaft und Sicherheit.

Um konkurrenzfähig zu sein, muss die EU für einen funktionsfähigen digitalen Binnenmarkt sorgen. Dafür muss sie eigenständige Strukturen schaffen, gemeinsame europäische Regeln, damit große europäische Unternehmen entstehen können, wo wir bisher höchstens nationale haben. Wir müssen den europäischen Digitalunternehmen einen großen gemeinsamen Markt anbieten, damit sie wettbewerbsfähig produzieren können. Solange wir keine konkurrenzfähigen europäischen Unternehmen haben, werden wir der Vormacht der US-Riesen nichts entgegensetzen können und völlig abhängig von den Googles, Amazons und Huaweis bleiben. Wir müssen in europäische Clouds und Cybersecurity investieren. Kritische, strategisch wichtige Forschungseinrichtungen, Unternehmen, Produkte und Infrastrukturen brauchen europäische Instrumente für ein Investitionsscreening; auch Investitionsverbote sollten erwogen werden, ohne in Protektionismus zu verfallen. China und die USA machen das schon lange.

Der digitale Binnenmarkt ist eine gemeinsame europäische Aufgabe, zu der die Nationalstaaten beitragen müssen, indem sie die Infrastrukturen entwickeln und ihre Bildungspolitik zukunftsfähig machen. Dieser digitale Binnenmarkt muss den Rahmen schaffen, in dem Skaleneffekte in gleicher Weise möglich sind wie im klassischen Binnenmarkt, der Europa stark gemacht hat. Daten sind das Benzin der digitalen Wirtschaft, und die EU-Datenschutzgrundverordnung vom Mai 2019 sorgt dafür, dass die Daten unseren Werten gemäß geschützt werden; dass die Netzdaten von Verbraucherinnen und Verbrauchern nicht an andere Nutzer weitergegeben werden, wie das in den USA geschehen war, als das Unternehmen Cambridge Analytica die Facebook-Daten von 87 Millionen Nutzern für den US-Präsidentschaftswahlkampf auswertete und nutzte. Solche Regeln schließen außerdem aus, dass die Menschen wie in China auf eine Weise kontrolliert werden, gegenüber der die Visionen von Orwell und Huxley Kinderbücher sind.

Unglücklicherweise wollten wir in Deutschland wieder besonders perfekt sein:

Die Datenschutz-Grundverordnung hat 99 Artikel und wurde vom Europäischen Parlament und vom Rat auf Vorschlag der Kommission ganz bewusst als Verordnung beschlossen. Ein europäischer Rechtsakt wird deshalb als Verordnung formuliert, da diese unmittelbar und gleichzeitig in allen 27 Mitgliedstaaten gilt und damit 27 unterschiedliche Regelwerke durch ein einziges europäisches Gesetz ersetzen kann. Eine solche Verordnung soll gerade in wirtschaftlich relevanten Bereichen mit nationaler Überregulierung Schluss machen und für den gesamten EU-Binnenmarkt ein einheitliches Level-Playing-Field schaffen, was gerade im Digitalbereich wichtig für Europas Wettbewerbsfähigkeit wäre, da Daten bekanntlich keine Grenzen kennen. Doch die deutschen Verhandlungsführer unter Federführung des Bundesinnenministeriums kämpften vier Jahre lang darum, aus der Verordnung doch (nur) eine Richtlinie zu machen, damit das in Jahrzehnten in Deutschland gewachsene, aus mehreren Tausend Vorschriften bestehende und stark verästelte deutsche Datenschutzrecht fortbestehen konnte. Das Europäische Parlament stimmte dennoch für eine Verordnung, woraufhin Deutschland versuchte, nun auf nationaler Ebene nachzulegen. Während in allen anderen EU-Staaten die 99 Artikel der Datenschutz-Grundverordnung direkt angewandt werden und nur um wenige Durchführungsvorschriften ergänzt worden sind, hat Deutschland auf Bundes- und Landesebene inzwischen mehr als 4000 allgemeine und sektorielle Datenschutzregelungen ergänzend zur Datenschutz-Grundverordnung getroffen. Damit nicht genug: Während in 26 EU-Staaten jeweils eine einzige Datenschutzbehörde mit der innerstaatlichen Überwachung und Kontrolle der Datenschutz-Grundverordnung beauftragt ist, leistet sich Deutschland den regulatorischen Luxus, neben einem Bundesdatenschutzbeauftragten weiterhin 17 Landesdatenschutzbehörden einzurichten – eine für jedes Bundesland, für Bayern sogar zwei –, ergänzt um eigene Datenschutzbehörden für die Kirchen und für den Rundfunk. Ergebnis: In Deutschland wetteifern 41 Datenschutzbehörden um die richtige Auslegung der europäischen Datenschutzregeln und die Höhe der bei Verstößen zu verhängenden Geldbußen.[58] Ein Albtraum für die deutsche Digitalwirtschaft. Ein kleiner Lichtblick ist, dass der Europäische Gerichtshof sehr zu Recht eine deutsche Datenschutzvorschrift nach der anderen wegen Verstoßes gegen die einheitliche Datenschutz-Grundverordnung für unionsrechtswidrig erklärt. Doch viel besser wäre es, wenn die deutsche Politik endlich den Mut und Weitblick hätte, eine europäische Verordnung im Inland einfach eins zu eins anzuwenden – und nicht durch natio nale Überregulierung und Bürokratie ins Gegenteil zu verkehren. Den Menschen aber hat die laute und emotionale Debatte über die Datenschutzgrundverordnung nur Angst bereitet.

Sorgen bereitet mir die zunehmende Abhängigkeit von chinesischen Importen und Exporten, die noch tiefgreifender und umfassender ist als die von Russland und die immer weiter ausgebaut wird. Die nächste Branche, die China beherrscht, wird die Logistik sein, wo Cosco auf dem Weg zum Weltmonopol ist. Kurz bevor er im Herbst 2022 nach China reiste, sprach Kanzler Scholz ein Machtwort, wonach Cosco 24,9 Prozent des Hamburger Containerhafens Tollerort übernehmen darf. Die Genehmigung kam wenige Tage, bevor Scholz mit einer Wirtschaftsdelegation nach China flog. In der *FAZ* begründete Scholz seine Reise so: »Natürlich wird dieses Land mit seinen 1,4 Milliarden Einwohnern und seiner wirtschaftlichen Stärke künftig eine bedeutende Rolle auf der Weltbühne spielen – so wie übrigens über weite Strecken der Weltgeschichte hinweg. Daraus lässt sich aber ebenso wenig die Forderung mancher nach einer Isolierung Chinas ableiten wie ein Anspruch auf hegemoniale Dominanz Chinas oder gar eine sinozentrische Weltordnung.« China werde ein wichtiger Wirtschafts- und Handelspartner für Deutschland und Europa bleiben, er wolle kein »Decoupling«, keine Entkopplung von China, auch wenn Präsident Xi Jinping chinesische Technologien einsetzen wolle, um »die Abhängigkeit internationaler Produktionsketten von China zu verschärfen«. Wo es riskante Abhängigkeiten gebe, etwa bei wichtigen Rohstoffen, manchen seltenen Erden oder bestimmten Zukunftstechnologien, stellen sich deutsche Unternehmen bereits breiter auf. Bei Coscos Beteiligung bleibe »die volle Kontrolle des Terminals bei der Stadt Hamburg und der Hafengesellschaft. Diversifizierung und Stärkung unserer eigenen Resilienz statt Protektionismus und Rückzug auf den eigenen Markt – das ist unsere Haltung, in Deutschland und in der Europäischen Union.«[59] Die deutsche Politik macht sich zum Büttel Chinas, während der weltgrößte Graphit-Produzent zugunsten der nationalen Sicherheit den Export des Rohstoffs einschränkt, der für Batterien von Elektrofahrzeugen gebraucht wird.[60]

2021 rechnete ich mit der Chinapolitik Berlins und Brüssels ab: »Zu glauben, man könne über Kooperationen zu einer Annäherung kommen, ist kolossal gescheitert. Wandel durch Annäherung funktioniert nicht mit den chinesischen Kommunisten«, sagte ich in der *Bild*-Zeitung. China betreibe Außenpolitik über Handel. Ich verlangte »völlige Vergleichbarkeit der gegenseitigen Marktzugangsbedingungen«. Wenn europäische Firmen in China keine Mehrheiten an Firmen halten dürfen, immer einen chinesischen Partner akzeptieren müssen, »dann muss das hier auch verboten werden«. Das gelte auch für Auftragsvergaben, und bei strategisch wichtigen Dingen verlangte ich Handels- und Verkaufsverbote. »Wir müssen uns jetzt entscheiden, ob wir in zehn Jahren nur noch eine Weltmacht haben wollen: China. Oder ob wir als Deutschland mit den USA zusammen unsere eigenen Interessen gegenüber China und in der Welt vertreten wollen.«

Warum setzen wir nicht mehr auf Indien? Indien ist ein großer Markt, überflügelt China. Trotz aller Mängel der dortigen Demokratie ist es keine Diktatur. Das Land hat kluge und gut ausgebildete Leute, gerade im digitalen Bereich, die meistens Englisch sprechen. Ein Handelsvertrag mit Indien bis hin zu offenen Märkten ist im europäischen Interesse.

Sowohl Xi als auch Putin haben Handel und Wirtschaft, Energie und Infrastruktur (Seidenstraße, Pipelines, Häfen) immer als Teil ihrer umfassenden Außen- und Sicherheitspolitik verstanden. Das gilt auch für die USA. Dass Donald Trump in wesentlichen Bereichen der Wirtschaft die westliche Allianz aufkündigte, konnte mit Blick auf Nord Stream 2 auf sicherheitspolitische Bedenken zurückgeführt werden. Gleichzeitig war es aber eine Strategie, um den USA den Verkauf ihres Flüssiggases nach Europa zu ermöglichen. Übrigens: Obwohl man den Amerikanern nicht vorwerfen kann, sie seien nicht marktwirtschaftsorientiert, legte Barack Obama vor Jahren ein Veto gegen den Verkauf eines Windparks in Oregon an ein chinesisches Unternehmen ein. Auch den Bau eines Windparks in der Nähe eines

Marinestützpunkts verbot er – aus Sicherheitsbedenken. Zuvor hatte schon George Bush Sr. einem chinesischen Luftfahrtunternehmen unter Hinweis auf die nationale Sicherheit untersagt, ein US-Werk zu übernehmen.[61]

Auch die Europäische Union hat Macht, sie ist die größte Handelsmacht der Welt, sie hat den am besten funktionierenden Binnenmarkt, besser als der amerikanische. Europa ist nach China die größte Handelsmacht der Welt mit Exporten im Wert von rund 2,75 Billionen Dollar. Die USA führen Waren im Wert von 2,1 Billionen Dollar aus, China kommt auf 3,6 Billionen Dollar. Diese Marktmacht und die Währungsunion machen die eigentliche Kraft Europas aus; verteidigungs- und sicherheitspolitisch sind wir dagegen ziemlich schlapp, weil wir unsere Sicherheitspolitik auf Diplomatie aufgebaut haben. Deshalb müssen wir lernen, unsere Wirtschaftskraft einzusetzen, auch in den internationalen Beziehungen.

Sicherheit und Macht eines Staats lassen sich längst nicht mehr allein an der Zahl der Panzer, Raketen und Soldaten ablesen. Unsere Sicherheit hängt auch nicht davon ab, ob wir unsere Investitionen in die Verteidigung auf zwei Prozent des Bruttosozialprodukts erhöhen, was ja wegen der zersplitterten europäischen Rüstungsindustrie vor allem ein Verkaufsprogramm für die US-Industrie ist. Auch Marktmacht kann der Sicherheitspolitik dienen. Die EU sollte sich unabhängiger und gleichzeitig stärker machen.

Xi, Putin und Trump werden wahrscheinlich darin übereinstimmen, dass die EU bei der Aufteilung der Erde stört. Sie möchten das Gefecht lieber untereinander austragen, die EU spalten und teilen. Aus den USA ist bereits zu hören: Wenn Trump wiederkehrt, will er nicht mehr mit der EU reden, sondern versuchen, mit einzelnen EU-Staaten zu sprechen. Umso mehr wird die EU gebraucht, und wir dürfen uns nicht auseinanderdividieren lassen.

Ein unsicherer Kantonist:
Was, wenn Trump zurückkehrt?

Mit dem Transatlantischen Freihandelsabkommen (TTIP) zwischen EU und USA wollten wir vor zehn Jahren Hindernisse beim gegenseitigen Marktzugang abbauen und Lebensmittelgesetze, Umwelt- und Gesundheitsstandards angleichen. Eine sehr diverse Bewegung gegen den Freihandel entfachte eine Kampagne: Linke Globalisierungsgegner und Umweltbewegte, Wissenschaftler und Bürgerrechtler, Gewerkschafts- und Mieterbund, NGOs und Antiamerikanisten, Rechtspopulisten und Nationalisten machten sich gemein mit Donald Trump und seinen Anhängern in den USA.[62] Der größte Teil der Unterzeichner einer Unterschriftenaktion gegen TTIP kam ausgerechnet aus dem Exportland Deutschland.

Europa steht heute wirtschaftlich so gut da, weil auf zwei Drittel unserer Exporte keine Zölle erhoben und alle Standards anerkannt werden. Das wird heute als Selbstverständlichkeit abgehakt. Hätten wir unterschiedliche Normen, würde das für Protektionismus genutzt. Was ein Land außerhalb der EU zu gewärtigen hat, lernen gerade die Briten. Warum also wollte die Europäische Union TTIP? Banal betrachtet wegen der erwarteten ökonomischen Effekte und der Einsparungen durch Beseitigung von ungerechtfertigten Handelshemmnissen. Ein tiefgreifenderer Aspekt war jedoch, dass die großen Demokratien auf beiden Seiten des Atlantiks mit diesem Abkommen gemeinsame Standards hätten setzen können, darunter auch Umwelt-, Sozial- und Menschenrechtsstandards. Das hätte den Beschäftigten und der »westlichen« Wirtschaft insgesamt genutzt.

Aber die Bundeskanzlerin war nicht mit der nötigen Begeisterung dabei. Ihre beste Rede zu TTIP hielt sie in Washington, vor der Chamber of Commerce. Im Inland hat sie wie auch Obama, der sich auf ein Pazifikabkommen konzentrierte, die nötige Vehemenz vermissen lassen. In Berlin fehlten politischer Wille und

Druck. Selbst die Unternehmen waren unbestimmt, sie begleiteten TTIP wohlwollend. Aber statt sich mit einer Anzeige in der *FAZ* zu begnügen, wäre es sinnvoller gewesen, den Beschäftigten in den Betrieben klarzumachen, dass von solchen Handelsabkommen ihr Brot abhängt.

Als ich zu dieser Zeit in Washington war, kam mir am Eisenhower Executive Office Building neben dem Weißen Haus ein Mann entgegen, mit wehendem Mantel und Starbucks Coffee in der Hand. Es war Michael Froman, der Handelsbeauftragte des Präsidenten. »Elmar, du in der Stadt? Komm mit rein. Du musst mich trösten.« Ich schaute ihn fragend an. »Bei mir waren gerade die Sozialisten mit Bernd Lange vom Handelsausschuss des EP. Er erklärte mir, aus welchen Gründen TTIP nicht geht. Du musst mein Gemüt aufhellen.«

Froman beklagte Obamas Priorität für das Pazifikabkommen. In Europa ist TTIP fast ausschließlich an denen gescheitert, vornehmlich aus Deutschland und Österreich, die von allen Seiten die höchsten Umwelt- und Sozialstandards verlangen. Wenn wieder mal jemand die Chlorhühnchen bemühte, um sein Nein zu erklären, sagte ich: Im Sommer schubsen wir unsere Enkelkinder in Chlorwasser. Und ob ein Chlorhühnchen gefährlicher ist als ein mit Antibiotika vollgepumptes deutsches Masthuhn zweifelte ich auch an. Selbst Jürgen Trittin machte darauf aufmerksam, dass nicht nur die Hühnchen in den USA in Chlor gebadet werden, sondern auch unser Salat.

Aber es half nichts. Mit dem Scheitern von TTIP war eine große Chance vertan. Es blieb eine Lücke, in die andere Mächte hineinstoßen werden und es schon tun: China. Wollen wir wirklich den Chinesen die Chance geben, auf Dauer die Weltstandards in der Industrie zu setzen?

Ohnehin hätte Trump TTIP genauso abgeräumt wie das Transpazifische Freihandelsabkommen. Er legte auch die Welthandelsorganisation lahm und kündigte des Pariser Klimaabkommen auf. Mit all dem hat er einem regelbasierten Multilateralismus einen ökonomischen und sicherheitspolitischen Tort angetan. Er wendete sich China zu und wirtschaftspolitisch nicht nur von Europa ab. Mit dem Austritt aus dem Pazifikabkommen verloren die Pazifikanrainer ihren Schutz gegen die aggressive, auch außenpolitisch motivierte Handelspolitik Chinas. Trumps Vorgänger hatte diesen Vertrag ausgehandelt, nicht so sehr aus ökonomischen Gründen, sondern um die beiden Amerikas, die Japaner, die Australier durch eine Kooperation gegen den ökonomischen Einfluss Chinas zu schützen.

Trump erkannte nicht, dass diese beiden Verträge mit Partnern auch unter dem Gesichtspunkt der Verteidigung der Demokratie und der wirtschaftlichen Interessen zu sehen waren. Offensichtlich gab es für ihn keine westliche Strategie, sondern nur eine amerikanische, die sich am wirtschaftlichen Erfolg allein maß. Europa konnte und kann sich auf die Zuverlässigkeit der USA nicht mehr so bedingungslos verlassen wie zu Zeiten des Kalten Kriegs. Was also, wenn Donald Trump wiederkehrt? Oder auch nur dessen Politik?

Japanische Politiker sind zurückhaltende Menschen. Umso überraschender, wie offen der japanische Außenminister Tarō Kōno mir im Juni 2019 seine Sorgen ausbreitete. Er glaube, dass es zwischen Xi und Trump ein gewisses Einverständnis über die Aufteilung der Pazifikregion gebe. Und Japan liege auf der falschen Seite von Hawaii. Auch er wollte sich also nach Trumps Aufkündigung der handelspolitischen Kooperation nicht mehr auf militärische Unterstützung durch die USA verlassen.

Mit der EU hatte Japan bereits 2017 ein Freihandelsabkommen abgeschlossen, Jefta, mit dem die europäische Wirtschaft jährlich eine Milliarde Euro spart. Auch Kanada, Vietnam, Indien und viele andere Staaten haben bilaterale Verträge mit der EU abgeschlossen oder möchten das noch tun. Aber wir ratifizieren Mercosur nicht, was auch an Frankreich lag, das sich wegen möglicherweise billigen Importen um seine Bauern sorgte. Das ist übrigens seit dem Merkantilismus von Colbert in Frankreich so: Der Exporteur wird geadelt, der Importeur geköpft. Diese Tradition ist verantwortlich dafür, dass wir bei Fragen des freien Handels oft uneinig sind. Auch Abkommen mit Indien betreibt die EU nicht offensiv genug. Mit Australien sind wir gescheitert wegen ein paar Tonnen Fleisch. Trotzdem ist die EU führend mit ihrem weltweit größten Netzwerk von 36 Freihandelsabkommen, angestrebt werden modernisierte Handelsabkommen mit Partnern in Lateinamerika und im indopazifischen Raum, darunter Chile, Mexiko, Südamerika (Mercosur, Argentinien, Brasilien, Paraguay, Uruguay), Australien, Indonesien und Indien sowie Thailand.[63] Das ist die größte Freihandelszone der Welt.

Erwiesen ist bei all diesen Freihandelsabkommen, dass sie Prosperität und Arbeitsplätze mehren. Solche Wohlfahrtsentwicklungen wären unmöglich, wenn Populisten und Nationalisten die EU wieder in autarke und gegenseitig abgegrenzte Nationalstaaten zerstückelten. Allein schon die Mängel an Rohstoffen und Energieressourcen in Europa zeigen den Irrsinn derartiger Autarkiefantasien.

Die großen Wirtschaftsnationen der Welt, die Gruppe der Sieben (G7), sind die USA, Kanada, Japan, Italien, Frankreich, Großbritannien und Deutschland. Ihr Vorsprung gegenüber den BRICS-Staaten – Brasilien, Russland, Indien, China und Südafrika – ist nicht nur geschmolzen, sondern deren gemeinsames Bruttosozialprodukt liegt über dem der G7. Auch wenn sie nicht so tief integriert sind wie die EU, sind sie doch gemeinsam eine wirtschaftliche Macht, besitzen die Rohstoffe der Zukunft und repräsentieren ungefähr die Hälfte der Weltbevölkerung. Noch brauchen sie die Märkte der EU und der USA.

Wie lange es die G7 noch geben wird, ist fraglich. In einigen Jahren wird kein einzelner europäischer Staat mehr dazugehören. Alles läuft auf einen Duopol von Peking und Washington hinaus, auf ein G2. Der damalige UN-Generalsekretär António Guterres riet mir 2019 in einem Gespräch am Rande der Verleihung des Karlspreises in Aachen, die EU müsse sich bemühen, Teil eines dritten Blocks neben den G2, China und die USA, zu werden – zusammen mit den Demokratien Lateinamerikas, des Pazifiks und teilweise des asiatischen Raums. Er wiederholte diesen Rat, als er mich 2020 – da war ich schon Politrentner – in der Uno in sein Büro rief. Ein solcher Verbund könnte versuchen, die Welthandelsorganisation und den regelbasierten Multilateralismus zu reanimieren. Ob das gelingt, ist für die Beteiligten eine existenzielle Frage. Derartige existenzielle Herausforderungen können weder Luxemburg oder Österreich noch Deutschland allein erfolgreich bewältigen. Nur gemeinsam können es die Europäer schaffen, die Demokratien zu einer Zollunion zusammenzubringen.

Doch wir werfen uns selbst Knüppel zwischen die Beine: Bei den Bemühungen, den Mercosur-Handelsvertrag mit Südamerika zu renovieren, forderten deutsche Grüne, die europäischen Standards in Umwelt- und Menschenrechtspolitik und im Arbeitsrecht müssten erfüllt werden. Dabei ist es unsinnig, diesen Vertrag nur unter der Bedingung zu ratifizieren, dass die Sozialpolitik von Hubertus Heil und die Umweltpolitik unseres Superministers Robert Habeck hineingeschrieben wird. Wenn wir das bei Umweltfragen zum Maßstab machen, werden wir lange keine neuen Verträge abschließen können. Manche Länder können das (noch) nicht leisten. Und doch drängen sie auf schnelle Einigungen, Brasiliens Präsident Lula will – trotz Brics – einen raschen Abschluss, weil er nicht von den Chinesen überrollt werden will.

Was uns fehlt, ist eine langfristige europäische Wirtschaftsstrategie. Handelsverträge erzeugen Bindungen. Ein Netz von Handelsverträgen mit allen Ländern, die noch demokratisch sind, stärkt auch politische Bindungen. Eine realistische Handelspolitik bindet Australien, Neuseeland, die Philippinen, Indonesien, Japan sowie die Amerikas und Afrika ein, um ein Gegengewicht gegen China zu schaffen. Die Beziehungen zu Indien müssen ausgebaut werden, politisch und wirtschaftlich. Auch in der heutigen globalisierten Welt gilt: Die schwierigen, komplexen Fragen der inneren und äußeren Sicherheit, der Handelspolitik, der Digitalisierung, des Klimaschutzes sowie die Beziehungen Europas zu China und den USA kann Europa nur gemeinsam lösen.

Gemeinsame Steuerpolitik: Damit auch Apple, Amazon und Co. zahlen

Hin und wieder sind die kleineren Länder bessere Ratspräsidenten als die großen. In der zweiten Hälfte 2022 gelang Tschechien das Kunststück, eine Initiative der G20 und der OECD zur einheitlichen Besteuerung globaler Unternehmen in eine europäische Richtlinie zu gießen. Die Richtlinie 2022/2523 des Rats vom 14. Dezember 2022 richtet sich gegen Steuervermeidung durch Gewinnkürzung im Binnenmarkt und Gewinnverlagerung (Base Erosion and Profit Shifting, BEPS) aus dem Binnenmarkt. Klingt bürokratisch? Ja. Hat aber eine große Wirkung. Die EU hat das Steuerdumping beendet, den Wettbewerb der Staaten um die niedrigsten Körperschaftsteuersätze. Künftig müssen multinationale Unternehmen mit einem Jahresumsatz von mehr als 750 Millionen Euro Steuern dort bezahlen, wo sie agieren, wo ihre Wertschöpfung erfolgt, wo sie Gewinne erzielen. Für den Anfang gilt ein Mindeststeuersatz von 15 Prozent. Das sollte so schnell wie möglich ausgebaut werden, am besten weltweit.

Die Welt wird schon lange beherrscht von ein paar amerikanischen Tech-Unternehmen, Apple, Amazon und Co. Viele Einkäufe, für die man früher in ein Geschäft ging, erledigen wir heute online. In unserer Familie gehen nur noch meine Frau und ich in ein Schuhgeschäft. Unsere Müllcontainer sind verstopft mit Pappkartons, die Internetunternehmen machen Geld in Deutschland. Lange Zeit schafften sie es, Gewinne in Länder zu verschieben, die keine oder kaum Gewinn- und Körperschaftsteuern verlangen. Sie errichteten ihre EU-Zentralen deshalb in EU-Ländern wie Irland, Luxemburg und den Niederlanden und verschoben die Gewinne von dort weiter – zum Beispiel auf die Bahamas. Die bekannten Giganten der New Economy dürfen nicht länger wie blinde Passagiere durch unsere Welt reisen, während ihre unfreiwilligen Gastgeber ihre Hinterlassenschaften wegräumen müssen.

Patrick Bernau hat schon 2017 in der *FAZ* vorgerechnet, wie das Steuersparen ging. 400 Dollar verdiene Apple pro iPhone, den Umsatz mit deutschen Kunden schätzte er auf zehn Milliarden Euro – fünf Prozent des Gesamtumsatzes des Konzerns. In Deutschland arbeiten zwei Prozent seines Personals. Apple habe jedoch für seine beiden deutschen Gesellschaften nur rund 0,2 Prozent der weltweiten Steuerlast abgeführt: 25 Millionen Euro.[64] Wie kann das sein?

Bekannt geworden ist im vorigen Jahrzehnt ein beliebter Steuertrick mit dem an Burger erinnernden Namen »Double Irish, Dutch Sandwich«, eine Spezialität, die erst 2020 aus dem Werkzeugkasten der Steuerverkürzer gestrichen werden konnte. Dabei gründete ein US-Konzern eine Tochterfirma in Irland, als deren Firmensitz eine Briefkastenfirma auf eine Steueroase in der Karibik diente, wo ausländische Konzerne nicht besteuert werden. Dorthin wurden Eigentums-, Patent- und Markenrechte übertragen. Eine zweite Firma in Irland sammelte alle Gewinne in Europa ein und führt sie an die Briefkastenfirma ab, was in Irland nicht besteuert wurde. Allerdings fielen dort für Auslandsüberweisungen 20 Prozent Quellensteuer an. Deshalb braucht das Unternehmen eine Zwischenstation, eine Holding in den Niederlanden, wo keine Quellensteuer anfiel. So verwirrend war das für den gemeinen Steuerzahler, so verblüffend effektiv für Gesetzeslückenschmarotzer, die es schafften, auf diesem Umweg für Hunderte von Milliarden Euro so gut wie keine Abgaben zu zahlen.

Zu ihrem Leidwesen allerdings konnten die nach solchen Transaktionen verbliebenen Gewinne nicht steuerfrei in die USA verlagert werden. Doch dann kam Donald Trump. Als er 2017 das Ruder übernahm, setzte er Steuerreformen durch, wonach Apple versprach, rund 250 Milliarden Dollar in die USA zu verlagern, Gewinne aus Umsätzen in Europa. Dafür war das Unternehmen bereit, in den USA 38 Milliarden Dollar Steuern zu bezahlen, rund 15 Prozent. Donald Trump twitterte triumphierend: »Ich habe versprochen, dass meine Richtlinien es Unternehmen wie Apple ermöglichen würden, riesige Geldbeträge in die USA zurückzubringen. Großartig zu sehen, dass Apple das dank der Steuersenkungen umsetzt. Riesiger Gewinn für amerikanischen Arbeiter und die USA!«[65]

Die EU warf Apple damals vor, auf in Irland gebündelte Gewinne aus Geschäften in ganz Europa nur 0,005 Prozent Steuern bezahlt zu haben. Deshalb fordert sie 13 Milliarden Euro Steuernachzahlungen. Aber Irland weigerte sich damals, diese Steuern einzufordern. Damals begann die EU-Kommission, die Verlagerung von Gewinnen in Niedrigsteuerländer durch Reformen und Änderungen der Bilanz- und Transparenzrichtlinien zu erschweren. Zu den Maßnahmen gehört auch die Verpflichtung für Unternehmen mit mehr als 750 Millionen Euro Jahresumsatz zum sogenannten Country-by-Country Reporting (CbCR). Danach hatten die Firmen wirtschaftliche und steuerliche Daten offenzulegen. Das war der Beginn des europäischen Versuchs, derartige Steuerschlupflöcher zu stopfen.

Die sogenannten Steueroasen sind Schmarotzer, die ihre Kassen damit füllen, internationale Unternehmen mit Dumpingsteuern anzulocken. Bei ihnen macht's die Masse, die geprellten

Staaten verlieren ein Vielfaches an Einnahmen. Derartiges unsolidarisches, egoistisches Handeln torpediert das Modell jedes Staats, der sich für Infrastruktur verantwortlich fühlt.

Schmarotzer sind auch die Unternehmen, die solche Angebote skrupellos nutzen. Denn von Berlin bis Bielefeld, von Flensburg bis Freilassing nutzen sie ein funktionierendes Stromnetz, ihre Angestellten fahren auf steuerfinanzierten Straßen, sie gehen ins subventionierte Theater, schicken ihre Kinder in Kindergärten, Schulen und Schwimmbäder. Deshalb müssen alle Großunternehmen endlich angemessen besteuert werden, auch wenn sie in einem Land offiziell keine Betriebsstätten haben und in ihren Verträgen einen ausländischen Sitz angeben, wohin sie ihre Erträge (durch Lizenzen, Nutzung von gesammelten Daten etc.) schaffen. Das ist nicht nur eine Frage der Gerechtigkeit, sondern auch des fairen Wettbewerbs und für Europa von lebenswichtiger Bedeutung. Übersehen werden darf nämlich nicht: Die großen Ersparnisse durch Steuerflucht stehen solchen Unternehmen auch für Forschung zur Verfügung, ein klarer Wettbewerbsvorteil. Diese Ungerechtigkeit darf kein Staat hinnehmen. Apple und Co. sollen dort Steuern zahlen, wo sie ihre Gewinne erzielen, damit sie sich auch dort an der Finanzierung der Infrastruktur beteiligen. Die EU wollte die OECD-Initiative gemeinsam umsetzen. Und es gelang. Alle Großunternehmen müssen nun angemessen besteuert werden, wobei die 2023 beschlossenen 15 Prozent nur ein Anfang auf dem Weg zu echter Steuergerechtigkeit und Chancengleichheit sein dürfen.

Auch deutsche Großunternehmen gehören zu denen, die solche Übereinkünfte in Europa lange Zeit verhindert hatten. Wenn nämlich in Europa solche Mindeststeuern eingeführt werden, hieß es, dann würden die USA das auch für Mercedes, BMW, VW und Bayer einführen. Deswegen stand der Einfluss deutscher Großunternehmen gegen die Interessen der Gesamtwirtschaft. Die deutsche Politik hat das zu lang gedeckt und die mittelständischen Unternehmen verraten, die Familienunternehmen. Entscheidungen orientierten sich an den Bedürfnissen der großen Aktiengesellschaften. Angela Merkel hat zu viel auf die Wirtschaft gehört. Das war ein Fehler.

Deutsche Einheit dank Gorbatschow, Bush, Kohl, dem Volk – und der EU

Am 10. November 1989 stand ich mit Zehntausenden vor der Berliner Gedächtniskirche, als Helmut Kohl und Hans-Dietrich Genscher sprachen und die Menge, teilweise weinend, das Deutschlandlied sang. Am Abend stieg ich mit dem Bundestagsabgeordneten Heribert Scharrenbroich und dem JU-Vorsitzenden Herrmann Gröhe am Brandenburger Tor auf die Mauer, und es durchströmte mich ein Gefühl des Glücks und der Dankbarkeit. Doch dann sah ich die DDR-Grenzer, die Feuerwehrschläuche in Position brachten, offenbar in der Absicht, uns abzuschießen wie Gipsröhrchen in einer Kirmesschießbude. Als sie das Wasser aufdrehten, um die Geschichte doch noch aufzuhalten, platzten die Schläuche, und Tausende klatschten und johlten, so wie auch wir. Aber die begossenen Pudel taten mir auch ein wenig leid.

Es war ein langer Weg bis zur Deutschen Einheit. Begonnen hatte er für mich – als politischem Aktivisten – 1973. Von Ende Juli bis zum 5. August 1973 nahm ich an den zehnten Weltjugendfestspielen teil, als Pressesprecher einer Gruppe von 17 Mitgliedern der Jungen Union, angeführt von Delegationsleiter Klaus-Rüdiger Landowsky und seinem Stellvertreter Eberhard Diepgen, dem späteren Regierenden Bürgermeister von Berlin. Nach einem Marsch von Unter den Linden zum Stadion der Weltjugend zogen wir unter den Augen von Erich Honecker, Jassir Arafat und Angela Davis ins Walter-Ulbricht-Stadion an der Chausseestraße ein, das in der DDR »Zickenwiese« hieß. Zum

»Woodstock des Ostens« trugen wir knallgelbe T-Shirts, auf denen in großen blauen Buchstaben stand: Junge Union. Im Hörfunkprogramm »Stimme der DDR« waren wir die »Jugendreaktionäre der CDU/CSU«.

Als Unterkunft stand uns das Wohnheim der Humboldt-Universität in Rummelsburg (Bezirk Lichtenberg) zur Verfügung, und weil der Aufzug nicht funktionierte, mussten wir 40 Kisten mit 20 000 Flugblättern und Westzeitungen, die Bundestagsabgeordnete mit Diplomatenausweis rübergebracht hatten, übers Treppenhaus in die elfte Etage schleppen. Auf dem Alexanderplatz verteilten wir die UN-Menschenrechtsdeklaration, immer umgeben von einer großen Menge. Wir ernteten harte Diskussionen, mal einen Klaps von Ostdeutschen und Schläge von westdeutschen Kommunisten der SDAJ. Wir verteilten auch die Zeitungen, *FAZ* und *Welt,* als die Meldungen über Walther Ulbrichts Tod kamen. Auf dem Bebelplatz lobte der Juso-Vorsitzende Wolfgang Roth, später Präsident der Europäischen Investitionsbank (EIB), Erich Honecker und Leonid Breschnew und den Kampf gegen die »konservativen und reaktionären Kräfte«. Das *Neue Deutschland* druckte seine ganze Rede.

Von der Bühne des großen Treffens der ost- mit den westdeutschen Delegationen in einer Versammlungshalle auf der Leipziger Straße gab es Lieder von Bertolt Brecht, gesungen von Ekkehard Schall, Brechts Schwiegersohn, und Vera Oelschlegel, verheiratet mit dem Schriftsteller Hermann Kant, später mit dem Kulturpolitiker und SED-Politbüromitglied Konrad Naumann. Und am Buffet bogen sich die Tische, von Lachs bis Kaviar war alles da. Dort fasste mich jemand am Arm: Sudel Ede, Karl-Eduard von Schnitzler. »Herr Brok, ist das nicht großartig hier?« Als er von der Kultur der DDR schwärmte, erzählte ich ihm, dass ich oft das Theater am Schiffbauerdamm besuchte, weil ich, der junge JU-Mann, dank meinem großartigen Deutsch- und Geschichtslehrer am Gymnasium Theodorianum in Paderborn zu einem Brecht-Fan geworden war – und Brecht zu meinem Abiturschriftsteller. »Ich liebe Brecht«, sagte ich zu Schnitzler und provozierte ihn ein wenig: »Wenn Sie den vollen Brecht lesen möchten, müssen Sie aber die Suhrkamp-Ausgabe kaufen. In ihrer Ausgabe des Aufbau Verlags ist nicht alles drin.«

Ich war immer wieder im Osten, in der DDR. Als stellvertretender Bundesvorsitzender der JU habe ich zum 15. Jahrestag des Mauerbaus für den 13. August 1976 eine deutschlandweite Sternfahrt nach Berlin organisiert. Als die DDR-Führung bemerkte, dass viele, viele Busse und Privatwagen aufgebrochen waren, sperrte sie die Transitwege. Wir sorgten uns, dass nicht viele Teilnehmer durchkämen. Aber als wir am Olivaer Platz ankamen, waren wir überwältigt. Zwar waren 14 Busse mit 450 Teilnehmern zurückgewiesen worden, aber so viele hatten es geschafft. Zahlreiche Berliner, die von den Schikanen gehört hatten, schlossen sich uns an. Und so zogen am Abend 20 000 Menschen über den Kurfürstenplatz zum Reichstag, wo ich neben CDU-Generalsekretär Kurt Biedenkopf, der über die Grenze und die Mauertoten sprach, im Scheinwerferlicht der Vopos stand.

Ende der 1970er-Jahre redete ich als Leiter einer Delegation der jungen europäischen Christlichen Demokraten während eines Kongresses der europäischen Jugendverbände für Abrüstung (organisiert von der kommunistischen World Federation of Democratic Youth, genannt: Wufdy-Brothers, eröffnet vom damaligen ungarischen Ministerpräsidenten) im Plenarsaal des ungarischen Parlaments. Nach einer klaren und harten Rede über Mauer, Stacheldraht und Freiheit stand Egon Krenz, damals schon Kandidat fürs SED-Politbüro und FDJ-Chef, auf und reichte mir zu meiner Überraschung die Hand. Als dort nachts bei den Beratungen fürs Schlussprotokoll das Essen reingefahren wurde, sagte ich zu ihm: »Gucken se mal auf die Teller.« Er schaute und sah nichts Besonderes. »Die deutsche Einheit ist unaufhaltsam«, sagte ich. »Wieso?«, fragt er. »Ob Ost oder West, wir Deutschen haben dasselbe auf dem Teller – Schnitzel.« Es ist nun mal so: Die Küche verrät über Identität mehr als jede politische Rede.

Kohls Moment:
»Wiedergewinnung der staatlichen Einheit Deutschlands«

Am Abend des 9. November war ich mit der Bahn aus Brüssel heimgekehrt. Meine Frau war zur Kur und ich nicht auf dem Laufenden, als mich der völlig euphorische niederländische Europaabgeordnete Jim Janssen van Raaij aus Berlin anrief:»Die Grenze in Berlin ist offen.« Ich fragte:»Jimmy, hast du geraucht?« Er sagte mir schon an diesem euphorisierenden Abend, dass die Wiedervereinigung kommen werde.

Genau das hatte ich in diesem Jahr in einem Buch geschrieben und es damit begründet, dass es keine DDR-Identität gebe, weil der Staat nur unter Zwang sowjetischer Truppen aufrechterhalten werde. Dass viele DDR-Bürger sich nicht mit ihrem Staat identifizierten (daran änderten auch die vielen Goldmedaillen nichts), wusste ich, weil meine Frau Renate aus Brandenburg stammt und als Kind mit ihrer Familie geflüchtet war und ich oft in die DDR gereist war. 1987 fiel mir auf, dass die Leute keine Angst mehr hatten; sie redeten offen mit uns, selbst wenn Polizei in der Nähe war. Die Angst verloren zu haben ist eine Voraussetzung für Revolutionen.

Das sagte ich im Oktober 1989 auch auf dem Parteitag der Tories in Blackpool auf einem der sogenannten Fringe Meetings (wo sich Leute treffen mit Minderheitenmeinung). 200 Menschen wollten dort wissen, was in Ostdeutschland los sei. Es hatte dort bereits Demonstrationen gegeben, und ich sagte: Die deutsche Einheit ist unaufhaltsam und wird in wenigen Monaten Wirklichkeit. Einige Zuhörer schüttelten den Kopf.

Und dann war es geschehen. Für den Morgen nach der Maueröffnung – welch ein Zufall – hatte CDU-Generalsekretär Volker

Rühe schon vor längerer Zeit ein Treffen derer terminiert, die DDR-Kontakte hatten: Rita Süssmuth, Kurt Biedenkopf und andere. In einer Ecke im großen Saal des Adenauerhauses in Bonn saß Rühe und redete am Telefon auf Kohl ein, der in Warschau war, er müsse die Reise abbrechen. Und wir überlegten, was wir machen könnten. Alle Flüge nach Berlin waren ausgebucht. Süssmuth charterte schließlich eine Maschine. Wir erreichten Berlin zu spät, um am Schöneberger Rathaus Zeuge zu sein, als Helmut Kohl und die Sängerknaben ausgepfiffen wurden, während sie versuchten, die Nationalhymne zu singen, die Jürgen Wohlrabe angestimmt hatte, der leider nicht singen konnte. In Schöneberg feierten die Linken Willy Brandt, Kohl pfiffen sie aus.

Wir standen in der Menschenmenge auf dem Platz vor der Gedächtniskirche, am Lastwagen, auf dem der Bundeskanzler später reden sollte, als er aus der Limousine stieg. Er bebte, verzog sein Gesicht und blaffte mich an, weil wir nicht in Schöneberg gewesen waren. Wäre ich nicht zur Seite gesprungen, er hätte mich niedergewalzt. In seinem Schlepptau hatte er Hans-Dietrich Genscher. Der Außenminister von der FDP sollte bei der CDU-Kundgebung sprechen. Neben uns stand ein junges Pärchen aus der DDR. Und als die Kundgebung zu Ende war und die Hymne gesungen wurde, sagte sie mit Freudentränen in den Augen zu ihm: »Die müssen wir jetzt auch lernen.«

Die Maschine zum Druck von Flugblättern, die wir in Süssmuths Flugzeug transportiert und übers Flugfeld von Tegel getragen hatten, brachten Gröhe, Scharrenbroich und ich tags darauf mit Entwicklungshilfeminister Jürgen Warnke (CSU) zu Pfarrer Rainer Eppelmann, dem späteren Vorsitzenden des Demokratischen Aufbruchs (DA) und Verteidigungsministers in der letzten DDR-Regierung. Auf dieser Maschine wurden später die Druckplatten für die Papiere für den Leipziger Kongress gedruckt, dem offiziellen Gründungsparteitag des DA, dessen Pressesprecherin Angela Merkel war, die später Pressesprecherin der DDR-Regierung werden sollte.

Kurz nach dem Fall der Mauer erarbeitete ich gemeinsam mit Klaus Hänsch (SPD) im Auftrag des EVP-Fraktionsvorsitzenden und späteren Präsidenten des EP, Egon Klepsch, eine Resolution zum Fall der Mauer für das Plenum des Europäischen Parlaments. Schon am 23. November stimmte das Parlament der »Entschließung des Europäischen Parlaments zu den jüngsten Entwicklungen in Mittel- und Osteuropa« zu. Sie enthielt Passagen, die noch heute auf die Entwicklungen in der Ukraine und für die künftigen EU-Staaten zutreffen. Für die Forderungen nach der »Beseitigung des Führungsmonopols der SED nach freien Wahlen« bekamen wir ebenso breite Zustimmung wie für unsere Feststellung, dass die Bevölkerung der DDR ein Recht auf Selbstbestimmung sowie das Recht habe, »Teil eines vereinigten Deutschlands in einem einigen Europa zu sein«. Wir vergaßen auch nicht zu erwähnen, dass die »Stärkung der Integration der EG die Grundlage für eine engere Zusammenarbeit mit den Staaten Mittel- und Osteuropas und der Sowjetunion« ist. Schließlich schrieben wir, dass auch das polnische Volk das Recht habe, »zukünftig gesichert in seinen gegenwärtigen Grenzen zu leben« und »die europäische Integration als Form der Überwindung nationalistischer Ansprüche anzusehen ist«. Wer den Weg zu Reformen einschlage, solle Soforthilfe erhalten, und zwar schnell.

Wenn wir diesen Augenblick für die Freiheit und die Einheit Deutschlands und Europas nutzen wollten, mussten wir allerdings eine Bedingung akzeptieren: Das geeinte Deutschland würde die Oder-Neiße-Linie als polnische Westgrenze anerkennen müssen. Die Mehrheit von CDU und CSU wollte das allerdings nicht akzeptieren: Dass das für all jene schwer war, die das Leiden der Flüchtlinge und Vertriebenen aus den ehemaligen deutschen Ostgebieten kannten, war mir klar. Hänsch, der aus

Schlesien stammt, bremste; er meinte, die Anerkennung von Polens Westgrenze sei nicht durchzusetzen. Ich aber beharrte: Wir schreiben das rein, denn ohne die Anerkennung der polnischen Grenze gibt es keine deutsche Einheit. Er hat das schließlich mit mir unterschrieben.

Das war eine Fortsetzung meiner langen Arbeit für die deutsche und europäische Einheit unter Berücksichtigung der Mittel- und Osteuropäer. Schon im November 1975, kurz vor dem Deutschlandtag der JU, hatte ich im Interview mit dem *Rheinischen Merkur* gesagt: »Ein politisch geeintes Westeuropa als Modell demokratischer, sozialer und freier Ordnung ist das einzige Mittel, … das gleichzeitig für die Menschen in Osteuropa ein attraktives Angebot darstellen würde. In einem solchen Angebot liegt langfristig auch die vielleicht einzige Chance zur Lösung der Deutschen Frage.«66

Fünf Tage später, keine drei Wochen nach dem Mauerfall, bewies Helmut Kohl großes strategisches Geschick. In einer Haushaltsdebatte im Bundestag legte er am 28. November 1989 für alle überraschend ein Papier vor, das in die Geschichte einging: den »Zehn-Punkte-Plan zur Überwindung der Teilung Deutschlands und Europas«. Vorsichtig beginnt der Text mit der Feststellung, dass sich »Chancen für die Überwindung der Teilung Europas und damit auch unseres Vaterlandes« eröffneten, auch für ein »immer mehr zusammenwachsende Europa«. Von »konföderativen Strukturen« ist die Rede, von einer »Föderation« und einer »bundesstaatliche(n) Ordnung in Deutschland«. Schließlich bewegt er sich auf sein Ziel zu, er spricht einen deutschen Einigungsprozess an, der in eine gesamteuropäische Entwicklung einzubetten sei. Schließlich fällt das Wort von der »Wiedergewinnung der staatlichen Einheit Deutschlands«, sie sei das politische Ziel seiner Regierung.

Das war sehr mutig, eine grandiose Leistung. Der Text, entwickelt mit Michael Mertes, damals Redenschreiber von Kohl, war am Wochenende auf einer Reiseschreibmaschine von Hannelore Kohl getippt worden, damit niemand vorzeitig davon erfuhr. Selbst Außenminister Genscher war nicht informiert. Damit zeichnete Kohl den Weg zur Einheit vor, weil sie zu einer Entscheidung im Weißen Haus führte: An diesem Tag, dem 28. November 1989, habe George H. W. Bush – anders als viele Berater – entschieden, Kohl zu vertrauen. Das sagte mir Bushs damaliger Sicherheitsberater Brent Scowcroft am 25. Jahrestag des Mauerfalls bei einem Abendessen mit Gastgeber Bush in Austin/Texas, der das bestätigte. Dagegen Mitterrand und Thatcher: irritiert, verärgert. Der sowjetische Außenminister Schewardnadse klagte noch Anfang Dezember vor dem Politischen Ausschuss des Europäischen Parlaments – ich saß ihm fast genau gegenüber –, Kohl missachte die Interessen der DDR-Bürger, die »ihren Staat, ihre Gesellschaft« verändern wollten.

Tags darauf sprachen Kohl und Mitterrand im Europäischen Parlament. Ich legte Kohl eine Aktenmappe mit einem Memo auf seinen Tisch, in dem ich Bezug nahm auf die Entschließung und auch die Lage der CDU/CSU im EP darstellte. Sein enger Mitarbeiter und damaliger Leiter des Referats für Europapolitik Joachim Bitterlich brachte mir diese Mappe zurück und sagte: Der Bundeskanzler lässt ausrichten, das sei nicht seine Angelegenheit, das sei die Sache des EP. Damit gab mir Kohl freie Hand. Mehr noch mit einem Wort, das er mit seinem dicken Stift auf die Rückseite des Memos geschrieben hatte: »Weitermachen«. Keine Unterschrift. Es gibt nicht viele Papiere, auf die ich so stolz bin wie auf diese Entschließung.

Beim Thema Oder-Neiße-Grenze entschied sich Kohl offizielle erst Ende Februar. Ihm war immer klar, dass diese Frage abschließend geklärt werden musste, aber er wollte auch die Vertriebenen mitnehmen, damit deren Verbände nicht wieder über die Rückgabe der Ostgebiete redeten und damit die Vereinigung gefährdeten. Kohl schaffte es, die Kreise zu zügeln, aber bei mir ging eine Welle von Schreiben und Telegrammen ein. Ich bin aber stur geblieben – und Kohl auch.

Unterdessen machte in den USA die *New York Times* die polnische Grenze zum Thema. Im Februar 1990 meinte das Blatt, es sei »Zeit für den Kanzler, die Grenzfrage ein für alle Mal beizulegen«. Der Senator von Rhode Island, Claiborne Pell, sagte: »Wir sollten sehr besorgt sein, wenn Bundeskanzler Kohl die deutsche Einheit als die Einheit des ›deutschen Volkes‹ bezeichnet und wenn der ostdeutsche Ministerpräsident Hans Modrow die Einheit als ›Vaterland des deutschen Volks‹ bezeichnet.« Das könnte ein viel größeres Gebiet meinen als das der beiden deutschen Staaten.[67] Der Vorsitzende des Senats, Paul Simon aus Chicago (dem Zentrum der polnischen Immigration in den USA), bemühte sich zur gleichen Zeit um eine Resolution des Senats, wonach Deutschland auf jegliche Ansprüche auf westpolnische Gebiete verzichten müsse, die vor 1937 zu Deutschland gehört hatten. Das war nur wenige Tage nachdem Bush und Kohl sich am 24. und 25. Februar 1990 in Camp David getroffen hatten, wo Kohl noch immer taktierte und sagte, die polnische Westgrenze könne nur ein gesamtdeutscher Souverän endgültig anerkennen. Er versicherte aber auch gegenüber jüngeren EU-Abgeordneten wie Hans-Gert Pöttering und mir: »Niemand will die Frage der Einheit der Nation mit der Verschiebung bestehender Grenzen verbinden.« Er wisse nicht, was er mehr dazu sagen solle.[68]

An diesen Fasnachtstagen in Washington schickten Botschafter Jürgen Ruhfus, Otto von Lambsdorff und ich nach einem Frühstück Helmut Kohl ein Telegramm, in dem wir schrieben, es sei an der Zeit zu springen, bevor Simon seinen Antrag einbringt. Ein paar Tage später hat Kohl für Klärung gesorgt. Ob unser Telegramm dabei eine Rolle gespielt hat, weiß ich nicht.

Im Frühjahr 1990 diskutierte ich mit meinem väterlichen Freund, dem New Yorker Anwalt David A. Morse, der schon Truman als Arbeitsminister gedient hatte, über die verständliche

Skepsis der einflussreichen jüdischen Verbände in den USA gegenüber der deutschen Einheit. Auch mancher Artikel in der *New York Times* reflektierten das. Morse organisierte für mich und den von Bonn beauftragten damaligen deutschen Generalkonsul in New York, von Bülow, ein Dinner mit den Vorsitzenden der fünf größten jüdischen Verbände und Organisationen, darunter Seymor Reich, der Präsident von B'nai B'rith, und Maurice Tempelsman, der Lebensgefährte von Jackie Kennedy, insgesamt 13 Personen. Am Aperitiftischchen trat Reich an mich heran, und ich beantwortete eine Frage wörtlich aus einem Brief Helmut Kohls an ihn. Damit war klar, dass ich legitimiert und im Auftrag gekommen war. Danach stellte auch die *New York Times* ihre kritischen Nachfragen zur deutschen Einheit ein.

Tempelsman schrieb an Morse, der mir den Brief zeigte. Darin stand:»Wenn alle jungen deutschen Politiker wie der sind, dann brauchen wir uns keine Sorgen mehr zu machen.« Die Angst, dass das starke wiedervereinigte Deutschland sich zum »Forth Reich« entwickeln könnte, bestand 1989/90 nicht nur bei den jüdischen Verbänden.

1991 schickte mich die EU-Kommission als Redner in die USA: Arkansas, Oklahoma, Kansas, Tennessee, Louisiana – Hardcore-Staaten. In Washington D.C. besuchte ich danach – es war ein Samstagmorgen – meinen Freund John P. Schmitz, Rechtsberater von Bush sen. und zuvor schon von Reagan, im Weißen Haus, zwei Türen vom Oval Office entfernt. Dem berichtete ich, was ich auf der Reise erfahren hatte: Die Kaufleute in Kansas sehen Probleme, ihr verliert nächstes Jahr die Wahl.»Alles Quatsch«, antwortet John.»Bushs *approval rate* liegt nach neuen Zahlen bei 70 Prozent. Wir haben gerade den Irakkrieg gewonnen. Alles läuft glatt.« Er führte mich hinaus, und wir flanierten bei schönstem Morgensonnenschein durch den Garten. Plötzlich schlugen Hände auf unsere Schultern. Es waren die des Präsidenten, den ich schon aus seiner Vizepräsidentenzeit kannte. Er stand in Freizeitkleidung vor uns. Schmitz sagt:»Mr. President, Elmar hat mir gerade erklärt, warum Sie nächstes Jahr die Wahlen verlieren.« Ich suchte den Eingang zum Kaninchenbau, in dem ich gern verschwunden wäre.

Zweimal lud mich im Frühjahr 1992 Bushs Wahlkampfteam – Clayton Keith Yeutter, James Baker, Robert Zoellick – ins Weiße Haus ein, um mich erklären zu lassen, wie ich zu meinen Erkenntnissen gekommen war, dass die beginnende Wirtschaftsflaute die Erfolge von Bush überlagern würde. Aber es war zu spät. Vermutlich hatte ich das klarer und früher gesehen, weil ich von außen auf das Geschehen geblickt hatte, nicht in der Blase steckte.

Im Sommer des Wahljahrs schickte mich Kohl über den Atlantik, um die beiden Parteitage zu beobachten, Bush und Clinton. Und ich fand meine Einschätzung bestätigt. Auch Kohl berichtete ich nach der Rückkehr von den Wirtschaftsproblemen und dass Bush müde wirkte, Clinton dagegen frisch mit guter *body language* und wie ein Superstar auftrat. Clinton prägte den bleibenden Spruch:»It's the economy, stupid.« Er hatte die Kaufleute in Kansas verstanden. Kohl dagegen konnte sich nicht vorstellen, dass jemand, der für die deutsche Einheit plädiert hatte, je eine Wahl verlieren könnte. Mit seinem dicken Filzstift schrieb er auf mein Memo:»Einen solchen Unsinn habe ich noch nie gelesen.«

Doch Clinton hatte recht, und die Amerikaner wählten ihn 1992 wegen der Wirtschaft zum Präsidenten, der er am 20. Januar 1993 wurde. Danach erfasste eine tiefe Unruhe die deutsche Politik, weil Kohl öffentlich für Bush Partei ergriffen hatte. Clinton erzählte mir später über das erste Treffen der beiden im März 1993. Beide hatten dicke Packen Papiere bei sich, und als sie sich gegenübersaßen, schob Kohl seine Akten zur Seite und sagte, er wolle sich erstmal vorstellen, erklären, wie er denke. Er erzählte vom Elternhaus, vom Vater im Ersten Weltkrieg, vom gefallenen Bruder im Zweiten Weltkrieg, warum er den Frieden in Europa und der Welt will. Und dann erzählte Clinton seine Geschichte:

vom trinkenden Stiefvater, der die Mutter übel behandelte. Sie redeten viel länger, als das Protokoll es vorsah. Beim Treffen der Delegationen stellten die Teilnehmer dann fest, dass die beiden Chefs nichts vorbereitet hatten.

Kohl machte das ganz bewusst. Er legte seine Seele offen. Das war seine Stärke. Und er hatte damit Erfolg. Am Abend nach dem festlichen Dinner, das wie in den USA üblich bald zu Ende war, fragte Clinton, ob »Helmut« noch etwas vorhabe. Er möchte ihm gern noch jemand vorstellen. Diese Person wartete im ersten Stock. Clinton hatte ihr offenbar in einer Pause vom Gespräch mit Kohl erzählt. Und sie sagte: Den möchte ich kennenlernen. Es war Clintons Mutter.

Welch ein Vertrauen war da in kurzer Zeit erwachsen. Clinton erzählte mir später (und der Kanzler hat das bestätigt), er habe auf dem Höhepunkt der Lewinsky-Affäre nachts öfters Helmut Kohl angerufen. Ich traf ihn auf der Krim wieder, Jahre nach seiner Präsidentschaft, anlässlich der Konferenz »Yalta European Strategy« (YES) im Livadia Palais. Im Palais Woronzow am Schwarzen Meer stand ich vor einem Empfang im Garten, wo Zelte aufgebaut waren und Saxofonmusik eine schöne Atmosphäre schuf. Dort kam Clinton auf mich zu und fragte: »Wie geht's Helmut Kohl?« Mit einem Glas in der Hand gingen wir im Park am Ufer des Schwarzen Meers auf und ab, und Clinton gab mir seine besondere Gabe – das Gefühl, mit ihm allein auf der Welt zu sein. Fotos zeigten später, dass um uns herum immer Menschen waren, vor allem junge Frauen. Nach einer Weile sahen wir Gerhard Schröder, zwei, drei Meter entfernt. Da sagte Clinton: »Helmut is a hero, this one is an a…«

Bedenken und Zustimmung: Keine Einheit ohne Europa

In Straßburg saß Helmut Kohl am 8. Dezember 1989 elf Staats- und Regierungschefs gegenüber, die teilweise besorgt waren. Während Spanien und Irland sowie Kommissionspräsident

Jacques Delors der deutschen Einheit ohne Einschränkung zustimmten, waren andere Europäer nicht erfreut über ein künftiges vereintes Deutschland. Delors hatte schon im Januar 1990 im EU-Parlament erklärt, die ostdeutschen Länder hätten ihren Platz in der EG, falls sie dies wünschen, doch Teile der britischen, französischen und italienischen Eliten fürchteten sich vor einem großen, wiedererstarkten Deutschland im Zentrum Europas. François Mitterrand und Maggie Thatcher ging alles viel zu schnell und sie hatten Angst, dass die Deutschen die Ergebnisse des Kriegs revidieren und neue Machtansprüche stellen könnten.

Mitterrand verlor seine Skepsis gegen die Vereinigung erst bei Kohls Besuch in Deauville am Meer im Januar 1990, als Kohl seinem Vorschlag folgte, im späteren Vertrag von Maastricht neben der Währungsunion auch eine politische Union zu vereinbaren, was 1992 auch geschah. Er wollte Deutschland auch politisch auf die europäische Einigung verpflichten und alte deutsche Sonderwege verhindern.

Während der britische Kommissar Leon Brittan an unserer Seite stand, hielten Thatchers Vorbehalte länger: »Wenn ich, in der Rückschau, mit meiner Außenpolitik in einem Fall gescheitert bin, dann war das unzweifelhaft hinsichtlich der deutschen Wiedervereinigung«, schrieb sie in ihren Memoiren. »Meine Absicht war, erstens die Demokratisierung der DDR voranzutreiben und zweitens gleichzeitig ihre Vereinigung mit der Bundesrepublik Deutschland hinauszuzögern. Gegen das erste Ziel gab es von niemandem Einwände. Damals waren viele auch mit dem zweiten Bestreben durchaus einverstanden, davon zeugten zumindest viele Lippenbekenntnisse.«

Als Bedenkenträger tat sich besonders der niederländische Ministerpräsident Ruud Lubbers hervor, obwohl seine Landsleute die Wiedervereinigung mehrheitlich befürworteten. Das hat ihn 1994 die Kommissionspräsidentschaft gekostet. Der belgische Ministerpräsident Jean-Luc Dehaene erzählte mir: Der EU-Gipfel, bei dem es um Lubbers' von den Briten unterstützte Kandidatur ging, sei der einzige gewesen, bei dem er eine Rede von Helmut Kohl auf Englisch gehört hätte, klar und deutlich. Wie das?, fragte ich. Als es an der Reihe der Staats- und Regierungschefs war, sich zu dem Kandidaten zu äußern, habe Kohl zu einer fulminanten Rede angesetzt. Sie bestand aus einem Wort:»No!« Kohl hat dem EVP-Partner Lubbers nie verziehen, gegen die deutsche Einheit argumentiert zu haben. Das wiederholte sich später, als Lubbers Ambitionen hegte, NATO-Generalsekretär zu werden. Helmut Kohl sagte immer wieder:»Es waren zwei Sozialisten, die mich in Straßburg gerettet haben: Jacques Delors und Felipe González. Meine Kameraden haben den Mund gehalten oder waren dagegen.«

Auch die Völker Europas haben 1990 der deutschen Einheit zugestimmt. Die Menschen sagten sich: Dieses demokratische Deutschland ist keine Gefahr mehr für den Frieden, sie vertrauten dieser so überzeugten und überzeugenden Demokratie Westdeutschlands, das sich als nicht auftrumpfender Partner im sich einigenden Europa erwiesen hatte.

Sogar die Polen, von den Nazis 1939 überfallen, haben sich seit 1990 in fast allen Fragen pro deutsche und europäische Einheit verhalten. In alten deutschen Städten in Ostpreußen, Pommern und Schlesien stehen längst Denkmäler, die an die deutsche Vergangenheit erinnern. In Deutschland redet niemand mehr über Gebietsrückforderungen, und die Reparationsforderungen der polnischen PiS-Regierung haben sich als das entpuppt, was sie waren: Theaterdonner der PiS, um innenpolitisch zu punkten. Aber die Mehrheit der Bevölkerung denkt proeuropäisch. In Polen demonstrieren mehr als eine Million Menschen für mehr Rechtsstaatlichkeit, auch wenn die Deutschen sich im Verhältnis zu Russland und bei Nord Stream gegen die Interessen Polens entschieden hatten und das durchaus als deutsch-russische Politik über die Köpfe der Polen hinweg interpretiert werden konnte.

Auch die wesentlichen britischen Beamten in Brüssel und Minister in London waren für die deutsche Einheit. Und bei den Franzosen noch viel mehr. Da war Vertrauen spürbar, man kannte sich, man telefonierte häufig. Wenn die Apparate so sehr integriert sind, führt das zu fairen Ergebnissen. Der Élysée-Vertrag ist nur eine Vereinbarung über Regeln, wann wer wen trifft zwischen Deutschen und Franzosen. Das aber führte zu einer Bindung, mit der es keine Rolle mehr spielt, ob die beiden Chefs sich grün sind oder nicht.

Dass so viele Europäer dem Wunsch der Deutschen zustimmten, zeugt von einem großen Vertrauen, das Westdeutschland sich nach der Befreiung vom Nationalsozialismus mit der Einbindung in Europas Einigungsprozess erworben hatte. Es war der Triumph der Politik der Westintegration Konrad Adenauers. Und es war das Verdienst Helmut Kohls, zu dessen großen gestalterischen Leistungen die deutsche Einheit und Europa zählen. Gelungen ist ihm das, weil er wie niemand sonst Vertrauen aufbauen konnte.

Seit Konrad Adenauer konnte Europa darauf vertrauen, dass Deutschland »dem Frieden der Welt in einem geeinten Europa zu dienen« (GG) bereit ist, dem Nationalismus abgeschworen hat und keine Sonderwege mehr gehen wird. Dieses Vertrauen mussten Bundeskanzler von Adenauer – »mit dem Bekenntnis, in der westlichen Wertegemeinschaft für die Freiheit einzutreten« und »als gleichberechtigtes Glied in einem vereinten Europa dem Frieden der Welt zu dienen« – bis Kohl erwerben und erhalten. Dieses Vertrauen war eine entscheidende Grundlage dafür, dass die deutsche Einheit 1990 möglich wurde. Kohl sorgte dafür, dass Deutschland als vereinter Staat in der NATO bleiben und die mittel- und osteuropäischen Staaten, die sich der Diktatur entledigt hatten, Teil dieser Wertegemeinschaft werden konnten.

Gorbatschow und die Hände der Versöhnung

Und die Russen? Den Kommunismus wollte Gorbatschow zu Hause nicht beseitigen, auch nicht die Sowjetunion, das besorgten die Präsidenten der Republiken unter Führung Jelzins. Noch im Januar 1991 schickte Gorbatschow Soldaten nach Vilnius, um Litauen, den ersten Staat, der sich für unabhängig erklärt hatte, zurückzuzwingen an seine Seite. Während die Panzer vor dem Verteidigungsministerium, dem Pressehaus und dem Fernsehturm standen, folgten die Litauer zu Hunderttausenden dem Aufruf des provisorischen Staatsoberhaupts Vytautas Landsbergis und bildeten einen Schutzwall um das Parlament, das er mit klassischer Musik beschallte. Am Blutsonntag, dem 13. Januar, gab es 14 Tote. Aber in Deutschland hatte Gorbatschow nach einem Telefonat mit Helmut Kohl am 10. November 1989 dafür gesorgt, dass die Panzer in den Kasernen blieben.

Im Januar 1990 sprach ich im Kanzleramt mit Kohl, auch Horst Teltschik war dabei, als ein Gesandter Gorbatschow sehr offen sagte: Wir brauchen Hilfe. Es fehlte an allem, von Seife bis Fleisch. Abends traf ich Teltschik wieder, und er berichtet, Kohl habe sofort umfangreiche Lieferungen veranlasst.

Drei Jahre zuvor hatte Kohl den sowjetischen Staatschef in einem Interview mit dem US-Magazin *Newsweek* als modernen kommunistischer Führer bezeichnet, »der sich auf Public Relations versteht. Goebbels, einer von jenen, die für die Verbrechen der Hitler-Ära verantwortlich waren, war auch ein Experte für Public Relations.« Als Gorbatschow im Juni 1989 Bonn besuchte, waren wir alle gespannt, wie die beiden dieses Wort aus dem Weg räumen würden. Eines späten Abends gingen sie mit zwei Gläsern und einer Flasche Wein durch den Park und blickten auf der Mauer sitzend auf den Rhein. Dort sagte Kohl zum ersten Mal den Satz, den ich später immer wieder hörte: »Siehst du den Rhein? Auch wenn ich ihn aufstaue, würde das Wasser einen Weg finden und weiterfließen. Wir können das nicht aufhalten.

Der Rhein ist so unaufhaltbar wie die deutsche Einheit.« Damals versprach Kohl Gorbatschow Hilfe für den Fall, dass er wegen Glasnost und Perestroika auf Schwierigkeiten stoßen sollte. Die Bitte um Fleisch und Seife war ein Test. Kohl hat den Test bestanden, Gorbatschow wusste von nun an, dass er sich auf Kohls Wort verlassen kann.

Dass die Sowjetunion zerfallen war, kreideten die Russen Gorbatschow an. In Deutschland ist »Gorbi« ein Held. Als er im Februar 1998 Paderborn besuchte, wollten ihm alle Redner danken. Vom Bürgermeister bis zum Volksbankdirektor hatten ihn in der Maspern-Sporthalle bereits alle gewürdigt, die vierte Stunde war bereits angebrochen, als ich das Schlusswort halten sollte. Ich beschloss, es bei einer Bildbeschreibung zu belassen. Ich erinnerte an das Treffen von Gorbatschow und Kohl im Juli 1990, wo die zwei im Freien an einem klobigen Holztisch im Kaukasus saßen. Dann gingen sie zu einem Fluss, Gorbatschow stand am Wasser, Kohl am Abhang etwas höher, und sie hielten sich an der Hand, damit niemand stürze. Das beschrieb ich und sagte: Diese beiden Hände sind für mich die Versöhnung zwischen dem russischen und dem deutschen Volk. Damit ging ich zu meinem Platz, Gorbatschow stand auf, kam zu mir, umarmte mich und weinte.

Deutscher Widerstand gegen die Einheit

Helmut Kohl schickte mich in der ersten Januarwoche 1990 nach Potsdam, um den Wahlkampf in Brandenburg für die erste freie Volkskammerwahl am 18. März zu organisieren. Ich sah sofort, dass die Gestrigen in Ostdeutschland die Vereinigung verhindern wollten. SED-Aktivisten versuchten, die sowjetischen Truppen mit Schmierereien am sowjetischen Ehrenmal in Treptow zu provozieren und zum Einschreiten zu animieren. Der Einsatz vieler Demonstranten und das Vertrauensverhältnis zwischen Kohl und Gorbatschow verhinderten das. An meinem ersten Tag in der

Potsdamer »Roten Villa«, die erst Bezirks-, dann Landesge-schäftsstelle der Ost-CDU und mein zweiter Arbeitsplatz neben Brüssel wurde, sagte mir der alte CDU-Bezirks- und dann Landesgeschäftsführer, dass wir lediglich sieben Prozent der Stimmen zu erwarten hätten. Die neugegründete SPD lag weit vorn. Aber die SPD gehörte zu denen, die versuchten, die Vereinigung zu torpedieren. SPD-Kanzlerkandidat Oskar Lafontaine forderte noch im Februar 1990 vor der sozialdemokratischen Fraktion im Europäischen Parlament, die deutsche Vereinigung zu verlangsamen. Der britische Labour-Abgeordnete und Gewerkschaftler Alan John Donnelly informierte uns sofort und bekämpfte danach alle Verzögerungsversuche, darunter den Antrag der Sozialdemokraten auf Prüfung, ob es für die deutsche Einheit einer Änderung der EG-Verträge bedürfe. Wäre es dazu gekommen, wären Regierungskonferenzen und die Ratifizierung in allen Mitgliedstaaten nötig geworden; das hätte Jahre gedauert, und das *window of opportunity* für die Einheit hätte sich wieder geschlossen.

Donnelly war Berichterstatter des am 15. Februar 1990 im Europaparlament eingesetzten »nichtständigen Ausschusses für die Prüfung der Auswirkungen des Prozesses der Vereinigung Deutschlands auf die Europäische Gemeinschaft«, kurz: Sonderausschuss »Deutsche Einheit«, in dem ich als Koordinator der EVP-Fraktion saß. Vorsitzender war der spanische Abgeordnete und frühere Ministerpräsident Galiziens, Gerardo Fernández Albor (EVP). Zu den 20 Abgeordneten gehörten mit Claude Cheysson, Fernando Morán Lopcz und Leo Tindemans drei ehemalige Außenminister. Tindemans, der auch Premierminister in Belgien gewesen war, und etliche andere Europaabgeordnete wie der konservative Brite James Elles kämpften mit uns im Volkskammerwahlkampf, Tindemans im strömenden Regen auf den Stufen des Rathauses von Rathenow, wo er für ein geeintes Deutschland als Teil des geeinten Europas warb.

Auch Simone Veil, Präsidentin des EU-Parlaments von 1979 bis 1982 und ehemalige Gesundheitsministerin im Kabinett von Jacques Chirac (Präsident: Valéry Giscard d'Estaing), saß im Ausschuss. Ich wollte Veil um Unterstützung bitten. In ihrem Büro hatte ich kaum Platz genommen, da krempelte sie den Ärmel ihrer Bluse hoch und zeigte mir die Auschwitz-Nummer auf ihrem Arm. Ich erschrak, sie aber lächelte und sagte:»Elmar, ich werde Sie im Ausschuss unterstützen, weil das jetzt ein anderes Deutschland ist.« Da kamen mir die Tränen, und ich muss noch heute weinen, wenn ich daran denke.

Donnellys Abschlussbericht legte fest, dass die neuen Bundesländer sofort 18 demokratisch gewählte Beobachter ins EP entsenden durften, dem von da an 99 deutsche Abgeordnete angehörten. Das hatten Donnelly und ich tags zuvor bei einem Abendessen ausgeknobelt. Dass die Zahl nach 18 Schnäpsen gefunden worden war, entspricht nicht ganz der Wahrheit. Dass darüber Doktorarbeiten verfasst worden sind – vergeudetes Gehirnschmalz. Wir wollten schlicht die symbolträchtige Zahl von 100 deutschen Abgeordneten vermeiden. Mit viel Umsicht sorgte Donnelly dafür, dass der Bericht im Europäischen Parlament fristgerecht und mit großer Mehrheit angenommen wurde: 317 Ja- und 3 Neinstimmen sowie 5 Enthaltungen. Wir alle im EP waren sehr stolz.

Als sich eine große Zustimmung des EP zum Donnelly-Bericht abzeichnete, stellte Giscard d'Estaing (EP-Mitglied von 1989 bis 1993) im Plenum eine Frage. Er hatte im französischen Text etwas missverstanden. Obwohl ich kein Französisch spreche, stand ich auf und erläuterte ihm den französischen Bericht. Danach sagte er:»Jetzt stimme ich zu.« Giscard ist in Koblenz geboren. Sein Vater spielte eine kontrollierende Rolle während der Rheinlandbesetzung. 1992 bat er um Unterstützung, als er EU-Parlamentspräsident werden wollte. So viel konnte ich ihm versprechen:»Ich bin sicher, dass es einer aus Koblenz wird.«

Über meine Einschätzung freute er sich sichtlich: Was Giscard nicht wusste: Unser Kandidat Egon Klepsch, Vorsitzender der EVP-Fraktion, war ebenfalls Koblenzer.

Im Februar 1990 begannen die Menschen in der DDR zu merken, dass in der Bonner SPD-Zentrale nicht mehr Willy Brandt das Sagen hatte, sondern Kanzlerkandidat Oskar Lafontaine. Und sie hörten, wie Lafontaines die Sozialistische Fraktion im EP dazu aufforderte, den deutschen Einigungsprozess zu verlangsamen. Auch deshalb schwand die Zustimmung zur SPD. Lafontaine stand näher bei seinen alten Partnern in Ost-Berlin als bei den Menschen in der DDR.

Die Ost-CDU dagegen schaffte es, sich des Blockparteien-Images zu entledigen, indem sie viele neue Kandidaten aufstellte. Das Wahlbündnis Allianz für Deutschland, dem die Ost-CDU sich ebenso wie die Neugründung der CSU, die Deutschen Sozialen Union sowie der Demokratische Aufbruch mit unbelasteten Mitgliedern angeschlossen hatten, gewann die Volkskammerwahl im März. Über allem stand aber die Figur Helmut Kohl, dem immer mehr Menschen vertrauten, die darauf hofften, dass er sie in ein gesichertes, freies, offenes Gesamtdeutschland führen werde. Die hochverdienten und mutigen Bürgerrechtler, vor allem des Neuen Forums, fanden dagegen weniger Anklang, weil ihr Ziel, eine freie, aber selbstständige DDR mit einem demokratischen Sozialismus zu schaffen, immer mehr in dem Leipziger Ruf »wir sind ein Volk« unterging.

Der große Beitrag Brüssels, der damaligen Europäischen Gemeinschaften, an der deutschen Wiedervereinigung ist völlig aus dem deutschen Bewusstsein verschwunden. Die Vorbildfunktion der Solidarność in Polen und Václav Havels »Samtener Revolution« in der Tschechoslowakei, welche Vorbild für die historischen, gewaltfrei herbeigeführten Veränderungen in der wirtschaftlich maroden DDR waren, erscheinen vor allem bei Jugendlichen ebenso vergessen zu sein wie die neue Politik Michail Gorbatschows und die Grenzöffnungen in Ungarn. Die Wiedervereinigung verdanken die Deutschen ganz entscheidend Helmut Kohl, der den Ostdeutschen die D-Mark versprach und den Umtausch einer Ost-Mark in eine D-Mark für Löhne, Gehälter, Renten, Mieten und andere sogenannte wiederkehrende Zahlungen.[69] Damals hieß es auf ostdeutschen Straßen: »Kommt die D-Mark, bleiben wir. Kommt sie nicht, geh'n wir zu ihr.« Kohl glaubte, sich das leisten zu können. Er hatte nach dem sozialdemokratischen Brandt-Schmidt-Zeitalter mit dem Finanzminister Stoltenberg von 1982 an durch sparsame Politik für einen gesunden Haushalt gesorgt, weshalb 1990 die Kassen voll waren.

Bei einem Dinner in Harvard warnten dortige Ökonomieprofessoren allerdings und prophezeiten wegen des Umtauschs 1:1 eine hohe Inflation. Kohl aber sagte mir später, was er dort dachte: Lass sie reden, ich will die deutsche Einheit. Das war riskant, aber er behielt recht. Andere hätten eine Kommission eingesetzt, aber er mit seinem politischen Willen und Instinkt lag richtig, nicht dagegen all die versammelten Nobelpreisträger. Wenn er auf diese Ratgeber gehört und den Umtausch damals verzögert hätte, dann wäre die Fluchtbewegung aus dem Osten noch stärker geworden, die deutsche Einheit hätte sich verzögert, und wir hätten sie womöglich gar nicht bekommen.

Der Euro: Der Preis für die deutsche Einheit? Unsinn

Es gehört zu den größten Mythen über die Wiedervereinigung: Der Preis für die deutsche Einheit sei der Euro und die Aufgabe der D-Mark gewesen. Das ist historischer Unsinn, eine bewusste antieuropäische Legendenbildung. Ich wundere mich, dass selbst der großartige Oxford-Historiker Timothy Garton Ash in seinem neuesten Buch auf diese Verschwörungstheorie hereinfällt und behauptet, die Konzentration auf eine gemeinsame Währung habe die EU daran gehindert, sich um den Westbalkan zu kümmern.

Schon in der ersten Legislaturperiode hatte sich das EP mit dem Bericht des luxemburgischen Ministerpräsidenten Pierre Werner zu einer Währungsunion beschäftigt, dann mit der von Schmidt und Giscard in den Siebzigerjahren initiierten Währungsschlange. Mitte der 1980er-Jahre – ich beteiligte mich an der entscheidenden Debatte – forderte das Parlament im bereits erwähnten Franz-Bericht die Schaffung einer Währungsunion. 1986 griffen die europäischen Staats- und Regierungschefs den Ball auf und nahmen ihre Beratungen über eine einheitliche europäische Währung wieder auf. Ich war dabei, als Jacques Delors und Helmut Kohl als amtierender Ratsvorsitzender der Europäischen Gemeinschaften nach dem Europäischen Gipfel von Hannover am 27. und 28. Juni 1988 auf einer Pressekonferenz die Vorteile der Wirtschafts- und Währungsunion (WWU) erläuterten, die sie anstrebten. Auf Kohls Vorschlag wurden dann Delors und die Chefs der Zentralbanken, darunter Bundesbankpräsident Karl Otto Pöhl, damit beauftragt, den späteren Maastricht-Vertrag vorzubereiten. Pöhl arbeitete also an seiner Entmachtung mit, freiwillig und offenbar überzeugt – schon lange vor der deutschen Einheit.

Der Euro war notwendig, um den Binnenmarkt wirkungsvoll und kostengünstiger zu machen. Er sollte außerdem die Bindung der Mitgliedstaaten unauflöslich festigen. Kohl meinte:»Wenn wir die Eier zu einem Rührei verarbeiten, kann niemand sie wieder in die Schalen zurückbringen.« Der internationale Erfolg des Euro und des Binnenmarkts und die Bewältigung der Finanzkrise bestätigen, dass der Visionär Kohl mehr Realist war als sich wichtig nehmende»Nationalökonomen«, die bis heute nicht begriffen haben, dass es in dieser Welt keine deutsche, portugiesische, französische Nationalökonomie von gestalterischer Bedeutung gibt.

Damals waren Menschen zusammengekommen, weil sie etwas gestalten wollten. Und die dafür arbeiteten. Wer will heute noch etwas, außer über die Runden zu kommen? Heute strebt in der EU nur noch das Parlament institutionelle Veränderungen an. Leider ist das Parlament aber auch nicht in der Lage, sich auf strategische Kernforderungen zu konzentrieren. Dabei müsste auch der europäische Binnenmarkt vollendet und vertieft werden. Eine Kapitalmarkt- und Bankenunion könnte nicht nur ein Gegengewicht zu den US-Banken sein, sondern dazu dienen, viel mehr private Mittel für Investitionen zu gewinnen.

Delors, Mitterrand, Kohl – sie hatten eine Vorstellung von dem, wohin sie wollten. Und als der Euro auf dem Weg war, wollte sich Kohl den auch nicht mehr streitig machen lassen – selbst wenn es ihn die Macht kosten sollte. Deswegen verhinderte er die Kanzlerkandidatur von Wolfgang Schäuble. In der CDU war vereinbart, dass Kohl, inzwischen in seiner vierten Legislatur als Bundeskanzler, um Ostern 1997 herum erklären sollte, ob er noch einmal kandidiere oder nicht. Und falls er nicht mehr zu kandidieren beabsichtigte, wollte Kohl im Herbst den Platz freimachen, damit Schäuble als Bundeskanzler in den Wahlkampf 1998 gehen kann. So war der Plan.

Aber Kohl wollte nicht abtreten. Ein, zwei Wochen vor Ostern saß er bei einem Abendessen in Bad Homburg mit mir an einem Tisch. Dort überraschte er mit der Aussage, dass es 1998 historisch wichtigere Ereignisse geben werde als die Bundestagswahl. Ich schlussfolgerte daraus, dass er noch einmal kandidieren wollte, was er dann zwei, drei Wochen später öffentlich verkündete. Als ich ihn später fragte, warum er das gemacht habe, antwortete er: Theo Waigel und die CSU hätten ihm gesagt, sie hätten Vorbehalte gegen Schäuble. Und im Bundestag sei die Mehrheit ohnehin knapp, er habe bei der Kanzlerwahl im Bundestag 1994 keine Mehrheit der Koalition hinter sich gehabt, sondern sei mit nur einer Stimme über der Kanzlermehrheit im Amt geblieben, weil einige vernünftige SPD-Leute ihn gewählt hätten, unter anderem der damalige IG-Chemie-Chef Hermann

Rappe. Für eine Ablösung durch Schäuble hätte es nach dieser Einschätzung keine Koalitionsmehrheit gegeben.

Im Mai 1998 kam es zu dem historisch wichtigen Ereignis, dem endgültigen rechtlichen Beschluss zur Einführung des Euro. Kohl hatte Sorge, dass Schäuble nicht so sehr am Euro hänge und bei Gefahr einer Niederlage in der entscheidenden Sitzung des Europäischen Rats gegen dessen Einführung stimmen könnte, was in Deutschland nicht populär war. Kohl dagegen war die Schaffung des Euro wichtiger als eine Wiederwahl. Er hätte für die Sicherung des Euro eine Niederlage bei der Wahl akzeptiert.

Der Verdacht war gerechtfertigt, dass Schäuble dem Euro gegenüber skeptisch war. Im Januar 1997 war er als Redner beim CDU-Kreisparteitag in Höxter. An dem Tag hatte mal wieder der heftig gegen den Euro polemisierende Chefredakteur des *Westfalenblatts*, Rolf Dressler, einen langen Artikel veröffentlicht. Ich saß am Vorstandstisch neben Schäuble und legte ihm die Zeitung mit den Worten rüber:»Wolfgang, dazu musst du heute etwas sagen.« Es kam nicht ein Wort von ihm.

Der Euro sollte in drei Stufen ermöglicht werden: 1990 bis 1993 Einführung des freien Kapitalverkehrs zwischen den Mitgliedstaaten, bis 1998 engere Zusammenarbeit zwischen den nationalen Zentralbanken und stärkere Annäherung der Mitgliedstaaten im Bereich Wirtschaftspolitik und schließlich die schrittweise Einführung des Euro und einer einheitlichen Geldpolitik unter der Verantwortung der Europäischen Zentralbank (EZB), die auf deutschen Wunsch hin ziemlich genau nach dem Vorbild der Bundesbank unabhängig und prioritär – aber nicht ausschließlich – der Geldwertstabilität verpflichtet ist.

Die Mehrheit der Deutschen fürchtete sich jedoch vor Inflation und wollte ihre Währung behalten. Die D-Mark und die Bundesbank waren Teil der deutschen Identität geworden. Deshalb achteten die verantwortlichen Politiker in Deutschland darauf, Regeln einzubauen; ein Stabilitätspakt sollte geschlossen werden. Auf dem Gipfel von Dublin im Dezember 1996 waren die EU-Staaten noch weit entfernt von einer Einigung. Es ging um generelle Fragen: Wie sollte Budgetdisziplin durchgesetzt werden? Was sollte künftig geschehen, wenn ein Land die Grenzen überschritt? Und wann sollte ein Verfahren bei einem übermäßigen Defizit (VüD) eingeleitete werden? Welche Sanktionen sollten vorgesehen, welche Ausnahmen erlaubt werden? Darüber gab es keine Einigkeit. Die Deutschen dachten strikt, die Franzosen mehr im Sinne von Laissez-faire. Während die Finanzminister am 12. Dezember 1996 noch verhandelten, sagte Helmut Kohl in Bonn, dass die Staats- und Regierungschefs den am nächsten Tag beginnenden Gipfel erst eröffnen würden, wenn die Finanzminister sich über den Stabilitätspakt geeinigt hätten. Denn, so sagte er an diesem Tag im Bundestag: Erst mit der einheitlichen Währung werde der Binnenmarkt seine positive Wirkung für Wachstum und Arbeitsplätze voll entfalten können. »Wir wollen daher, und zwar ohne Wenn und Aber, die Wirtschafts- und Währungsunion zum vorgesehenen Zeitpunkt verwirklichen.« Die Opposition, namentlich der Fraktionschef der Grünen Joschka Fischer, warfen der Regierung einen »Stabilitätsfetischismus« vor.[70]

Ausgerechnet mein langjähriger Freund Romano Prodi aber, den ich als Wirtschaftsprofessor und Chef der großen Staatsholding Istituto per la Ricostruzione Industriale (IRI) zehn Jahre zuvor kennengelernt hatte, schlug in seinem ersten Jahr als Ministerpräsident sein Italien als Gründungsmitglied des Euro vor. Dabei hatte Italien die Wettbewerbsfähigkeit der Wirtschaft immer wieder durch Abwertungen hergestellt – zum Ärger der Möbelbranche und der Landwirtschaft in meiner Region. Als ich Prodi fragte, ob das für sein Land gut sei, weil es dann das Abwertungsinstrument verlöre, antwortete er: »Das will ich meiner Wirtschaft gerade wegnehmen, damit sie sich um wirkliche Wettbewerbsfähigkeit bemühen muss.« Trotz der diskussionswürdigen italienischen Haushaltspolitik hat Prodi recht behalten. Nördlich von Rom sehen wir eine sehr erfolgreiche, moderne Wirtschaft. Italien ist inzwischen Nettozahler, und die italienischen Banken waren am Anfang der großen Finanzkrise weder Täter noch Opfer wie viele deutsche.

Um den Knoten in Dublin zu zerschlagen, schlug Kohl eine Arbeitsgruppe vor: Der deutsche und der französische Finanzminister, Theo Waigel und Jean Arthuis, und weitere Kollegen verhandelten unter Leitung des luxemburgischen Regierungschefs und Finanzministers Juncker. Aber es dauerte bis spät in der Nacht, bis der Dublin-Marathon mit einem Kompromiss endete. Außerdem sollte, damit die Franzosen zustimmen konnten, der »Stabilitätspakt« nun »Stabilitäts- und Wachstumspakt« heißen.

Im Mai 1997 fiel die gemeinsame Entscheidung im Europäischen Rat, den Euro, dessen Namen Theo Waigel nach vielen anderen Vorschlägen durchgesetzt hatte, verbindlich einzuführen. Nachdem die Regeln fest vereinbart und die Wechselkurse zwischen Euro und den nationalen Währungen festgelegt waren, kam es am 1. Januar 1999 zum Beginn der Währungsunion. Der Euro war nun gesetzliche Buchungswährung, am 1. Januar 2002 gab es die neuen Münzen und Scheine in 12 von 15 EU-Staaten als Bargeld. Seither reisen wir nicht nur selbstverständlich innerhalb der EU zumeist ohne Grenzkontrollen, sondern müssen dabei auch kein Geld mehr tauschen.

Inzwischen sind Nutzen und Wert der gemeinsamen Währung anerkannt, nicht einmal die Populisten von rechts und links agitieren mehr dagegen. Der Euro sorgte für einen deutlichen Anstieg des Handels, für mehr Wettbewerb, für höhere Wirtschaftsleistung, mehr Wohlstand, mehr Vielfalt und niedrigere Preise. Der integrierte Finanzmarkt und die neue Währung waren Voraussetzung für einen funktionierenden europäischen Binnenmarkt. Weil der Euro eine global akzeptierte Währung geworden ist, konnten Europas Unternehmen Güter und Dienstleistungen in der eigenen Währung handeln und Währungsrisiken vermeiden, was Planungssicherheit und geringere Kosten bedeutete, Investitionen und Wachstum förderte und Europas Unabhängigkeit festigte.[71]

Griechenland: Rettung dank EU und Euro

Auch die Griechen lernten den Nutzen der Währungsunion schätzen – in einer ganz speziellen Situation. Allerdings war Angela Merkel sehr zögerlich:»Durchwursteln«, nannte es Weltbank-Präsident Robert Zoellick im Oktober 2011.[72] Als er Merkel im Januar 2010 besuchte, bat er sie um eine Sicherheitsgarantie für Griechenland, wie sie das zwei Jahre vorher mit Steinbrück für Deutschland gemacht hatte. Nämlich: Wir tun alles, was nötig ist, wir sichern die Märkte gegen Finanzhaie und Spekulanten. Das sollten sie für das kleine Griechenland wiederholen. Aber sie wartete ab.

Zoellick rief mich an und forderte mich zur Unterstützung auf. Ich war mehrfach allein bei ihr, habe versucht, es wieder und wieder zu erklären. Aber Merkel wies darauf hin, dass im Mai Landtagswahlen in Nordrhein-Westfalen seien und die Wiederwahl von Jürgen Rüttgers auf dem Spiel stehe. Deshalb blieb sie beim Nein, statt auszusprechen, was zur Stabilisierung Griechenlands und der EU nötig sei – aus Angst vor politischen Folgen in der Partei und wegen der unsinnigen Argumentation einiger deutscher Ökonomen, die behaupteten, dass Griechenland, wenn es den Euroraum nicht verlässt und seine Währung nicht abwertet, nie mehr wettbewerbsfähig und nie mehr exportfähig sein werde.

Drei Tage vor der Landtagswahl in Nordrhein-Westfalen musste sie dann doch nachgeben, um die vorausgesagte Explosion der Märkte zu verhindern. Ich rief Zoellick an und sagte:»Bob, sie macht es jetzt.« Er antwortete:»Gott sei Dank. Aber jetzt wird es teurer.« Zoellick behielt recht. Es wurde teurer. Und die Landtagswahlen gingen auch noch knapp verloren. Merkel wirkte wie eine Getriebene, weil sie den Wählern die kurzfristige Wende nicht mehr erklären konnte. Ein paar Jahre später, nach einer für sie sehr kritischen Sondersitzung der Bundestagsfraktion, hörte ich mit Freude, dass die Bundeskanzlerin Fraktionschef Volker Kauder und einer kleinen Schar von Abgeordneten sagte, dass an ihr der Euro nicht scheitern werde und sie, wenn nötig, bereit sei, gegen die Mehrheit der eigenen Fraktion abzustimmen.

Vor dem EU-Gipfel im März 2015 in Brüssel habe ich bei der Vorbesprechung der EVP-Regierungschefs, an denen ich 20 Jahre teilnehmen durfte, erlebt, wie sie für den Verbleib Griechenlands im Euro kämpfte, während Finanzminister Schäuble ein paar Straßen weiter in der Runde des Ecofin, dem Finanzministerrat, für den – zumindest zeitweisen – Hinauswurf Griechenlands warb. Angesichts des schrecklichen Verhaltens des linken populistischen griechischen Ministerpräsidenten Alexis Tsipras und der öffentlichen Meinung in Deutschland war Schäubles Haltung verständlich. Allerdings habe ich Merkels Haltung in dieser Situation für richtig gehalten. Heute wissen wir, dass sie erfolgreich für die richtige Entscheidung gekämpft hat. Die griechische Regierung des christlich-demokratischen Ministerpräsidenten Kyriakos Mitsotakis hat die Staatsfinanzen in den Griff bekommen, Banken geholfen, von schlechten Werten wegzukommen (Hercules-Programm) und den Staat beispielhaft modernisiert. 2023 hat das Land Wachstumsraten des BIP und des Handels, von denen Deutschland nur träumen kann. Die Ratingagenturen gestehen Griechenland wieder Kreditwürdigkeit zu. Die deutschen Kredite hat Griechenland mit Zins und Zinseszins zurückgezahlt. Darüber wird in Politik, Wissenschaft und Medien Deutschlands überwiegend geschwiegen. Die EU-Gesetzgeber EP und Rat (mit Merkel und Schäuble in enger Kooperation), die EU-Kommission unter den Präsidenten Barroso und

Juncker und die EZB haben Regeln für die Finanzwelt, für Banken und insbesondere für die Heuschrecken und Investmentbanker eingeführt und verschärft, die heute ihre Rolle als Verursacher der in den USA begonnenen Finanzkrise leugnen und zum Teil den Wegfall von Auflagen (»Bürokratie beseitigen«) verlangen, um das Casino neu zu eröffnen. An der Schaffung der europäischen Schuldengrenze mit primär-rechtlicher Absicherung und des Europäischen Stabilitätsmechanismus (ESM) war ich gemeinsam mit dem früheren liberalen belgischen Premier Guy Verhofstadt und dem späteren italienischen Finanzminister und dem heutigen römischen Oberbürgermeister, dem Sozialisten Roberto Gualtieri, als Verhandler und Berichterstatter des EP beteiligt. Und so kann ich sagen: Deutsche Banken, die vor allem mit ihren britischen und US-amerikanischen Kollegen in der Londoner City und an der Wall Street zu den Haupttätern gehörten, haben die deutschen Steuerzahler Hunderte Milliarden Euro gekostet, nicht die Rettung Griechenlands.

Auch Merkels Entscheidung zum Atomausstieg nach der Katastrophe von Fukushima fiel nicht allein aus Einsicht. Das Hauptmotiv war die anstehende Wahl in Baden-Württemberg; Merkel und Stoiber wollten nicht verantwortlich sein, wenn die Wahlen verlorengehen. Drei Tage vor dem Wahlsonntag haben sie dem unpopulären Ministerpräsidenten Stefan Mappus nachgegeben und dem Atomausstieg zugestimmt. Das half aber nicht mehr. Strategieänderungen aus kurzfristigen taktischen Gründen im Hauruckverfahren sind niemals glaubwürdig. Heute wissen wir: Es wäre klüger gewesen, den Trittin-Kompromiss aus der rot-grünen Regierung stehen zu lassen und nicht zu Beginn der Koalition mit der FDP (und kurz vor Fukushima) zu verlängern. Bei den Atomkraftwerken hat Deutschland wegen der durch Russlands Krieg entstandenen Energiekrise später doch wieder verlängert, aber auch da – diesmal aus ideologischen Gründen – nicht lang genug.

Merkel musste auf Krisen reagieren. Dabei war sie manchmal etwas zögerlich. Kohl hat mit seinen Partnern in 16 Jahren den Binnenmarkt, das Schengensystem und die Währungsunion geschaffen, die EU mit drei großen Vertragsänderungen gestärkt, handlungsfähiger und demokratischer gemacht und sie in die Rolle eines globalen Players gebracht. Er wollte Europa stets aktiv gestalten.

Merkel hat mit anderen den Verfassungsvertrag als Vertrag von Lissabon und den Euro gerettet sowie die ursächliche Finanzkrise in ein gestärktes, resilienteres Finanzsystem überführt. Merkel hat es ermöglicht, dass Europa nach Corona- und in der Klimakrise durch das Finanzpaket Next Generation EU nicht Wettbewerbsfähigkeit verliert und Kraft für Innovation zurückgewinnt.

Kohl und Merkel waren beide große Taktiker. Aber Kohl hatte den Mut – von NATO-Doppelbeschluss bis Währungsunion – von vornherein mit aller Kraft auch bei mehrheitlicher Ablehnung in Partei oder Bevölkerung für das historisch Richtige zu kämpfen.

Außen- und Sicherheitspolitik: Mehr Gemeinsamkeit wagen

Bei den Terroranschlägen auf das World Trade Center und das Pentagon am 11. September 2001 starben 3000 Menschen. Als Drahtzieher machten die USA schnell die Terrororganisation al-Qaida aus, deren Kopf Osama bin Laden beim Taliban-Regime in Afghanistan Unterschlupf gefunden hatte. Am 7. Oktober griffen amerikanische und britische Flugzeuge Afghanistan an. »Die Taliban werden einen Preis bezahlen«, sagte Bush. Die Angriffe dienten laut Bush dazu, »die Nutzung Afghanistans als terroristische Operationsbasis zu unterbinden und die militärischen Fähigkeiten des Taliban-Regimes anzugreifen«.[73]

An diesem Tag traf ich den ehemaligen sowjetischen Ober-befehlshaber in Afghanistan, General Boris Gromow, der inzwischen Mitglied der Duma und der Gouverneur der Oblast Moskau war, auf einer NATO-Parlamentarierversammlung in Ottawa:»Wie man hineinkommt, haben wir auch gewusst«, sagte er während eines Mittagessens.»Ich hoffe, die Amerikaner wissen besser als wir, wie man wieder herauskommt.« 20 Jahre später waren sie raus, die Amerikaner und ihre Verbündeten, in einem zum Teil chaotischen und eher an Flucht erinnernden Abzug der Truppen und internationalen Hilfsorganisationen. In Afghanistan haben die USA eine Niederlage erlitten. Ein weiteres Indiz dafür, dass das amerikanische Jahrhundert wohl zu Ende geht. Spätestens seit diesem gescheiterten Befriedungsprojekt müssen wir erkennen, dass Einfluss und Macht des Westens sinken und erhebliche Teile der Welt eigene Vorstellungen davon haben, wie sie leben möchten, dass sie Politik, Sicherheit, Wirtschaft und die Grundrechte der UN-Charta mit anderen Augen sehen. Nicht nur bei den UN-Resolutionen bezüglich des russischen Kriegs in der Ukraine müssen wir registrieren, dass afrikanische, asiatische und südamerikanische Staaten dem Westen nicht bedingungslos folgen, sondern sich von ihren eigenen Interessen leiten lassen. Die Entwicklung der BRICS-Staaten zeigt, dass westliche Institutionen nicht mehr allein die Welt lenken können, wenn sie es überhaupt je konnten. Jetzt bilden sich Gegenstrukturen in einer multipolaren Welt, mit den beiden Führungsmächten USA und China (mit Russland im Schlepptau).

Vizepräsident Richard Cheney, Verteidigungsminister Donald Rumsfeld und die Gruppe ultrakonservativer Berater wie Richard Perle meinten, 9/11 ausnutzen zu können, um nicht nur nach Terroristen zu suchen, sondern im Nahen und mittleren Osten auch ihre strategischen Interessen durchzusetzen. Als Rechtfertigung einer künftigen Aggression behauptete Außenminister Colin Powell – falsch gebrieft von Cheney und seinen Leuten – in der Sitzung des UN-Sicherheitsrats vom 5. Februar 2003, Irak besitze Massenvernichtungswaffen und betreibe ein geheimes Atomwaffenprogramm. Das erwies sich als Lüge. Vergebens alle Bemühungen bei Kofi Annan, den ich zwei Tage vor dieser UN-Sitzung besuchte, um ihm unsere Fakten zu übermitteln: Mehrfach hatte uns Hans Blix, der einer Expertengruppe der Vereinten Nationen angehörte, im Auswärtige Ausschuss des Europaparlaments und in New York informiert, dass sie keinen Hinweis auf Programme für den Bau von Massenvernichtungswaffen gefunden hätten. Es gab sie auch nicht.

Zu dieser Zeit hatte ich in einem Interview der *Tagesschau* die Irak-Politik der US-Regierung kritisiert. Ich wusste nicht, dass in derselben Ausgabe ein Ausschnitt einer Rede von Angela Merkel in Hannover gesendet würde, die ich nicht kannte. Unmittelbar nach der Ausstrahlung – ich saß mit Freunden vor der Newton Bar am Berliner Gendarmenmarkt – rief sie an; meine Parteivorsitzende hielt mich für illoyal, weil ich das Gegenteil ihrer Position vertreten hatte: Sie bestand auf Loyalität gegenüber den USA. Ich hielt das ebenso für falsch wie die Tatsache, dass Kanzler Schröder auf dem Marktplatz in Goslar mit seinem kategorischen Nein zur militärischen Intervention sich jeder Möglichkeit beraubte, auf die USA noch einwirken zu können.

Der Angriff der USA veränderte die ganze Region, krempelte das Machtgleichgewicht im Irak selbst und in der Region um und schuf die Grundlage für den sogenannten Islamischen Staat. Die Macht des Iran ist dadurch erheblich gewachsen, heute beherrscht Teheran nicht nur die gesamte Region bis zur Hisbollah im Libanon, sondern bis weit nach Nordafrika und inzwischen Subsahara. Alles ein Ergebnis falscher amerikanischer Politik. Den Preis zahlen bis heute die Menschen im Irak, in Syrien, in den dortigen Kurdengebieten; auch die Bedrohung Israels hat zugenommen. Colin Powell (wie auch Condoleezza Rice) fühlte sich von den Konservativen missbraucht, wie er mir selbst später erzählte.

Und Afghanistan? Ich traf 1999 Afghanen mit Kontakten zu Taliban, die inzwischen fast ganz Afghanistan in ihre Gewalt gebracht hatten. Diese Afghanen berichteten, dass die Taliban 1999 bereit waren, Osama bin Laden auszuliefern, sofern die Amerikaner deren Regierung in Afghanistan anerkannt hätten. Ich vermittelte Treffen in Washington, wo die CIA die Taliban drei Tage lang befragte, sowie am Frankfurter Flughafen. Aber den Deal verweigerte Washington schließlich von höchster Stelle. Wäre anders entschieden worden, hätte es den 11. September 2001 wohl nicht gegeben. Gescheitert ist der Deal auch, weil die Taliban zwar bereit gewesen wären, bin Laden dem Internationalen Gerichtshof in Den Haag auszuliefern, nicht aber einem amerikanischen Gericht. Die Amerikaner aber wollten bin Laden wegen seiner früheren Attentate wie das auf die US-Botschaft in Nairobi selbst aburteilen.

Inzwischen ist der Krieg auch in Europa wieder eingekehrt. Russland hat die Ukraine überfallen (siehe Seite 92ff.). Die Hamas hat in Israel gewütet wie nie zuvor, die Angegriffenen drangen in Gaza ein, um die Angreifer und ihre Infrastruktur zu zerstören.

Bezüglich Israel muss ich ein wenig ausholen: Die UN-Resolution 181, verabschiedet am 29. November 1947 mit der Mehrheit der UN-Vollversammlung, legte fest: »Zwei Monate nach Abschluss des Abzugs der Streitkräfte der Mandatsmacht, in jedem Fall spätestens am 1. Oktober 1948, entstehen in Palästina ein unabhängiger arabischer Staat und ein unabhängiger jüdischer Staat sowie das in Teil III dieses Plans vorgesehene internationale Sonderregime für die Stadt Jerusalem.« Meine Eltern feierten am 14. Mai 1948 meinen zweiten Geburtstag, es war der Tag, an dem das britische Mandat über Palästina endete und David Ben Gurion in Tel Aviv den unabhängigen Staat Israel ausrief. Doch schon kurz nach Mitternacht fielen ägyptische, syrische, libanesische, jordanische und irakische Armeeeinheiten in Israel ein, das den Angriff abwehren konnte.

Die Zionisten, Theodor Herzl und jüdische Zuwanderung hatte es bereits seit dem Ende des 19. Jahrhunderts gegeben. Der Kampf zwischen denselben Völkern geht schon seit Moses und David. Goliath war der Philister, ein anderes Wort für Palästinenser. Wir reden über einen 3000 Jahre alten Konflikt um jedes Stück Land. Der Konflikt seit der Staatsgründung hat nichts mit dem Kolonialismus westlicher Staaten zu tun. Gekommen waren Menschen, die wegen der Verfolgung in Europa eine Heimstatt suchten, und zwar dort, woher ihre Verwandten gekommen waren. Ich verstehe auch die Palästinenser, die das nicht gut finden.

Nach den Waffenstillstandsabkommen, erzielt unter Vermittlung der UN, stand Gaza unter ägyptischer, das Westjordanland und Ostjerusalem unter jordanischer Verwaltung. Jerusalem wurde geteilt, was zur Folge hatte, dass die Juden nicht mehr an der Klagemauer beten konnten, die Araber dagegen Zugang zum Tempelberg hatten, wo der Felsendom und die Al-Aksa-Moschee stehen. Das blieb so, bis 1967 als die Nachbarstaaten Israel erneut überfielen. Unter dem Eindruck, Goliath wolle David zerstören, meldete ich mich freiwillig zur israelischen Armee. Weil der 6-Tage-Krieg schnell zu Ende war, musste ich nicht einrücken. Israel konnte nach diesem Sieg weitere, nicht im ursprünglichen UN-Plan festgelegte Gebiete besetzen, vor allem West-Jerusalem und einige Ländereien im Norden und im Süden. Seither scheiterten alle Friedensbemühungen letztendlich daran, dass es keine Einigung über die Aufteilung und Kompetenzen in Jerusalem gab.

Nach dem Osloer Abkommen 1993, durch das die Palästinenser in den von Israel besetzten Gebieten teilweise Autonomie zugesprochen wurde, torpedierten Radikale auf beiden Seiten den Friedensprozess. 1995 rissen radikale Aktivisten den Stern von Jizchak Rabins Dienstwagen, den sie ihm dann per Post zurückschickten mit der Drohung: Du siehst, wir kriegen dich. Schließlich ermordete am 4. November 1995 um 21.45 Uhr ein religiöser Fanatiker den Friedensnobelpreisträger auf dem Platz der Könige Israels in Tel Aviv mit zwei Schüssen in den Rücken, nachdem er bei einer Friedensdemonstration gesprochen hatte. Seine letzte Rede enthielt den Satz: »Ich bin überzeugt: Eine Mehrheit des Volkes will Frieden – und will für einen Frieden auch Risiken in Kauf nehmen. Denn die Gewalt zerstört die Grundlage der israelischen Demokratie.« Um 23 Uhr war Rabin tot. Sieben Monate später übernahm Benjamin Netanjahu erstmals das Amt des Ministerpräsidenten, und damit war der Friedensprozess beendet. Die Gutwilligen, die es auf beiden Seiten gibt, konnten sich nie mehr durchsetzen, und heute sind in Jerusalem Männer wie Itamar Ben-Gvir in der Regierung, die den Mord beklatschten.[74]

Die Behauptung, im Gaza-Streifen lebten die Menschen in einem Gefängnis, ist eine Schimäre – sofern Israel als Aufseher verstanden wird. Nachdem Ariel Sharon 2005 Gaza mit Gewalt von israelischen Siedlungen geräumt hatte, war das Gebiet unabhängig von Israel und ein von der Hamas regierter De-facto-Staat mit mehr als zwei Millionen Einwohnern. Die Palästinenser bauten einen internationalen Flughafen (1998, 2001 während der Intifada von Israel zerstört), und es hatte den Anschein, als könne Gaza sich zu einem Singapur des Nahen Ostens entwickeln, mit eigenem Zugang zur Welt; auch ein Hafen war im Bau.

Doch im Juni 2007 putschte die sunnitische islamistische Terrororganisation Hamas (die vom sunnitischen Katar und vom schiitischen Iran unterstützt wird) gegen die palästinensische Autonomiebehörde, vertrieb die Fatahkämpfer und übernahm die Macht im Gazastreifen. Nach Attacken gegen Israel kam es zu fünf militärischen Auseinandersetzungen (2008, 2012, 2014, 2021 und 2023), in denen Bomben zerstörten, was die Palästinenser in Gaza aufgebaut hatten. Verantwortlich war und ist die

Hamas, die jeden Kompromiss mit Israel ablehnt und durch aggressive Schläge gegen Israel bewusst Gegenschläge provoziert. Die ehemaligen israelischen Ministerpräsidentin Golda Meir sagte einst:»Wenn die Araber die Waffen niederlegen, ist Frieden, wenn Israel die Waffen niederlegt, gibt es kein Israel mehr.« Sie hatte recht. Die Hamas ist eine radikale Minderheit, welche die Mehrheit der Bevölkerung dort terrorisiert und als Schutzschuld missbraucht.

2023 sah es wieder einmal so aus, als wäre Frieden möglich – sehr zum Unwillen von Iran und Russland. Es gab schon eine Verständigung mit den Vereinigten Arabischen Emiraten und Bahrain, und man war nun kurz davor mit Saudi-Arabien. Die nichtiranische, nicht schiitische Welt nahm eine faire Haltung gegenüber Israel ein, sodass Israel sich hätte sicher fühlen können. Wieder einmal ist die Uhr zurückgedreht. Aber ich sehe auch, dass Kairo, Amman und Riad das Konzept der Einigung nicht aufgegeben haben.

Israel will diesen Kreislauf nun beenden. Dafür habe ich Verständnis. Denn ich habe die begründete Hoffnung, dass in Israel ein Umdenken beginnt, um doch einen Weg zu finden. Ich glaube nicht, dass Netanjahu und seine Leute bei den nächsten Wahlen eine Chance haben. Käme das so, wäre die Zweistaatenlösung wieder auf der Agenda. Dieses Ziel wird dennoch schwer zu erreichen sein – wegen der 700 000 illegalen Siedler in der Westbank und um Jerusalem herum. Die Troubleshooter werden einem eventuellen Räumungsbeschluss des Parlaments nicht folgen, denn sie glauben an eine religiöse Pflicht, Judäa und Samaria (Westbank) für Eretz Israel zu behaupten. Würden dieses Gebiet und die vielen palästinensischen Bewohner dem jüdischen Staat zugeordnet, entstünde entweder ein Apartheidstaat oder einer, der nicht mehr jüdisch ist. Versuche, die Palästinenser auf die arabischen Nachbarstaaten zu verteilen wie die Flüchtlinge von 1948 und 1967, werden scheitern. Bereits heute ist die

Hälfte der Bevölkerung Jordaniens palästinensisch. Die Jordanier wollen aber nicht von Palästinensern regiert werden.

Die »Argumente« der Rechten und auch der Linken in Deutschland, der starke Antisemitismus und die israelfeindliche Haltung, wie sie auch Sahra Wagenknechts Partei zeigt, sind meiner Generation unbegreiflich. Meinen Bielefeldern erklärte ich in einem Zeitungsinterview nach einer propalästinensischen Demonstration in der Innenstadt, wie eng beieinander die Palästinenser in Gaza und die Siedler leben: »Man muss sich vorstellen, wie es wäre, wenn fast täglich aus Jöllenbeck Raketen nach Schildesche abgefeuert würden. Und dass nun Kämpfer aus Jöllenbeck nach Schildesche stürmen, dort Menschen ermorden und entführen. Wie würden dann die Bielefelder in der Innenstadt reagieren?« Dass es auch auf israelischer Seite Fehler und Hardliner gibt, verschwieg ich nicht. »Der große Unterschied ist aber, dass Israel nie das Ziel hatte, das ganze Volk der Palästinenser zu vernichten.«

Die sunnitische islamistische Hamas wird gelenkt und ausgerüstet durch den Iran wie auch die Hisbollah, die schiitisch und ein Teil des Libanon ist. Die Hamas marschierte los auch in Absprache mit Moskau. Die Fragen an uns lauten seither: Kann es in Nahost jemals Frieden geben? Kann es in der Ukraine wieder Frieden geben? Und könnte die EU dazu beitragen? Der Ukraine könnte bald der größte Waffenlieferant abgehen, die USA. Wird Europa diese Lücke schließen können?

Im Fall Israels ist die Frage, ob wir zu einer Sicherheitsgarantie in der Lage sind, die so glaubhaft ist, dass die Israelis einer Zweistaatenlösung zustimmen. Werden die Europäer tatsächlich stehen, wenn es darauf ankommt? Trotz UN-Mission UNIFIL gelangten Waffen über das Meer nach Gaza; niemand hat anscheinend bemerkt, dass mit dem Zement, der dorthin gelangte, Tunnel statt Häuser gebaut wurden. Österreich hat im vorigen Jahr die Mittel für die Armee von 0,6 auf 0,5 Prozent des BIP gekürzt und die Überflugrechte für die NATO – Hilfe für die Ukraine – nicht gewährt. Im Rahmen der UN-Mission hatte das Land Soldaten auf dem Golan, die seine Politiker zurückholten, als es dort bleihaltig wurde. Wie sollen die Israelis daran glauben, dass die Europäer ihre Sicherheit garantieren? Offensichtlich müssen wir noch etwas an unserer Glaubwürdigkeit arbeiten.

Weil die USA als Garant europäischer Sicherheit immer weniger kalkulierbar sind, brauchen wir in der EU endlich eine eigenständigere, verantwortungsbereitere Gemeinsame Außen- und Sicherheitspolitik (GASP), oder wie Macron es nannte: mehr strategische Autonomie. Dieser Begriff ist missverständlich. Autonomie kann es für ein exportabhängiges Land wie Deutschland nicht geben, auch nicht für die EU. Strategische Souveränität trifft es besser, weil Europa nie mehr abhängig sein darf von Diktaturen. Europa muss eigene Fähigkeiten in der Außen-, Sicherheits- und Verteidigungspolitik ausbauen. Französische Vorschläge wie der Defence Fund sind umgesetzt worden, aber noch zu knapp ausgestattet. Als Russland die Ukraine überfiel, verfügte die Bundeswehr nur über 5000 kampffähige Soldaten mit Ausrüstung. Munition hatte sie nur für 20 Stunden. Von den 130 Eurofightern war nur eine Handvoll einsatzbereit.

Macrons Anregung bedeutet keinesfalls Äquidistanz zu den USA, China und Russland; für die Sicherheit Europas bleiben die NATO und die USA unverzichtbar, auch wenn deren Glaubwürdigkeit drastisch leidet. Weil wir ohne sie in einem chinesischen Zeitalter enden könnten – im schlimmsten Fall als europäische Kleinstaaten. Umgekehrt müssten die USA, die ich stets dankbar bewunderte, die EU endlich als gleichwertigen Partner begreifen, wenn sie nicht die Führung der Welt schleichend verlieren wollen. It needs two to tango.

Die vernünftigen Amerikaner sehen inzwischen ein, dass sie mit den Europäern mehr erreichen können. Auch wir müssen Antworten geben – wegen der Amerikaner, die anders denken:

Was machen wir, wenn eine erneute Wahl Donald Trumps dazu führt, dass die USA die Unterstützung der Ukraine einstellen? Wenn der durch die NATO-Mitgliedschaft gewährte konventionelle und atomare Schutzschirm der Amerikaner, unter dem wir in den letzten Jahren so schön gelebt haben, reduziert wird oder gar nicht mehr zur Verfügung steht? Da diese Gefahr einen durchaus realen Hintergrund hat, muss Europa mehr ins Militär investieren und Ausrüstung gemeinsam und damit effizienter und preiswerter beschaffen. Nur so wird Europa ernst genommen, nur so wird Europa mitreden können.

Gemeinsame Außen- und Sicherheitspolitik: Das Glas ist halb voll

Im Vertrag von Maastricht (heute Art. 24 Absatz 3 EUV) haben sich die Mitgliedstaaten verpflichtet, »die Außen- und Sicherheitspolitik der Union aktiv und vorbehaltlos im Geiste der Loyalität und der gegenseitigen Solidarität« zu unterstützen. »Sie enthalten sich jeder Handlung, die den Interessen der Union zuwiderläuft oder ihrer Wirksamkeit als kohärente Kraft in den internationalen Beziehungen schaden könnte.« Damit US-Politiker nicht mehr fragen müssen, welche Telefonnummer sie wählen müssen, wenn sie Europa anrufen wollen (das Wort wird Henry Kissinger zugesprochen), hat die EU mit dem Vertrag von Lissabon einen Hohen Vertreter für die Außenpolitik der EU bekommen. Im Vertrag von Lissabon ist auch der Aufbau eines Europäischen Auswärtigen Diensts festgeschrieben, ein Erfolg, der nicht unterschätzt werden sollte. Wenn mir jemand vor 20 Jahren gesagt hätte, dass wir ein gemeinsames »Außenministerium« haben, ich hätte es für einen Scherz gehalten. Es gab Fortschritte, die vor 15 Jahren noch unmöglich schienen. In den Botschaften der EU in mehr als 130 Staaten wird seither großartige Koordination mit den Mitgliedsstaaten betrieben, auch bei der Uno mit großem Erfolg. Aber alle drei bisherigen »Außenminister« – die Hohen Vertreter der Europäischen Union für Außen- und Sicherheitspolitik – haben zu wenig Initiative gezeigt, die Macht dieses Amts zu nutzen, obwohl der Vertrag von Lissabon das ermöglicht.

Andererseits verhinderten nationale Diplomaten – inzwischen auch mithilfe einer zunehmenden Nationalisierung der Personalpolitik entgegen den vereinbarten Regeln – Fortschritte für schnellere Entscheidungsverfahren. Entgegen den rechtlichen und politischen Vereinbarungen und Zielen sowie auch gegen den Lissaboner Vertrag wird der Europäische Auswärtige Dienst zunehmend zu einer vor allem intergouvernementalen Einrichtung. Als Kommissionspräsident Juncker in der Gemeinsamen Außen- und Sicherheitspolitik (GASP) bei voller Anwendung des Vertrags von Lissabon Mehrheitsentscheidungen vorschlug, hintertrieben dies der Hohe Vertreter der EU für Außen- und Sicherheitspolitik und der Apparat des Europäischen Auswärtigen Diensts – in völliger Übereinstimmung mit den nationalen Botschaftern. Und doch: Auf die Frage, ob das Glas halb voll ist oder halb leer, antworte ich: Es ist halb voll.

Waren Catherine Ashton und Federica Mogherini als Außenbeauftragte international akzeptiert? Das außenpolitische Gesicht Europas? Als Mogherini ein halbes Jahr im Amt war, fragte mich Merkel: Wie ist denn jetzt die Mogherini? Ich antwortete: zumindest besser als Ashton. Merkel bemerkte: Das ist nicht der Bemessungsgrad, nach dem ich gefragt habe.

Der Hohe Beauftragte für die Außen- und Sicherheitspolitik, derzeit Josep Borrell, ist gleichzeitig Vizepräsident der Kommission (HR/VP). Er muss die Doppelrolle für mehr Handlungsfähigkeit aber wahrnehmen wollen und dürfen. Wegen dieser Doppelrolle ist er auch dem EP gegenüber verantwortlich, nicht nur dem Rat. Die EU-Außenpolitik entwickelt sich bis heute stetig, mehr als von mir vor 30 Jahren erwartet, aber viel zu langsam angesichts der Bedrohungen und Herausforderungen.

Erstaunlich ist immerhin, dass wir eine gemeinsame Außen-
und Sicherheitspolitik überhaupt entwickeln – das gab es vor
Maastricht gar nicht. Erstaunlich ist auch, dass wir zu gemeinsamen Sanktionen fähig sind, dass wir die Ukraine militärisch unterstützen, gemeinsam eine Million Schuss Artillerie-Munition
liefern und höhere Produktionskapazitäten aufbauen wollen.
Das hätte ich noch vor Jahren für illusorisch gehalten. Auch dass
wir die Anreize für gemeinsame Beschaffung erhöhen möchten,
ist positiv. Aber dann kommt es wieder zur Realität, bleibt es bei
den alten Strukturen: Statt einer Million werden nur 350 000 geliefert, weil nicht gemeinsam auf dem Weltmarkt bestellt wird,
sondern jedes Land für sich bei den eigenen Rüstungsfirmen or-
dert. In Deutschland hat Scholz den ersten Spatenstich für den
Bau einer Produktionsstätte im Februar 2024 gemacht, um von
2025 an zu liefern, obwohl die Munition für 2023 zugesagt war.
So etwas kann den Tod der Ukraine bedeuten. Bei den Impfstoffen hatte die EU das Bestellen übernommen. Das klappte besser.

Rüstungsproduktion: Viel Geld, wenig Effektivität

Drei Tage nach Putins Überfall auf die Ukraine sprach Bundeskanzler Olaf Scholz von einer Zeitenwende. Putin wolle ein un-
abhängiges Land von der Weltkarte tilgen. Scholz versprach
mehr Investitionen in unsere Freiheit zum Schutz unserer Demokratie: bessere Ausrüstung, modernes Einsatzgerät, mehr
Personal. Das kostet viel Geld. Deswegen versprach Scholz »ein
Sondervermögen Bundeswehr«, einmalig 100 Milliarden Euro,
mit dem der Bundeshaushalt 2022 für notwendige Investitionen
und Rüstungsvorhaben ausgestattet werde. Außerdem werde
Deutschland von nun an Jahr für Jahr mindestens zwei Prozent
des Bruttoinlandsprodukts in die Verteidigung investieren. Die
nächste Generation von Kampfflugzeugen und Panzern werde
man »gemeinsam mit europäischen Partnern und insbesondere
Frankreich hier in Europa bauen«.

Aber mehr Geld heißt noch lange nicht bessere Verteidigungspolitik. Schon gar nicht ist die Zeitenwende eine europäische Verteidigungswende, noch lange keine gemeinsame europäische Antwort auf den Krieg. Nicole Koenig und Leonard Schütte beklagen in der Zeitschrift *Internationale Politik* »die gravierenden militärischen Fähigkeitslücken der Europäer«, konkret »die chronische Fragmentierung ihrer verteidigungsindustriellen Basis« sowie »leere Lager, begrenzte Einsatzfähigkeit, Lieferengpässe, fehlende Ersatzteile und Munition«. Außerdem hätten »industrielle Egoismen« Konsolidierung und Standardisierung verhindert. Die »mangelnde Synchronisierung der Planungsprozesse und -prioritäten« seien in der Praxis Folge dessen, dass sich NATO und EU »eher wie zwei Gehirnhälften, die unzureichend miteinander kommunizieren«, verhielten. Schließlich gingen nur neun Prozent aller in der EU ausgeschriebenen Projekte an Auftragnehmer in anderen EU-Ländern, mehr als drei Viertel würden national vergeben. Ihr Fazit: »Das Weiterbestehen von 27 europäischen Rüstungsmärkten führt zu Wettbewerbsverzerrungen, Ineffizienzen und Fragmentierung.«[75]

Die Mitgliedstaaten der EU verfügen über etwas mehr aktive Soldaten als die USA, 1,5 gegen 1,4 Millionen. Die europäischen Staaten geben für Verteidigung jährlich rund 300 Millionen Euro aus. Das ist annähernd das Dreifache dessen, was Wladimir Putin in Russland für 2024 angesetzt hat. Weil aber jeder europäische Staat seine eigenen Pläne hat, ist alles unendlich teuer. Die europäische Zusammenarbeit kommt nicht schnell genug voran. Frankreich und Deutschland können sich nicht auf gemeinsame Panzer und Flugzeuge einigen. Lobbyisten hintertreiben die koordinierte Zusammenarbeit systematisch, Firmen auf beiden Seiten blocken. Sie akzeptieren auch nicht, wenn die Politik schon vereinbart hat, dass beim Panzer die Deutschen die Führung haben, beim Flugzeug die Franzosen. Ergebnis ist Kleinproduktion.

Bei Krauss-Maffei und Rheinmetall bauen die Arbeiter den Leopard und den Puma mit Schweißbrennern zusammen, per Hand. Es gibt keine Fließbandproduktion mehr wie früher, und die Auftraggeber kleiner Bestellungen melden allerlei Sonderwünsche an. Standardisierung? Gibt es nicht. Folge: Das Gerät wird zu langsam hergestellt, und das führt zu Apothekenpreisen. Deshalb kaufen Polen und Finnen Panzerhaubitzen und Panzer in Südkorea, sie sind schneller und billiger zu bekommen. In Frankreich kommt nicht gut an, wenn Deutschland das Kampfflugzeug F 35 aus den USA anschaffen und aus den Mitteln des »Sondervermögens« bezahlen will, statt auf europäische Lösungen zu setzen. Missmut erzeugt auch, wenn die Bundesregierung die gemeinsame Modernisierung des Kampfhubschraubers Tiger beendet und stattdessen ein EU-Luftverteidigungssystem aufbauen will, ohne darüber mit Paris gesprochen zu haben. Der deutsch-französische Motor stottert gewaltig, nicht nur beim Handel und in der Fiskalpolitik, sondern auch bei der Verteidigung.

Wenn der Verteidigungsausschuss in Berlin über Sicherheitspolitik berät, fällt das Wort Europa nicht ein einziges Mal. Auch der Parlamentsvorbehalt bei Einsätzen der Bundeswehr im Ausland bremst das gemeinsame europäische Handeln als Friedensmacht. Schon Sarkozy sagte dazu spöttisch: »Frankreich handelt, Deutschland überlegt.« Bevor unsere Soldaten ausrücken, muss der Bundestag das absegnen. Das gilt bis heute.

Wenn in EU-Staaten bis zu 70 Prozent des Verteidigungsetats für Organisation ausgegeben werden, ist offensichtlich, dass Verteidigungsfähigkeit national gar nicht mehr herstellbar ist. Jedes private Unternehmen wäre bei solchen Strukturen längst pleite. Die EU-Staaten erzielen mit sehr viel Budget für Verteidigung ein dramatisch schlechtes Ergebnis. Die Amerikaner haben 25 Waffensysteme. Wir in der Europäischen Union haben 180. Es ist klar: Auch wir müssen die Zahl der Waffensysteme auf unter 30 reduzieren. Dafür brauchen wir eine gemeinsame EU-Politik bei Entwicklung, Produktion und Beschaffung.

Beim Bundesamt für Ausrüstung, Informationstechnik und Nutzung der Bundeswehr (BAAINBw) in Koblenz, die sich als »Kompetenzstelle für nachhaltige Beschaffung« sieht, arbeiteten im Kalten Krieg 3000 Leute einer Bundeswehr mit 3000 Panzern und 500 000 Soldaten zu. Heute, bei 200 Panzern, von denen nur ein Teil läuft, und 175 000 Soldaten, sitzen in Koblenz 12 500[76] Bleistifte anspitzende Verhinderungsjuristen. Offensichtlich ist: Wir brauchen dringend ein europäisches Beschaffungsamt. Die Pointe: Das gibt es schon. Die »European Defence Agency« soll zur Stärkung der industriellen und technologischen Basis für den europäischen Verteidigungssektor beitragen. Dort sind aber leider nur 500 Menschen beschäftigt, die nach wenigen Jahren wieder in ihre Heimatbehörden zurückkehren müssen. Wäre das anders, könnte sich dort ja Sachverstand auf europäischer Ebene ansammeln. Aber wie immer lassen Verwaltungen keine Zuständigkeiten bei anderen Verwaltungen zu. Deshalb kommen wir nicht zu Synergieeffekten, weder ökonomisch noch in der Entwicklung und bei der Organisation. Deshalb wird das Geld der Steuerzahler verschwendet.

Mit einem europäischen Beschaffungsamt wäre ein Desaster wie beim Transportflugzeug Airbus A400M nicht möglich, weil dann Sonderwünsche mehrerer Nationen nicht mehr dazu führen könnten, dass das Projekt sich maßlos verteuert und verspätet. Und wie viel Geld könnten wir sparen, wenn die europäischen Staaten die Aufgaben von Marine, Heer und Luftwaffe untereinander verteilen würden, statt alle Bereiche selbst vorzuhalten! Durch Mangel an europäischer Kooperation in Planung, Entwicklung, Produktion und Beschaffung errechnete schon die Juncker-Kommission jährlich rund 100 Milliarden in den EU-Staaten verschwendete Euro. Wir müssen gemeinsam planen, entwickeln und auch beschaffen. Bis heute haben wir noch nicht einmal ein einheitliches Kommunikationssystem zwischen den EU-Mitgliedstaaten.

Selbstkritisch ist anzumerken: Eine stärkere Europäisierung der Verteidigungspolitik verhindern trotz aller schönen Worte in erster Linie Deutschland und Frankreich. Das liegt an Unternehmen und Politikern im Verteidigungsausschuss, die noch den alten nationalistischen und unrealistischen Denkstrukturen anhängen. Die Hersteller sind weiter als die Politiker, verfolgen aber die Strategie, bei der Zusammenarbeit die Führung bei den Projekten zu übernehmen. Auch die nationalen Haushaltsausschüsse haben nie angemahnt, was naheliegend gewesen wäre: wegen der hohen Kosten die Europäisierung der Beschaffung voranzutreiben.

Auch die Briten waren und sind keine Freunde europäischer militärischer Zusammenarbeit. Als Vorsitzender des Auswärtigen Ausschusses klagte ich schon auf dem EU-Gipfel im Dezember 2013 mehr Arbeitsteilung ein. »Ich habe doch den Eindruck, britische Politik wird zum Dackel amerikanischer Politik. Hier müssen wir eigene europäische Fähigkeiten entwickeln. Wir wollen nicht nur ›Global Payer‹ sein, wir wollen Global Player sein.«[77] Die Briten aber sagten damals: Es gibt doch schon die NATO. Im EU-Parlament hatte zuvor der Konservative Martin Callahan gesagt, die britischen Soldaten kämpften mit Mut »für ihr Land, ihre Flagge, für die Königin. Glauben Sie im Ernst, die würden für die europäische Flagge genauso kämpfen und eventuell das höchste aller Opfer bringen? Ich denke nicht.« Aber darum geht es nicht. Es geht um Kooperation, Synergieeffekte durch gemeinsame Beschaffung.

Weil noch immer einzelne Staaten eine gemeinsame Sicherheits- und Verteidigungspolitik verhindern können, plädiere ich in der EU ausdrücklich auch in diesem Bereich für Mehrheitsentscheidungen statt Einstimmigkeit. Statt nationaler Landesverteidigung müssen wir heute lernen, europäisch zu handeln.

Aber die GASP soll laut Vertrag von Lissabon ausdrücklich komplementär zur NATO erfolgen. Eine starke EU macht auch die NATO stärker. Deshalb ist auch eine enge Kooperation der GASP mit dem NATO-Hauptquartier vereinbart, um Doppelstrukturen zu vermeiden. Aber die EU muss auch handlungsfähig sein, wenn sie in ihrer Nachbarschaft militärisch tätig sein will und die USA und die NATO nicht daran beteiligt sein wollen. Erst recht muss die EU eine Struktur aufbauen und stärken, wenn die USA die Beistandsverpflichtung aufkündigt, wie Donald Trump und seine Mitarbeiter bereits für 2025 angekündigt haben.

Mehr Kooperation wagen:
Auf dem Weg zu einer europäischen Armee

Wenige Wochen bevor die grünen Männchen auf der Krim landeten und Russland die Aufständischen in der Ostukraine in ihrem Kampf gegen Kiew antrieb, dachten sieben EU-Staaten darüber nach, gemeinsam unbemannte Drohnen zu entwickeln, finanziert von der Europäischen Verteidigungsagentur. Noch gab es dafür weder einen Zeitplan noch Geld, aber Widerstand war sofort zu vernehmen. Rebecca Harms, Abgeordnete der Grünen im EU-Parlament, hatte kurz vor Weihnachten 2013 kein Verständnis für technischen Fortschritt in den Armeen: »Angesichts der Situation, dass wir sehr, sehr wenig Geld für gemeinsame Sozialpolitik oder den Kampf gegen Jugendarbeitslosigkeit in unserem gefledderten Haushalt haben, jetzt die Idee, aus dem europäischen Haushalt Drohnen und anderes Equipment anzuschaffen – mein Gott, was ist hier eigentlich los?«[78] Sie war und ist eine große Freundin der Ukraine und würde das heute nicht mehr sagen.

Erst zehn Jahre später, nachdem der Bundestag endlich zugestimmt hatte, konnte der Bundeskanzler melden, dass die Verträge zur Eurodrohne kürzlich unterzeichnet worden seien, er aber – weil die noch nicht verfügbar sind – bewaffnete Heron-Drohnen in Israel kaufen will.

Um es unmissverständlich zu sagen: Die Europäische Union soll eine zivile Macht bleiben, die Krisen mit politischen Mitteln löst. Diplomatie sollte immer Vorrang haben. Aber die Gegenseite muss wissen, dass wir uns verteidigen können. Wer nicht mit dem Stock drohen kann, der dringt weder mit guten Worten noch mit Geld durch. Das müssen wir nüchtern anerkennen. Und nüchtern anerkennen müssen wir auch, dass kein europäischer Staat allein sich gegen die großen Militärmächte wehren könnte, schon gar nicht gegen die wachsende Zahl der Atommächte. Inzwischen haben auch Nordkorea, Indien und Pakistan, Israel und Iran Atomwaffen oder sind auf dem Weg dahin. Und wenn Iran diese Waffen hat, wollen Saudi-Arabien und Ägypten auch welche. Wer schützt dann Europa gegen die atomare Bedrohung? Die Franzosen allein?

Dass Frankreich seine Atomraketen in europäische Hände gibt, erscheint utopisch. Europäische Atomwaffen wird es nicht geben, weil es keine Einigung bei der Frage der atomaren Teilhabe und Zielplanung geben wird. Aber eine schrittweise Europäisierung erscheint möglich. Das ginge über Unterstützung der europäischen Atommacht Frankreich durch gemeinsame Finanzierung einer Kooperation der Willigen mit nationaler Co-Finanzierung. (Das aus einem europäischen Haushalt zu finanzieren, wird nicht sofort möglich sein, weil Österreich und andere sich daran nicht beteiligen würden.) Vorstellbar wäre also eine Kooperation Frankreichs mit willigen EU-Staaten und der Atommacht Großbritannien. Am Ende stünden dann eine Teilhabe, ein Mitspracherecht und eine gemeinsame europäische Verteidigung statt der nationalen.

Macron zeigte sich bereit, »in unsere jeweiligen nationalen Streitkräfte – und mit dieser Initiative beginne ich bei unseren französischen Streitkräften – Soldaten aus allen europäischen

Ländern aufzunehmen«. Er hat eine gemeinsame Einsatztruppe vorgeschlagen, einen gemeinsamen Verteidigungshaushalt und eine gemeinsame Handlungsdoktrin. Das völlig zu europäisieren geht allerdings noch zu weit.

Wir müssen gemeinsame Befehlsstränge schaffen – indem wir ein gemeinsames Hauptquartier einrichten, nicht gegen die NATO, sondern in Kooperation mit der NATO. Europäische Missionen dauern immer zu lange. Viel Zeit vergeht, bis geklärt ist, wer die *lead nation* ist, wer das finanziert, wer Zuschüsse gibt, wo das Operationszentrum liegt und bis jedes Mal neue Strukturen geschaffen sind. Manchmal muss man aber sofort agieren – oder es lassen. Wenn wir europäische Aktionen gemeinsam umsetzen wollen statt solche von Mitgliedsländern, brauchen wir eine ständige militärische Struktur in Brüssel. Inzwischen plant die Union ein solches ständiges Hauptquartier, so heißen darf es allerdings noch nicht.

Hätten wir eine umfassendere Kooperation in der Streitkräftepolitik nach dem Vorbild der deutsch-französischen Brigade, könnten wir Missionen künftig schneller umsetzen als zuletzt in Mali. Eine Koalition der Willigen entsprechend der permanenten strukturellen Kooperation (Pesco) des EU-Vertrags würde das zusätzlich befördern. 24 Mitgliedsstaaten haben sich dieser Kooperation angeschlossen, um an gemeinsamen militärischen Projekten zu arbeiten. Pesco ist verantwortlich für interessante Projekte wie Cyber Defence und die Widerstandsfähigkeit von Europas digitaler Infrastruktur gegen asymmetrische Schocks.

Mit dem von Frankreichs Präsident Macron initiierten Verteidigungsfonds, den ersten Forschungsmitteln aus dem EU-Haushalt und von der Leyens Beschluss für eine eigene Generaldirektion Verteidigung und Rüstungskooperation ist eine gute Basis für eine gemeinsame europäische Verteidigung geschaffen. Sie ist aber wegen alter Reflexe in den nationalen Strukturen noch immer zu schmal.

Die EU muss schnell alle Möglichkeiten des Vertrags von Lissabon nutzen, mehr Entscheidungseffizienz, mehr Pesco, mehr Verteidigungsbudget. Alle europäischen Staaten einschließlich Finnland, Polen, der baltischen Staaten, Rumänien, Bulgarien müssen in derselben Sicherheitsqualität leben. Aus alldem könnte sich langfristig eine EU-Armee entwickeln. Dazu wäre es nötig, die europäischen Verträge und auch das Grundgesetz zu ändern. Wenn Einsätze einer künftige EU-Armee unter einzelstaatlichen Parlamentsvorbehalten wie dem im deutschen Grundgesetz niedergelegten stünden, wäre die militärische Handlungsfähigkeit infrage gestellt, was für andere EU-Partner vermutlich nicht akzeptabel wäre.

V. EUROPA KANN MEHR: WIE DIE EU EFFEKTIVER WIRD

Die EU ist kein Staat. Es sind die Mitgliedsstaaten, die in den Verträgen einstimmig über Kompetenzen, neu zu schaffende Institutionen und prinzipielle Verfahren entscheiden. Das Bundesverfassungsgericht hat das als »Kompetenzkompetenz« bezeichnet. Die Staaten haben jedoch Kompetenzen an die EU abgegeben, legitimiert durch nationale Parlamente und Volksabstimmungen. Der heute gültige Vertrag von Lissabon ist – wie eine Verfassung – einschließlich der Charta der Grundrechte verbindliches Primärrecht. Dass aus der EU kein Zentralstaat wird, darüber wachen die nationalen Regierungen, Verfassungsgerichte und Parlamente. Einen europäischen Superstaat wird es deshalb nicht geben, aber die EU wird wachsen. Noch immer gilt das Wort des ersten EU-Kommissionspräsidenten Walter Hallstein, der sagte: Das geeinte Europa sei eine »creatio continua«, eine fortlaufende Schöpfung. Bevor sie jedoch weitere Mitglieder aufnehmen kann, muss sie sich modernisieren.

Es würde den Rahmen dieses Buch sprengen, die großen Fortschritte der Verträge über die Einheitliche Europäische Akte, von Maastricht, Amsterdam und Nizza bis hin zum Vertrag von Lissabon im Einzelnen zu diskutieren. Wichtig angesichts des zu erwartenden Zuwachses der EU-Familie ist festzuhalten, dass sowohl der am 2. Oktober 1997 unterzeichnete und am 1. Mai 1999 in Kraft getretene Vertrag von Amsterdam als auch der Vertrag von Nizza (21. Februar 2001/1. Februar 2003) in einem wichtigen Punkt nicht weit genug gingen: In einer Entschließung vom 14. Dezember 2001 stellte das EP fest, dass das Ergebnis »weit hinter dem zurückbleibt, was es für notwendig erachtet hat, um die Fähigkeit der Union zur Erweiterung und ihre demokratische Legitimität zu stärken«.[79] Mit Blick auf die Erweiterung hätte es dringend einer Zunahme von qualifizierten Mehrheitsentscheidungen bedurft: im Binnenmarkt, im Wettbewerb, in Teilen der Sozial- und Steuerpolitik, in der Asyl- und Flüchtlingspolitik, in der Bekämpfung der grenzüberschreitenden Kriminalität, beim Umweltschutz und in der Außenhandelspolitik. Diese Versäumnisse haben sich als Problem in und für Europa erwiesen. Was damals und bis heute unzureichend ist, muss endlich gelöst werden – vor einer Erweiterung.

Nizza war für Demokratie und Transparenz der EU kein Erfolg. Ich schrieb damals: »Sollte das Europäische Parlament zu dem Entschluss kommen, dass der Vertrag keine hinreichenden institutionellen Veränderungen geschaffen hat, der Rat sich unflexibel gezeigt hat und auf die Forderungen nicht eingegangen sein sollte, muss das Parlament aus meiner Sicht die Zustimmung zum Vertrag von Nizza verweigern.« Das erwarte die Bevölkerung vom Parlament. Und so geschah es.

Der belgische Ministerpräsident Guy Verhofstadt versprach mir im Januar 2001: Wenn ich erreiche, dass das Parlament keinen endgültigen Beschluss zu Nizza fällt, werde er in der anstehenden belgischen Ratspräsidentschaft in der zweiten Hälfte 2001 dafür sorgen, dass der Europäische Rat ein Mandat für einen Verfassungskonvent mit weitgehender Agenda beschließt. Das Wort hat er gehalten. Und so saß das Parlament bei den Beratungen für die nächste europäische Raketenstufe, für eine europäische Verfassung, gleichberechtigt am Tisch mit den Nationalparlamenten, der Kommission und den nationalen Regierungen. Alle Beitrittskandidaten diskutierten als Gäste mit. Aus diesem Konvent ist der Verfassungsvertrag entstanden, den Franzosen und Niederländer leider durchfallen ließen. Es war Angela Merkel, die während der deutschen Ratspräsidentschaft 2007 die Inhalte des Verfassungsvertrags nahezu vollständig rettete, was Sarkozy »Vertrag light« nannte. Nur wenige Punkte wurden inhaltlich geändert, und so war Lissabon ein großer Fortschritt. Lediglich die Symbole und Begriffe, die den Anschein erwecken konnten, es handele sich bei der EU um einen Staat, wurden aufgegeben: Gesetz und Rahmengesetz heißen im Vertrag von Lissabon wieder Verordnung und Richtlinie. Die Inhalte der Verfassung weitgehend gerettet zu haben, das war Merkels große Leistung. Das damals Gelungene, das Bestehende muss nun mit Blick auf eine weiter wachsende EU ausgebaut und modernisiert werden.

Die EU braucht Reformen auch aus den bereits genannten außenpolitischen Gründen. Wenn die USA und China versuchen, ihre Politiken vor allem auf ihren Wettbewerb um die führende Rolle in der Welt zu reduzieren, bringt das die – global gesehen – europäischen Kleinstaaten und die schwächere EU in große Schwierigkeiten. Auch Putins Kriegspolitik fordert Europa heraus. Alle drei setzen die »divide et impera«-Methode gegen die EU ein – hin und wieder mit Erfolg. Wie im lang vergangenen 19. Jahrhundert, in dem nur Putin noch zu leben scheint, wollen die großen Staaten allein über Krieg und Frieden, über Grenzen und Einflusszonen entscheiden. Wenn die EU uneinig auftritt, nützt das nur den Großmächten. Wenn wir Europäer nicht wollen, dass die Großen allein entscheiden, müssen wir uns auf uns selbst als Gemeinschaft verlassen können. Wegen des derzeitigen weltpolitischen Machtkampfs müssen wir unsere eigene Außen- und Sicherheitspolitik innerhalb der EU und unsere Verteidigungsfähigkeit ausbauen.

Es hat sich allerdings erwiesen: Wo die EU supranational statt intergouvernemental und ohne Vetoprinzip arbeitet, ist sie erfolgreich. Schon Jean Monnet war klar: Verträge der neuen Gemeinschaft müssen auf supranationaler Basis geschlossen werden. Wenn die Nationalstaaten Kompetenzen an die Gemeinschaft übertragen, müssen die Regeln für alle verbindlich gelten; dann steht europäisches Recht immer über nationalem. Andernfalls müsste jedes nationale Parlament einzeln über jeden Rechtsakt abstimmen, und Europa bewegte sich wie ein Faultier und würde zum nutzlosen Flickenteppich.

Intergouvernementalen Verträge hatten niemals dauerhaften Bestand und sich als ungeeignet erwiesen, Kriege in Europa dauerhaft zu verhindern. Insbesondere Friedensverträge unterlagen der »clausula rebus sic stantibus«, dem Grundsatz der gleichbleibenden Umstände, die sich im Laufe der Jahre zwangsläufig veränderten – und damit auch die Vertragsgrundlage. Die EU wäre handlungsunfähig, wenn jede kleine Regelung eines völkerrechtlichen Vertrags bedürfte und alles immer einstimmig beschlossen werden müsste. Wo noch heute der Zwang zu Einstimmigkeit besteht, kann die EU die Erwartungen der Bürger nicht erfüllen. Bei der Sicherheits- und Außenpolitik zeitigt es schon jetzt fatale Folgen.

Mehr Demokratie durch Spitzenkandidaten

Der 15. Juli 2014 war ein großer Tag für die EU, ein revolutionärer. An diesem Tag wählte das EU-Parlament Jean-Claude Juncker mit 422 Stimmen (bei 250 Gegenstimmen und 47 Enthaltungen) für die nächsten fünf Jahre zum Präsidenten der Kommission. Anders als Merkel war Kohl immer für Juncker. Der luxemburgische Regierungschef war für ihn der »Junior«. Kohl sagte: »Wenn Juncker Deutscher wäre, wüsste ich, wer mein Nachfolger wird. Der weiß noch, was ein Christdemokrat ist.« Weil er wusste, dass die soziale Komponente nicht zu vernachlässigen war.

Nun war er Chef der europäischen Kommission geworden, dem Äquivalent der Regierung in einem Nationalstaat. Erstmals waren die Parteienfamilien mit Spitzenkandidaten angetreten, das Versprechen an die Wählerschaft lautete: Einer der Spitzenkandidaten der Parteien bei der Europawahl wird Chef des Exekutivorgans der EU. Bis dahin hatten die Staats- und Regierungschefs im Europäischen Rat ausgekungelt, wer Regierungschef wird. Vom zwölften europäischen Präsidenten an sollte das EP über dieses wichtige Amt entscheiden. Für Juncker stimmten 2014 die Abgeordneten seiner Europäischen Volkspartei (EVP), die stärkste Kraft war, und Mitglieder anderer Fraktionen taten es ihnen gleich.

Ich gehörte zu den Erfindern des Spitzenkandidatenprozesses. Klares Ziel war: Europas Bürger sollten mit ihren Stimmen nicht nur die Abgeordneten wählen, sondern auch den nächsten Regierungschef. Es dient der demokratischen Glaubwürdigkeit, wenn die Menschen sehen, dass ihre Stimme Gewicht hat. Ganz so wie bei der Bundestagswahl, deren Ergebnis ebenfalls entscheidend ist für die Wahl des Bundeskanzlers, den der Bundespräsident unter Berücksichtigung des Wahlergebnisses und nach Absprache mit der Mehrheit des Bundestags vorschlägt.

Voraussetzung für die Wahl Junckers war ohne Zweifel, dass sich noch in der Nacht der Europawahl (in den frühen Morgenstunden des 26. Mai 2014) die Fraktionschefs der Christdemokraten, Sozialdemokraten und Liberalen im Europäischen Parlament darauf verständigt hatten, allein Juncker als Gewinner der Europawahl zum Kommissionspräsidenten wählen zu wollen. Doch nach dem EU-Vertrag muss der Kandidat für das Amt des Kommissionspräsidenten erst vom Europäischen Rat, also von den Staats- und Regierungschefs der Mitgliedstaaten, mit qualifizierter Mehrheit vorgeschlagen werden. Dabei, so heißt es, »berücksichtigt« der Europäische Rat »das Ergebnis der Wahlen zum Europäischen Parlament« – eine Formulierung, die auf Drängen der von mir geleiteten Fraktion der Europäischen Volkspartei im EU-Verfassungskonvent in den Vertragstext aufgenommen worden war. Doch im Mai 2014 waren mehrere Staats- und Regierungschefs der Überzeugung, sie dürften sich bei der Auswahl des Kommissionspräsidenten nicht vom Europäischen Parlament das Heft aus der Hand nehmen lassen. Zwei Tage nach der Europawahl versammelte deshalb Herman Van Rompuy, der damalige belgische Präsident des Europäischen Rates und erklärter Gegner des »Spitzenkandidaten«-Prinzips, die Staats- und Regierungschefs zu einem informellen Abendessen in Brüssel, um selbst über den nächsten Kommissionspräsidenten zu entscheiden.

Beim Treffen der EVP-Spitze vor diesem Abendessen kam es zu einem heftigen Schlagabtausch, bei dem Parteichef Joseph Daul und ich leidenschaftlich für eine sofortige Nominierung Junckers als Kommissionspräsident plädierten, Angela Merkel aber sichtbar zögerlich war. Sie verwies auf erhebliche Bedenken des britischen Premierministers David Cameron, des schwedischen Ministerpräsidenten Fredrik Reinfeldt und des niederländischen Regierungschefs Mark Rutte, »und das sind sehr wichtige Partner für uns in Europa«. Viktor Orbán, der damals noch der EVP angehörte und deshalb am Treffen der EVP-Spitze teilnahm, hielt eine lange Rede: »Der Spitzenkandidat ist für mich ein Putsch bürgerferner Eurokraten gegen die demokratischen Nationalstaaten Europas«, sagte er. Ich sah während der verschiedenen Wortmeldungen immer wieder zu Juncker hinüber, der noch vor wenigen Wochen vom EVP-Parteitag auch auf Wunsch Merkels mit großer Mehrheit zum Spitzenkandidaten gewählt worden war. Er sah sich das ganze Theater einigermaßen gelassen an, zündete sich eine Zigarette nach der anderen an und meldete sich nur einmal kurz zu Wort: »C'est un peu ridicule tout cela«, so begann er auf Französisch (»Das ist alles einigermaßen lächerlich«), um dann auf Deutsch vor allem in Richtung der deutschen Bundeskanzlerin fortzufahren: »Es geht hier nicht um meine Person, sondern um unserer aller Glaubwürdigkeit. Ich bin die vergangenen acht Wochen für die EVP durch ganz Europa getourt und habe auf jedem Marktplatz das hohe Lied der europäischen Demokratie gesungen. Letzte Woche, liebe Angela, stand ich gemeinsam mit dir auf dem Marktplatz in Saarlouis, und du hast die schönen Worte gesagt: Gebt uns die Stimme, dann wird Juncker Kommissionspräsident. Wie gesagt, es geht hier nicht um mich. Aber wenn wir jetzt nach der Wahl etwas ganz anderes machen, dann geben wir uns der Lächerlichkeit preis.«

Juncker bekam viel Applaus, doch es half nichts: Beim Abendessen der Staats- und Regierungschefs kam es zu keiner Einigung auf Juncker. Vor allem Cameron und Orbán, aber auch mehrere der EVP angehörende Regierungschefs waren mit seiner Nominierung nicht einverstanden. Merkel sagte nach dem Abendessen zu den versammelten Journalisten: »Es kann Juncker oder jemand anderes machen.« Es war also am 27. Mai gegen 22 Uhr wieder alles offen.

Wenige Minuten nach Merkels Aussage bekam ich eine SMS von Martin Selmayr, einem jungen Kommissionsbeamten, der mich während meiner Arbeit im Konvent juristisch beraten hatte – gerade bei der Vertragsformulierung zum »Spitzenkandidaten« – und auf meinen Vorschlag hin den Wahlkampf von Juncker sehr erfolgreich gemanagt hatte: »JCJ wird morgen um 9 Uhr auf einer Pressekonferenz seinen Rücktritt als EVP-Spitzenkandidat erklären.« Junckers Frustration war nur zu verständlich, doch wenn er jetzt absprang, dann war der Spitzenkandidat für alle Zeiten tot und begraben.

Martin und ich beschlossen, noch in derselben Nacht alle unsere Kontakte in Politik und Medien zu mobilisieren, um zu helfen und vor allem mit Juncker persönlich zu sprechen. Um 1 Uhr morgens setzten wir uns mit ihm in der Küche einer kleinen Privatwohnung in Brüssel zusammen. Zwanzig Minuten vor 2 Uhr klingelte Junckers Telefon, Martin Schulz rief an: »Du Sau-

kerl kannst mich jetzt nicht im Stich lassen«, brüllte der sozialdemokratische Präsident des Europäischen Parlaments ins Telefon, der bis vor zwei Tagen noch gegen Juncker Wahlkampf
geführt hatte, jetzt aber felsenfest zum erfolgreichen Spitzenkandidaten stand. Ein starker Beweis für gelebte demokratische Kultur in der Europäischen Union. Zehn nach 2 Uhr traf eine wichtige Nachricht ein. Die Kanzlerin, der ich sehr eindringlich die
dramatischen Konsequenzen eines Rücktritts Junckers geschil-
dert hatte, schrieb ihm persönlich: »In der Ruhe liegt die Kraft.«
Wir vereinbarten schließlich, mit der Rücktrittspressekonferenz
noch etwas zu warten.

In den nächsten Tagen drehte sich vor allem in Deutschland
die öffentliche Meinung stark in Junckers Richtung. Rolf-Dieter
Krause, langjähriger ARD-Korrespondent in Brüssel, sprach in
einem Kommentar in den *Tagesthemen* davon, es sei »Betrug am
Wähler«, wenn Juncker nicht Kommissionspräsident werde. Und
die *Bild*-Zeitung machte Junckers Wahl in einem Leitartikel zum
Symbol für die Demokratie in Europa und zum Test für die euro-
papolitische Glaubwürdigkeit der Bundeskanzlerin.

In einer Rede auf dem Evangelischen Kirchentag lieferte Merkel schließlich ein klares Bekenntnis zu Juncker. Zwei Wochen
später nominierte der Europäische Rat (gegen die Stimmen Ca-
merons und Orbáns) Juncker zum Kommissionspräsidenten,
und vier Wochen später wählte ihn das Europäische Parlament.
Es war ein guter Tag für Europa und die Demokratie.

Leider hat das EU-Parlament 2019 versagt, als Ursula von der
Leyen den Kommissionsvorsitz übernehmen durfte. Dabei war
sie überhaupt nicht zur Wahl gestanden, sie hatte am Wahlkampf
gar nicht teilgenommen, zur Wahl standen Spitzenkandidaten
wie Manfred Weber (EVP) und Frans Timmermans (S&D) sowie
die Liberale Margrethe Vestager. Aber die Staats- und Regierungschefs kungelten 2019 wie zu alten Zeiten im Europäischen
Rat aus, wer den Spitzenposten in der Kommission bekommen

sollte. Weil das EU-Parlament sich nicht hinter einem der Spitzenkandidaten vereinen konnte, musste es diese Vorentscheidung schlucken, schließlich am 16. Juli 2019 ab- und mit 383 von 733 Stimmen (bei 327 Gegenstimmen, 22 Enthaltungen und einem ungültigen Votum) zustimmen, sich ergeben. Damit hat sich das EP selbst beschädigt und der demokratischen Legitimation der Union sowie der Idee Europa geschadet. Die nationalen Hauptstädte triumphierten.

Wie konnte es zu diesem Versagen des Parlaments kommen?

Guy Verhofstadt (ALDE), Roberto Gualtieri (S&D), Reinhard Bütikofer (Grüne) und ich hatten uns vor der Wahl darauf verständigt, dass wir die Wahl des Kommissionspräsidenten im Sinne des Spitzenkandidatenkonzepts vorbereiten. Wir hatten uns darauf verständigt, geschlossen den Kandidaten zu wählten, der im Parlament eine Mehrheit findet. Dann wurde Gualtieri italienischer Finanzminister, und die Sozialisten wählten eine Spanierin zur Fraktionsvorsitzenden, Iratxe García Pérez, die Hand in Hand mit Ministerpräsident Pedro Sánchez ging, der gegen den Spitzenkandidaten war. Dasselbe passierte bei der liberalen Renew, wo eine Französin, die Macron nicht wollte, gegen einen Rumänen ausgetauscht wurde, der Macrons Position folgte. Dadurch fielen die Sozialisten und die Liberalen aus, und auch Verhofstadt veränderte seine Auffassung völlig. Am Ende standen nur noch die Grünen.

Nach den Wahlen war der Spitzenkandidat der Sozialisten, Frans Timmermans, für Weber nicht erreichbar, und zwar bewusst, sodass die Gespräche nicht fortgesetzt werden konnten. Als klar war, dass Weber keine Mehrheit hatte, tauchte Timmermans wieder auf. Und als er mich bat, den Kontakt zu Weber herzustellen, war nun Weber nicht mehr erreichbar. Das Parlament konnte so zu keiner Entscheidung kommen. Ende Juni kamen die Regierungschefs vom G20-Gipfel in Osaka zurück und brachten den Vorschlag, Timmermans solle Kommissionspräsident und Weber sollte erster Vizepräsident werden. Merkel hatte dem offensichtlich zugestimmt. Dafür machte Weber sich allerdings nicht stark, und in der EVP-Fraktion und bei einigen EVP-Regierungschefs setzte sich die Meinung durch, man könne sich das nicht gefallen lassen. Das war kurzsichtig, Revanche nach dem Motto: Ihr habt unseren Kandidaten abgeschossen, jetzt schießen wir euren ab. Darauf hatten die Merkels, Macrons, die Sánchez' gewartet, und das Ganze wurde zu einer institutionellen Machtfrage.

Das EP ließ sich nun unter Zeitdruck setzen, obwohl die Fraktionen sich noch gar nicht konstituiert hatten. Und es war nicht in der Lage, selbst einen Vorschlag anzubieten. Also präsentierte der Rat einen weiteren Vorschlag: von der Leyen. Danach ging es nur noch um die Frage: Machen wir daraus eine Krise oder wählen wir die Kandidatin der Staats- und Regierungschefs? Ich habe mich dann für von der Leyen eingesetzt und mitgeholfen, dass sie mit knapper Mehrheit gewählt wurde. Ich half auf ihre Bitte hin dabei, dass britische Labour-Abgeordnete sie wählten, und ich sprach auch mit polnischen Abgeordneten der PiS und mit den Sozialisten. Von der Leyen ist von Sozialisten und den Grünen gewählt worden, von PiS und Labour. Rückblickend war meine Haltung von damals falsch. Das EP hätten diesen Kampf durchstehen müssen.

»Der Europäische Rat schlägt dem Europäischen Parlament nach entsprechenden Konsultationen mit qualifizierter Mehrheit einen Kandidaten für das Amt des Präsidenten der Kommission vor«, heißt es in Artikel 17 Absatz 7 des EU-Vertrags, »dabei berücksichtigt er das Ergebnis der Wahlen zum Europäischen Parlament. Das Europäische Parlament wählt diesen Kandidaten mit der Mehrheit seiner Mitglieder.« Der Europäische Rat (das Treffen der Staats- und Regierungschefs mit EU-Kommissionspräsident, dem Hohen Vertreter der Außen- und Sicherheitspolitik unter Vorsitz des Präsidenten des Europäischen Rats) hat nur ein Vorschlagsrecht, und er musste seinen Vorschlag im Lichte des Ergebnisses der Europawahl und nach Konsultationen mit dem Parlament vorlegen, das dann entscheidet. Beides sollte die Legitimation des Präsidenten und die Wahlbeteiligung erhöhen. Diese Konsultationen fanden 2019 nicht statt. Die Volksvertretung erwies sich als unfähig und zum Teil unwillig, dem Diktat der Staats- und Regierungschefs entgegenzutreten. Die aus dem Rat gesteuerten neuen Fraktionsvorsitzenden der Sozialdemokraten und Liberalen spielten das Spiel ihrer nationalen Regierungschefs schließlich mit, und so fiel EVP-Spitzenkandidat Manfred Weber durch. Und so setzte sich Emmanuel Macrons Vorschlag durch: Ursula von der Leyen.

Das Spitzenkandidatenprinzip wird immer wieder hinterfragt, meist von den Staats- und Regierungschefs. Die inzwischen ausgetretenen Briten waren von Anfang an dagegen. Auch Emmanuel Macron sagte 2019 mehrfach: »Es gibt keine rechtliche Grundlage für die Installation von Spitzenkandidaten bei der Europawahl!« Aber das ist falsch! Macron sollte den Vertrag von Lissabon lesen, das Grundgesetz der gesamten EU.

»Wochenlang waren Weber und Timmermans als Spitzenkandidaten der beiden größten europäischen Parteifamilien durch den Kontinent getourt und hatten sich in TV-Duellen gestritten«, merkte die Wochenzeitung *Die Zeit* zu diesem »Skandal« an. »Doch am Ende bekommt den Job eine Person, die Anfang Juni die wenigsten der 500 Millionen Bürger überhaupt kannten.«[80]

Künftig muss das Parlament wieder auf seine Rechte pochen – zum Wohl der Demokratie. Es muss sich die Zeit nehmen, nach der Wahl eine mehrheitliche Position zu finden und sich auf die Konsultationen mit dem Europäischen Rat vorbereiten. (Auch in der nationalen Politik nehmen sich die Parteien Zeit für Koalitionsverhandlungen, oft wochen- oder gar monatelang.) Dabei müssen die Abgeordneten der demokratischen Parteien darauf achten, nicht auf Unterstützung der Extremen angewiesen zu sein. Wie soll das gehen, wenn die extremen Flügel im EU-Parlament sich weiten?

Die Parteien am äußersten rechten Rand werden bei den Wahlen des EU-Parlaments im Juni 2024 wahrscheinlich wachsen. Linksextreme europäische Parteien aus verschiedenen Ländern – auch aus Deutschland mit dem Bündnis Sahra Wagenknecht – werden das noch verstärken. Wie können die demokratischen Parteien von der EVP über die Liberalen und Sozialdemokraten bis hin zu den Grünen und demokratischen Konservativen vermeiden, dass sie auf Stimmen der Extremen angewiesen sind und erpresst werden können? Das wird die Schlüsselfrage in Europa. (Und das wird auch die Schlüsselfrage nach den Wahlen in den ostdeutschen Ländern 2024.) Im Sinne Europas kann das nur beantwortet werden, indem die genannten Parteien zusammenarbeiten.

Mit dem ehemaligen sozialistischen schwedischen Ministerpräsidenten Stefan Löfven, der das Parteienbündnis der Sozialisten und Sozialdemokraten führt, sprach ich im Herbst 2023 in Berlin darüber, wie die Parteien eines europäischen Verfassungsbogens, welche die EU bedingungslos bejahen, die Europagegner und -feinde in Schach halten könnten. Die demokratischen Parteien der Mitte müssten untereinander nach Kompromissen suchen, für die sie dann gemeinsam fraktionsübergreifend abstimmen. So bleiben die Rechts- oder Linksextremisten bei Abstimmungen irrelevant. Man braucht sie nicht, wenn die demokratischen Parteien jenseits der Rechts- und Linksaußen in der Lage sind, eine Mehrheit zu stellen. Das gilt nicht nur bei der Suche nach einem gemeinsam getragenen Kommissionspräsidenten. Während nationale Abgeordnete – etwa im Bundestag – immer auch die Mehrheit ihrer Regierung sichern müssen, können im EU-Parlament einzelne Abgeordnete versuchen, je nach Thema Mehrheiten aufzubauen. Während oppositionelle Abgeordnete in nationalen Parlamenten für die Presseerklärung oder den Papierkorb arbeiten, können sie im EP wesentlich stärker wirken. Als Norbert Blüm mich einmal aufforderte, für den Bundestag zu kandidieren, fragte ich ihn: »Norbert, hörst du auf? Soll ich dein Ministerium übernehmen?« Er kuckte nur, fragend. Also sagte ich: »Ich gehe doch nicht in die Zwangsmühle des Bundestags, wo ich meine Freiheit verliere.« Deshalb ist das EU-Parlament in vielen Punkten demokratischer als jedes nationale. Der einzige »Zwang«, dem die Demokraten im EP unterliegen, lautet: Ihr müsst untereinander einen Kompromiss finden.

Derzeit jedoch werfen Parteien dieses Verfassungsbogens der EVP und der CDU vor, sie arbeite mit den Rechten zusammen. Gleichzeitig erlauben sie sich selbst keinen Kompromiss mit der EVP oder der CDU und kooperieren selbst mit Extremen, sofern sie links sind. Das hat zur Folge, dass die EVP (und als Teil davon die CDU) entweder gar nichts mehr unternimmt oder riskiert, von der AfD unterstützt und dafür verurteilt zu werden.

So wird ein Teil der demokratischen Parteien ins Abseits gestellt, statt gemeinsam gegen die Radikalen anzutreten. Die Parteien des Verfassungsbogens müssten jedoch zusammenhalten, auch bei der Wahl des Kommissionspräsidenten. Sie müssen verhandeln und ermitteln, welcher Kandidat innerhalb der proeuropäischen, demokratischen Fraktionen eine Mehrheit bekommt – und diesen dann geschlossen wählen. Das muss nicht einmal zwingend der Spitzenkandidat der stärksten Fraktion sein. Die SPD mit den Kanzlern Brandt und Schmidt war zwischen 1969 und 1980 auch nicht die stärkste Fraktion.

Für das Ansehen und den Zusammenhalt der EU wäre es katastrophal, wenn der nächste Kommissionspräsident mithilfe von rechten oder linken Radikalen ins Amt käme. Sonst könnte sich die EU 60 Jahre nach meiner Lektüre von Gordon Craigs am Anfang genannten Buch über »Deutsche Staatskunst von Bis-

marck bis Adenauer« doch noch als gescheiterter Versuch herausstellen, der zwar von hoher historischer Bedeutung bliebe,
aber keine Zukunft hat.

Transnationale Wahllisten? Warum das unsinnig ist

Der Vorschlag von sogenannten transnationalen Wahllisten soll
der Versuch sein, die Europawahlen zu europäisieren. Das ist
kontraproduktiv. Denn Abgeordnete müssen in der Nähe der
Wählerschaft leben, damit die Bürgerinnen und Bürger sie jeder-
zeit persönlich ansprechen und kritisieren sowie um Hilfe bitten
können. Wer auf einer Liste von Helsinki bis Lissabon gewählt
wird, ist Abgeordneter von allen und damit niemandem. Auch
ist er oder sie dann nur noch Marionette derjenigen, welche die
Liste aufstellen. Bürgernähe, die herzustellen in der großen EU
ohnehin schon schwer genug fällt, entstünde auf diese Weise gar
nicht. Es wird nur anonymer und von bürgerfernen Europaprofis
beherrscht. Die Menschen aber müssen ihren Abgeordneten
kennen.

Gegen transnationale Listen spricht außerdem eine absehbare
Benachteiligung der kleineren Länder, weil an der Spitze solcher
Europalisten in der Regel nicht die Vertreter von Luxemburg
oder Zypern stehen würden. Vermutlich kämen viele Vertreter
aus der Brüsseler Szene, die keine Verbindung zu einem Wahlkreis, einer Region haben. Absehbar ist dabei der Vorwurf der
Zentralisierung. Das wäre nicht gut für die EU.

Zentrale Wahllisten gibt es nur in zentralistischen Systemen,
nicht in föderalen. In Deutschland stehen Kanzlerkandidaten
nicht auf einer nationalen Wahlliste, sondern auf einer Landes-
liste; und sie kandidieren in einem Wahlkreis. Zu Legitimations-
problemen hat das noch nicht geführt. Noch offensichtlicher
wird das bei einem Mehrheitswahlsystem wie in Großbritannien,
bei dem ein Spitzenkandidat nur im Wahlkreis wählbar ist. In
den USA werden alle Kongressmitglieder auf der Ebene der Bun-

desstaaten bestimmt. Das gilt letztlich selbst für die Präsidentschaftswahlen.

Die Kommission verkleinern? Eine Schnapsidee

»Wir können mit einer Kommission aus fast 30 Mitgliedern
nicht so weitermachen, dass jeder denkt, er müsse die Interessen
seines eigenen Landes verteidigen«, meint Manuel Macron. »Das
entspricht weder dem Sinn noch dem Geist Europas.«[81] Das
klingt vernünftig, aber es wäre ein Fehler, dem französischen
Vorschlag zu folgen, die Kommission auf 15 Mitglieder zu kür-
zen. Das würde bedeuten, dass nicht mehr alle Länder einen
Kommissar stellten. In einem Rotationssystem sollten auch große Staaten wie Deutschland und Frankreich von Zeit zu Zeit außerhalb der Kommission stehen. Als ich das hörte, blinkten bei
mir alle Warnlampen. Es ist ein alter französischer Wunsch: Statt
eine gleichrangige Institution zu sein, würde die Kommission
zum Sekretariat des von den großen Mitgliedstaaten dominier-
ten Europäischen Rats, der so zum Gesetzgeber durch die Hin-
tertür würde.

Denkbar wäre jedoch, eine weniger zersplitterte Kommission
mit weniger Ressorts dadurch zu erreichen, dass es nur noch 12,
13, 14 Portfolios gibt. Schon 2009 wies ich In einem Aufsatz auf
die Option von »Junior-Kommissaren« hin, vergleichbar mit
parlamentarischen Staatssekretären, zwar ohne eigenes »Ministerium«, aber gleichwohl mit Stimmrecht. Keinesfalls sinnvoll ist
es nämlich, ein Land mit der »Generaldirektion für Sprachen-
vielfalt« abzuspeisen, denn das verletzt den nationalen Stolz;
stattdessen müsse zusammengelegt werden, was zusammenge-
hört. Möglich erschien schon damals eine Rotation. Ich stellte
fest: »Besser wäre es aber noch, wenn der Kommissionspräsident
in Wahrnehmung seiner Richtlinienkompetenz nach den Fähigkeiten der Kandidaten entscheiden kann und innerhalb einer
Amtszeit auch ›Reshuffling‹ vornehmen könnte. Das würde poli-

tische Verantwortung und Qualität der Kommission und des Kommissionspräsidenten gegenüber dem Präsidenten des Europäischen Rats stärken.«[82] Die Kommissare sollten nie vergessen, dass sie dem europäischen Gemeinwohl verpflichtet sind, nicht dem nationalen. Das durchzusetzen wäre dem Kommissionspräsidenten schon heute möglich, da er laut Vertrag das alleinige Organisationsrecht für die Gestaltung der Kommission hat. Positiver Nebeneffekt: Die Nationalstaaten schicken ihre besten Leute nach Brüssel.

Die Kommission ist eine selbstständige Institution wie das Parlament, sie ist die Regierung der EU, nicht das Sekretariat des Europäischen Rats. Die Kommission hat das Initiativrecht für Rechtsvorschriften, der Europäische Rat hat das nicht und ist formal gesehen auch nicht an der Gesetzgebung beteiligt, sondern er legt auf den sogenannten Gipfeltreffen die allgemeinen politischen Ziele und Prioritäten der EU fest und damit die Vorgaben für die Kommission. Er sollte sich nicht in operative Politik einmischen, sondern seiner Aufgabe nachkommen und den Rat koordinieren. Äußerungen des Europäischen Rats zur Gesetzgebung sind Meinungsäußerungen. Dass es einen Präsidenten des Europäischen Rats gibt, war Wunsch der Franzosen, die wie zu Hause einen Premier und den Präsidenten haben wollten. Das ist eine unnötige Fehlkonstruktion, die zu Missverständnissen führen kann. Eine operationelle Rolle für ihn, der keinerlei demokratische Legitimation hat (weil nur von den 27 Länderchefs bestimmt), war im Konvent nie vorgesehen, weder bei der Gesetzgebung noch im Außenministerrat, wo andernfalls Kompetenzüberscheidungen unvermeidlich wären. »Die Chance einer einheitlichen Außenpolitik wäre akut gefährdet.« Der Präsident des Europäischen Rats, installiert für jeweils zweieinhalb Jahre als EU-Repräsentant vergleichbar mit dem Bundespräsidenten, hat keine Legitimation und keine operationelle Zuständigkeit, weshalb er sich ständig mit der Kommission über Zuständigkeiten streitet. Mit der wechselnden Ratspräsidentschaft dagegen bekommt die EU jedes halbe Jahr einen Impuls, weil der Regierungschef des Landes, das die Ratspräsidentschaft innehat, etwas für die Geschichte hinterlassen möchte.

Ziemlich viele Räte gibt es in der EU. Wenn mein Freund Reinhard Silberberg, Ständiger Vertreter der Bundesrepublik Deutschland bei der EU und Sozialdemokrat, vorher Chef der Europaabteilung im Kanzleramt Schröders, mir sein Verständnis von Hierarchien in der EU vermitteln oder mich ärgern wollte (in jedem Scherz steckt auch ein Fünkchen Wahrheit), begrüßte er mich mit den Worten: »Alle Macht den Räten.« Er war Ratsmann, ich Parlamentarier.

Die deutsche Europapolitik muss im Kanzleramt entschieden werden

Es geschieht immer wieder: Die deutschen Koalitionsparteien sind uneinig und verschleppen die Prozesse in der EU. Beim Streit um die geplante Verlängerung der EU-Zulassung des Unkrautvernichtungsmittels Glyphosat um zehn Jahre – ein Vorschlag der EU-Kommission nach wissenschaftlicher Bewertung durch die EU-Behörde für Lebensmittelsicherheit (EFSA) – sprach die FDP sich dafür aus, die Grünen dagegen; die SPD schwieg. Auch bei der neuen Abgasnorm Euro-Norm 7 konnten sich Grüne und FDP nicht einigen. Die FDP wünschte Ausnahmen, die Grünen strengere Vorgaben. Bis es zu einer Einigung kommt, vergeht viel Zeit. Während die Ampel noch streitet, verhandelten die 26 anderen Vertreter im Rat bereits mit der Kommission und dem EU-Parlament. Hendrik Kafsack stellte in der *FAZ* eine lange Liste von Gesetzesvorhaben auf, »bei denen ein ›German Vote‹ kam oder es erst spät abgewendet werden konnte«: Asylkompromiss, Bargeldobergrenze, Glyphosat, Lohntransparenz, Euro-7-Abgasgrenzwerte, Künstliche Intelligenz. »Wenn überhaupt, steht die deutsche Position oft erst kurz vor dem endgültigen Votum.«[83]

Das Lieferkettengesetz ist ein Beispiel für notwenige Gesetze, die schlecht gemacht sind – umso mehr wenn die deutsche Ampelregierung der Wirtschaft zusätzlich ein nationales Gesetz vorschreibt, das dem europäischen in einigen Punkten widerspricht. Ein rein deutsches Lieferkettengesetz zu einem Zeitpunkt zu verabschieden, wenn gleichzeitig schon an einem europäischen in EP und Rat gearbeitet wird, ist blanker Berliner Unsinn und auch gegen deutsches Interesse gerichtet. Die europäische Regelung mit dem Hinweis auf die deutsche kurz vor der abschließenden Brüsseler Entscheidung zu verhindern, obwohl die Bundesregierung an deren Vorbereitung jahrelang mitgearbeitet hat, ist arrogant und erneut ein Beweis für die mangelnde Koordination in der Bundesregierung. Es ist aber auch schädlich für die deutsche Wirtschaft, weil dann allein sie und nicht ihre EU-Konkurrenz von den Auflagen und Belastungen eines Lieferkettengesetzes betroffen sein wird. Es würde auch die rechtliche Funktionsweise des EU-Binnenmarkts belasten, zu einer Verlagerung aus Deutschland in andere EU-Länder führen und dem eigentlichen Zweck – etwa illegale Rohstoffimporte und Kinderarbeit zu verhindern – nicht erfüllen. Deutschland sollte anbieten, dass bei Inkrafttreten des EU-Gesetzes das deutsche erlischt. Und dann mit aller Kraft – nicht mit halber, wie bisher – für einen Kompromiss mit dem EP und dem Rat arbeiten, etwa bei der Größenordnung der betroffenen Unternehmen.

Hinter einer angeblichen mangelnden Effizienz und langsamen Entscheidungen der EU, wie gern behauptet wird, steckt häufig Deutschland, dessen unkoordiniertes Verhalten, Dysfunktionalität und schwache Entscheidungsstrukturen die EU lähmen. Europa zu verbessern beginnt deshalb in Deutschland. Um in diesen Zeiten der Mehrparteienkoalitionen Chaos und Unberechenbarkeit zu beseitigen, brauchen wir einen Europaminister im Kanzleramt, der in Brüssel die Position der nationalen Regierung vertritt, wie es in anderen EU-Ländern längst üblich ist. Die deutsche Position muss im Kanzleramt geklärt werden, dort wird mit seiner Autorität koordiniert, wie in der EU abgestimmt wird. Nach meinem Vorschlag handelt der Europaminister mit der Autorität des Kanzlers, nicht nach Parteizugehörigkeit in einer uneinigen Ampel.

Wie sehr das notwendig wäre, zeigte die erste Sitzung des Umweltministerrats nach dem Regierungswechsel 2005, als es unter Bundeskanzlerin Merkel zu einer »großen« Koalition mit der SPD gekommen war. Damals rief mich Industriekommissar Günter Verheugen aus dem Umweltministerrat an: Gabriel lese hier gerade den Sprechzettel von Trittin vor. Das Umweltministerium hatte Gabriel gebrieft auf Basis von Gabriels Vorgänger. Verheugen bat mich: »Du musst das stoppen!« Also rief ich Merkel an, und sie wies Gabriel zurecht. Daran ist klar zu erkennen: Die deutsche Position im Ministerrat muss im Kanzleramt festgelegt werden – je mehr Parteien eine Koalition bilden, desto wichtiger ist eine koordinierte Europapolitik.

Mit Angela Merkel war die Position des Europaministers im Kanzleramt 2005 beinahe durchgesetzt. Ich sollte damals im Kreis Herford für den Bundestag kandidieren. Dafür wollte ich aber nicht mein Europamandat aufgeben. Also habe ich Merkel vorgeschlagen, dass diese Koordinationsstelle eingeführt wird – und dass ich das werde. Sie sagte Ja – auch wenn ich nicht in den Bundestag einziehen sollte. Es sah alles nach einer Koalition zwischen Union und FDP aus, was aber schließlich am schlechten Ergebnis der CDU scheiterte, weil uns die neoliberale Position des Bundesparteitags in Leipzig einholte. Paul Kirchhofs Steuermodell mit einem einheitlichen Steuersatz von 25 Prozent, das mehrere hundert Steuerausnahmen abschaffen wollte – darunter die Besteuerung von Nachtzuschlägen –, verstörte die Wählerschaft nachhaltig. Er gehörte zum Kompetenzteam der Kanzlerin, aber immer schneller, immer höher baute sich das Bild eines unsozialen Eiferers auf. Und Schröder vermochte sein Publikum zu gewinnen, indem er behauptete, der »Professor aus Heidelberg« wolle, dass die Krankenschwester gleich viel Steuern bezahlt wie der Chefarzt. Merkel fragte mich sieben Tage vor der Wahl: »Elmar, kennst du einen Weg, wie man einen deutschen Professor zum Schweigen bringt?«

Der Europaminister war aber erledigt, weil die Union mit der SPD koalieren musste, und Frank-Walter Steinmeier, der Außenminister wurde, die Zuständigkeit für Europa nicht hergeben wollte. Eine solche Stelle im Kanzleramt ohne Kompetenzen zu bestücken war keine Lösung. Und ein Brok, der dauernd nölend durchs Kanzleramt läuft, auch nicht. Das wollte auch Angela Merkel nicht. Da waren wir uns schnell einig.

Der Fluch des Vetos:
Die EU braucht Mehrheitsentscheidungen

Als wir 2020 merkten, dass Corona keine Erkältung, sondern hochansteckend war, stellte die EVP-Fraktion den Antrag, die EU-Kommission mit mehr Kompetenzen auszustatten. Damit sollte erreicht werden, dass die EU abgestimmt auf die Bedrohung reagiert und es keinen »Impfstoffnationalismus« gibt. Das haben einige Mitgliedsstaaten – auch Deutschland – abgelehnt. Sie sprachen von Kompetenzwahn. Das führte auch dazu, dass die EU für die Beschaffung der Impfstoffe nicht über genügend Geld verfügte, das von den EU-Mitgliedsstaaten kommen sollte. Aber mitreden wollten schließlich alle, und ihre Interessen durchsetzen auch; die Osteuropäer wollten aus Kostengründen AstraZeneca. Nachdem wir mindestens ein halbes Jahr im Kampf gegen das Virus verloren hatten, kamen ausgerechnet aus den Hauptstädten Vorwürfe gegen die EU wegen angeblich mangelnder Effizienz. Jacques Delors ließ aus dem Ruhestand via *France24* hören: »Der Mangel an europäischer Solidarität stellt eine tödliche Gefahr für die EU dar.« Aus solchen Fehlern müssen wir lernen. Zum Beispiel, indem wir die Zuständigkeit für Gesundheit bei der EU ansiedeln.

Erst im Sommer 2020 sprachen Frankreich und Deutschland mit von der Leyen für einen Wiederaufbauplan: Darlehen und Zuschüsse im Wert von 750 Milliarden Euro für Staaten, die unter Corona besonders gelitten hatten. Dagegen waren unter anderem Ungarn und Polen. Nun ging es darum, den widerständigen Regierungen zu zeigen, dass die EU im Rahmen des EU-Primärrechts das Paket namens »Next Generation EU« auch dann durchsetzen kann, wenn nur 25 Staaten mitmachen. Die CDU hat Victor Orbán lange unterstützt – wegen Ungarns Rolle auf dem Weg zur deutschen Einheit. Aber »Next Generation EU« verlangte Rechtsstaatlichkeit, und den Mangel daran hat die EU ihm schließlich vorgehalten. Eine geänderte Geschäftsordnung der EVP-Fraktion nahm Orbán im März 2021 zum Anlass, den Austritt der zwölf Fidesz-Abgeordneten aus der EVP-Fraktion zu verkünden. Damit kam er dem Ausschluss zuvor.

Orbáns Abgleiten zog sich über viele Jahre hin. Nach einer ersten guten Präsidentschaft wurde er von linken Altkommunisten beerbt, die sich Sozialisten nennen. Ein Trauma für ihn. Als er wieder im Amt war, sagte er mir, dass ihm das nicht mehr passieren werde, von solchen Leuten abgelöst zu werden. »Ich wünsche dir den Sieg bei den nächsten Wahlen«, sagte ich zu ihm, »aber nicht mit 2/3-Mehrheit.« Aber er bekam sie, und er hat das Vertrauen der Wählerschaft missbraucht. Er begann, die Verfassung umzuschreiben, das Rechtssystem umzubauen, das Gerichtswesen und die Medien an die Kandare zu nehmen, wirtschaftliche Macht bei Freunden zu ballen, EU-Gelder zu missbrauchen. Als ich in Budapest Anti-Soros-Plakate sah, sprach ich ihn auf deren antisemitische Konnotation an. »Reg dich nicht auf, Elmar«, sagte er, »wenn ich die Wahlen gewonnen habe, wird das enden.« Er machte aber weiter, er hält Zusagen nicht ein und er muss die Dosis der Provokationen stetig erhöhen.

Der EVP-Vorstand beschloss schließlich im März 2019, die Partei Fidesz wegen der von Orbán betriebenen Aushöhlung des Rechtsstaats zu suspendieren; die Mitglieder aber blieben. In der Fraktionssitzung vor dem anstehenden Beschluss hatte ich zu Orbán gesagt: »Wenn du das heute nicht zurücknimmst, kündige ich dir meine persönliche Freundschaft auf.« Seine Antwort: »Elmar, du bleibst immer mein Freund.«

Er hörte nicht auf, entfernte sich immer weiter, blieb der Quälgeist der EU: beim NATO-Beitritt Schwedens, mit seiner Nähe zu Moskau, beim Bau eines Atomkraftwerks durch Putin, mit dem er beim Sprachenstreit mit der Ukraine kooperierte. Das tat er auch mit Rücksicht auf das kleine, ehemals ungarische Gebiet in der Ukraine, Transkarpatien, das er im Fall von Russlands Sieg zurückzuerhalten hofft. Das heißt: Er ist ein Revisionist wie Putin, er will den Vertrag von Trianon aus dem Jahr 1920 revidieren, mit dem Ungarn am meisten verkleinert worden ist. Orbán anerkennt das europäische Denken nicht, dass Grenzen unverrückbar sind, wie es die Deutschen für Elsass-Lothringen und die heutige deutsche Ostgrenze akzeptieren.

Auch Österreich, Niederlande, Dänemark und Schweden wollten sich nur halbherzig an dieser europäischen Solidaritätsaktion beteiligen. Dafür erhielten sie den Spitznamen »die sparsamen Vier«, aber sie waren nicht sparsam, sondern geizig, und erwirkten beim Finanzgipfel mit der Methode Thatcher steigende Rabatte für ihre Länder. Im Ergebnis mussten deshalb im Haushalt die Mittel für Innovation, Forschung etc. mehr und mehr gekürzt wurden, weil die Altbereiche der Struktur- und Agrarpolitik von fast allen verteidigt wurden. Immerhin gelang es der EU, sich auf das Wiederaufbaupaket »Next Generation EU« zu einigen, in dem Digitalisierung, Klimaschutz, Wettbewerbsfähigkeit und die Resilienz der Gesundheitssysteme vereint sind. Das war ein großer Fortschritt, den ich im Frühjahr 2020 nicht erwartet hätte; er stärkt vor allem die Kaufkraft im größten deutschen Absatzmarkt, die EU, aber auch Solidarität und Wettbewerbsfähigkeit.

Das Beispiel zeigt aber auch, wie schwer es sein kann, das Veto einzelner Staaten zu überwinden – und dass dabei Zeit verloren geht. Das Konzept des Handels der Willigen im Rahmen der Verträge durch das Instrument der »verstärkten Zusammenarbeit« ist jedoch in einigen Bereichen wie in der Steuerpolitik eine Option. Wenn die EU mehr Eigenmittel und weniger Abhängigkeit von nationalen Haushaltsbeiträgen und im digitalen Zeitalter in binnenmarktrelevanten Bereichen wie Schließung von Steuerschlupflöchern, Steuerbemessungsgrundlagen, Digital- und Transaktionssteuern Zukunftsfähigkeit erhalten soll, gibt es dazu diesen Weg, ohne dabei die Steuerpolitik insgesamt zu europäisieren.

In einer bald wachsenden EU sind effiziente politische und legislative Entscheidungen nur noch dann möglich, wenn der Rat der EU (Ministerrat) mit qualifizierter Mehrheit entscheiden statt wie im Coronafall per Veto blockiert werden kann. Das Veto-Prinzip hat schon zu Krisen geführt, als die Europäischen Gemeinschaften aus nur sechs Mitgliedern bestanden. Bei 27 und bald vielleicht 37 Mitgliedern kann diese überkommene Regel – wo sie noch gilt – zu Handlungsunfähigkeit führen. Wer mit der Vetokeule winkt, muss sich nicht einmal mehr um einen Konsens bemühen, sondern kann sie bei Finanzfragen für teure Erpressungsversuche und Blockaden nutzen. Daran festzuhalten bedeutet Europasklerose, mehr noch: das Ende der EU.

Fatal ist auch die Tendenz im Ministerrat, Legislativangelegenheiten an den Europäischen Rat weiterzureichen, anstatt sie selbst mit qualitativer Mehrheit zu beschließen, weil im Europäischen Rat Einstimmigkeit gefordert ist. So werden die Staats- und Regierungschefs vertragswidrig an der Gesetzgebung beteiligt, was gegen den Geist des Primärrechts verstößt und ordentliche Gesetzgebungsverfahren einschließlich der Rechte des Parlaments unterläuft. Das EU-Parlament hatte deshalb 2017 erneut vorgeschlagen, »dass der Rat vollständig zur Beschlussfassung mit qualifizierter Mehrheit übergeht, wo immer dies vertragsgemäß möglich ist, und die Praxis einstellt, strittige legislative Bereiche dem Europäischen Rat zu übertragen ...«[84] Das gilt vor allem für die Außen-, Sicherheits- und Verteidigungspolitik.

Das Zweikammer-System: Der Rat der EU muss öffentlich tagen

Außerdem solle der Rat der EU in eine wirkliche Gesetzgebungskammer umgewandelt werden, »indem die Ratsformationen durch einen Beschluss des Europäischen Rates beschränkt werden, sodass ein echtes, legislatives Zweikammersystem aus Rat [gemeint: der Ministerrat] und Parlament mit der Kommission als Exekutive geschaffen wird«. Das heißt: Der Ministerrat müsste zu einer echten zweiten Kammer wie der Bundesrat umgebaut werden. Das hat der Rat beim Verfassungsvertrag gestoppt – und beim Vertrag von Lissabon wieder. Dieser Ministerrat, in dem die Europaminister der EU-Staaten sich versammeln, würde in öffentlicher Sitzung über die Richtlinien und Verordnungen entscheiden – gleichberechtigt mit dem Parlament. Die Fachministerräte, die bisher selbst entscheiden können, sollten künftig zu Ausschüssen degradiert werden und die Entscheidungen des Ministerrats vorbereiten, zum Teil auch geheim. Die Sozialminister – beispielsweise – könnten dann nicht mehr allein im Sozialministerrat entscheiden, sondern sie müssten sich mit anderen Bereichen abstimmen. Das heißt: Ein Sozialminister könnte in der EU nicht mehr durchsetzen, was ihm im nationalen Rahmen nicht möglich wäre. Die Entscheidung, wie jedes Land abstimmt, wäre dann dem Europaminister im Ministerrat vorbehalten, wo zustimmungspflichtige Gesetze öffentlich beraten werden müssten – wie im deutschen Bundesrat.

Die Bürger sollten wissen, wie ihre nationale Regierung aus welchen Gründen bei den EU-Gesetzen abgestimmt hat. Wie beim deutschen Bundesrat könnte sich niemand mehr aus der Verantwortung für seine Entscheidungen stehlen, die Mitgliedstaaten könnten sich nicht mehr verstecken. Dann ist klar: Wer ist für was verantwortlich. Das könnte der Ministerrat mit der Veränderung der eigenen Geschäftsordnung leicht erledigen, aber der Widerstand der nationalen Ministerien ist groß.

Die EU reformieren, ohne den Vertrag ändern zu müssen

Vertragsänderungen, die über »Lissabon« hinausgehen, sind nicht ohne Weiteres durchsetzbar, denn sie müssen von allen Staaten im Konsens ratifiziert werden. Wenn überhaupt, dann dauert das fünf, sechs, sieben Jahre. Allerdings könnten wir viel erreichen, ohne den Vertrag ändern zu müssen. Dafür müssen wir nur das Potenzial des EU-Vertrags nutzen. Bislang fehlt der Mut, geeignete Instrumente zu nutzen und zu schärfen. Laut Vertrag von Lissabon kann der Europäische Rat in einem vereinfachten Verfahren (Passerelle-Klausel) nach Artikel 48(7) des EU-Vertrags beschließen, dass der Ministerrat überall, wo er bisher Beschlüsse nur einstimmig fassen konnte, künftig mit qualifizierter Mehrheit entscheiden kann; davon ausgenommen bleiben militärische oder verteidigungspolitische Angelegenheiten, aber auch soziale Sicherheitssysteme können nicht in Mehrheitssysteme überführt werden.

Das ordentliche Gesetzgebungsverfahren (das Beschlussfassungsverfahren für die Annahme der meisten Rechtsvorschriften der EU mit einfacher Mehrheit im Parlament und qualifizierter Mehrheit im Rat) könnte auf weitere Bereiche ausgedehnt werden. Das gleichberechtigte Mitentscheidungsrecht des Europäischen Parlaments würde gesetzgeberischen Beschlüssen des

Rats, vor allem bei Mehrheitsentscheidungen in der GASP, ein höheres Maß an Legitimation verleihen. Das Parlament sollte versuchen, seine bisher vernachlässigten vertraglichen Möglichkeiten zu Gesetzesinitiativen durchzusetzen. Noch besser wäre, wenn das EP ein Initiativrecht für Gesetze erhielte.

Dass der Rat in der GASP wegen des Vetoprinzips gelähmt ist, erscheint angesichts des russischen Kriegs in der Ukraine als unerträglich. Das gilt sogar für simple Resolutionen. Viel spricht dafür, dass künftig ein mutiger High Representative vom Europäischen Rat eine grundsätzliche Strategie in einer Frage einfordert, aufgrund derer die Außenminister künftig statt einstimmig mit Mehrheit entscheiden können.

Es wäre wirklich an der Zeit, in der GASP allmählich auf die Beschlussfassung mit qualifizierter Mehrheit überzugehen, zumindest wo es keine militärischen oder verteidigungspolitischen Bezüge gibt. Artikel 20 Absatz 2 EUV bietet die Möglichkeiten, die »verstärkte Zusammenarbeit« (von mindestens neun EU-Staaten) »als letztes Mittel« zu nutzen, wenn die »angestrebten Ziele von der Union in ihrer Gesamtheit nicht innerhalb eines vertretbaren Zeitraums verwirklicht werden können«. Bis jetzt wird das Potenzial einer »Koalition der Willigen« und die »ständige strukturierte Zusammenarbeit« (PESCO) in Art. 42 und 44 EUV nicht ausreichend genutzt.

In der GASP hat sich im Sommer 2023 mit Belgien, Finnland, Frankreich, Deutschland, Italien, Luxemburg, den Niederlanden, Slowenien und Spanien eine »Gruppe der Freunde« gebildet, die das Vetorecht abschaffen und die EU-Außenpolitik pragmatisch umbauen möchte. Dafür möchte diese Gruppe schrittweise von der Einstimmigkeit abrücken, die auch bei Fragen wie Erweiterung, Steuern und gemeinsamer Haushalt gilt. Jedoch: Ungarn, das schon mal eine Stellungnahme der EU zur Lage in Hongkong verhindert, weil es Geschäfte mit China macht, verteidigte mit anderen Staaten »die Einstimmigkeit und die Möglichkeit, ihre nationalen Interessen bei der Entscheidungsfindung in Brüssel zu verteidigen«, wie Außenminister Péter Szijjártó es formulierte. Sein polnischer Kollege Zbigniew Rau erklärte, Polen werde »niemals die Idee unterstützen, in der Gemeinsamen Außen- und Sicherheitspolitik von der Einstimmigkeit zur qualifizierten Mehrheit #QMV überzugehen.«[85] Sein Land könnte diese Politik allerdings bald ändern, nachdem die Polen die PiS-Regierung abgewählt und einem EU-freundlichen Bündnis um den ehemaligen Ratsvorsitzenden Donald Tusk das Vertrauen geschenkt haben. Mit seinem Sieg nach eineinhalb Jahren intensivsten Wahlkampfs hat er sein Land wieder auf den europäischen Weg der Freiheit und Rechtsstaatlichkeit gebracht und gezeigt, dass man auch in einem stark nationalistisch geprägten Land mit Europa Wahlen gewinnen kann.

Nirgendwo zeigen sich Sinn und Nutzen von Mehrheitsentscheidungen so unmittelbar wie im Binnenmarkt. Hätte das Einstimmigkeitsprinzip für den Binnenmarkt gegolten, wäre er nie Wirklichkeit geworden. Im Umwelt- und Verbraucherschutz wären die EU-Standards sicher zwei Nummern kleiner ausgefallen, wenn kleinteilige nationale Interessen die EU hätten bremsen können. Natürlich muss in einer Gemeinschaft wie der EU das Mehrheitsprinzip in schonender Weise nach ausreichender Konsenssuche angewandt werden. Jedoch: Dass Mehrheitsentscheidungen Mitgliedsstaaten in die Ecke drücken, wurde schon gegen das Mehrheitsprinzip im Binnenmarkt behauptet und hat sich als irrig erwiesen. Da für eine normale Mehrheitsentscheidung im Ministerrat 55 Prozent der Länder mit 65 Prozent der Bevölkerung notwendig sind, gibt es genug Sicherheit sowohl für die kleinen als auch die großen Länder.

Wer auf falsch verstandene Souveränität pocht, kann sie verlieren. In der EU sitzt jedes Land, ob groß oder klein, reich oder arm, gleichberechtigt an jedem Tisch von Entscheidungen, im Rat und in der Kommission. Das ist gut und richtig. Wenn jedoch die Zustimmung zu außenpolitischen Entscheidungen an »Deals« gebunden wird oder einzelne kleine Länder gar meinen, die große Mehrheit der anderen blockieren zu müssen, könnten die größeren sich veranlasst fühlen, Außen-, Sicherheits- und Verteidigungspolitik über ihre Köpfe hinweg zu betreiben – möglicherweise in Zusammenarbeit mit Großbritannien. Das wäre zum Nachteil der kleinen Länder, die doch dank der EU erstmalig in der Geschichte nicht mehr Objekte, sondern Subjekte außenpolitischen Handelns sind. Wenn jedoch kleinere Länder auf ihr Veto bestehen, laufen sie Gefahr, bei allen wichtigen Fragen ausgeschlossen zu werden. Schon sehen wir Ansätze, dass die Deutschen, die Franzosen, die Briten und noch ein, zwei andere außerhalb der EU Entscheidungen fällen. Dass wieder – wie vor der EU – ein paar europäische »Großmächte« Politik über die Köpfe der kleinen Staaten hinweg machen, kann nicht im Interesse Österreichs oder Ungarns sein.

Wo fängt Souveränität an? Keiner von uns in Europa ist noch souverän. Dafür sind wir alle zu klein. Die Franzosen tun sich manchmal schwer mit Vertragsänderungen, weil sie sehr viel stärker auf Souveränität bestehen. Aber nur gemeinsam sind wir mit der Handelspolitik, dem Binnenmarkt und anderen wirtschaftlichen Stärken in der Lage, im globalen Bereich noch eine Stimme zu haben. Über Europa gewinnen wir Souveränität für unsere Völker zurück.

Welcher europäische Nationalstaat ist ausreichend bestückt, um innere und äußere Sicherheit, Terrorismus, Handelsinteressen, Migration, Klimawandel, Pandemien und Währungsfragen allein verteidigen zu können? Gegen die USA! Gegen China! Welch Hybris das ist, wie vergeblich solche Träume sind, müssen die britischen Brexit-Befürworter inzwischen feststellen, die glaubten, allein die alte Weltmachtrolle wiedererlangen zu können. Die Träume auf der Insel führen zu neuen Abhängigkeiten ohne eigene Einfluss- und Gestaltungsmöglichkeiten. Die EU muss daraus lernen: Alte Rezepte der klassischen intergouvernementalen Vertragspolitik machen unfrei und unsouverän. Souverän bleiben können die europäischen Staaten nur im Zusammenwirken in ihrem supranationalen Verbund, der Europäischen Union, mit seinem verbindlichen, demokratisch legitimierten Rechtsrahmen und mit seinen handlungsfähigen Entscheidungsstrukturen. Ein Europa, das nicht wieder, wie von 1950 an geschehen, die Kraft zur Integration findet, wird untergehen wie die griechischen Städte des Altertums. Nicht nur die Werte der Demokratie und Rechtsstaatlichkeit stehen auf dem Spiel, sondern der Bestand und die Zukunft der EU. Das ist nicht weniger als eine Frage von Krieg oder Frieden.

VI. STILLSTAND ODER MEHR EUROPA WAGEN?

Die EU ist mehr als die Summe ihrer Mitglieder. Sie allein verfügt über das Potenzial und die kritische Masse, gemeinsam für die europäischen Völker in dieser Weltordnung die verloren gegangene Souveränität zurückzugewinnen. Macrons Vorschläge weisen trotz aller französischen Eigenarten in die Zukunft, nicht die Fantasielosen in nationalen Amtsstuben oder die neuen rechten und linken Nationalisten und Populisten. Vor allem muss die EU nach dem Prinzip Monnet der Supranationalität, der Gemeinschaftsmethode, mit funktionierenden Entscheidungsstrukturen arbeiten. Das war der entscheidende Kampf von Monnet und Schuman bei der EGKS. Der Intergouvernementalismus und die Unionsmethode, die Angela Merkel gleichberechtigt neben die Gemeinschaftsmethode stellen wollte, sind Wege der Vergangenheit und des Immobilismus. Das Scheitern der griechischen Stadtstaaten gegen Rom sowie des Heiligen Römischen Reichs Deutscher Nation und der polnischen Adelsrepublik sollten Mahnung sein.

Im Februar 2020 besprachen Ursula von der Leyen und ich, ob ich sie als Berater im Rahmen der Konferenz zur Zukunft Europas unterstützen könne, auf der im Lauf eines Jahres EU-Bürger Empfehlungen und Vorschläge zur Gestaltung der EU diskutieren sollten. Wir schieden uneinig. Mir fehlte eine Vision, eine Idee davon, was sie anstrebte, was die EU vorangebracht hätte; stattdessen wollte sie festgelegt wissen, dass die Kommission auch von jemandem angeführt werden könnte, der bei der Europawahl nicht als Spitzenkandidat angetreten war. Eine Lex von der Leyen? Ich gab ihr den bereits genannten Bericht, den ich mit der Italienerin Mercedes Bresso angefertigt hatte und der am 16. Februar 2017 in eine Entschließung des Parlaments eingegangen war; sie zeigte, wie die Europäische Union besser funktionieren und das Potenzial des Vertrags von Lissabon ausgeschöpft werden könnte, ohne den Vertrag ändern zu müssen. Danach haben wir darüber nie mehr gesprochen.

Die Konferenz zur Zukunft Europas führte bisher zu keinen strukturell wegweisenden Ergebnissen; das Verlangen des Parlaments, auf Basis der Erkenntnisse dieser Konferenz einen Konvent einzuberufen, lief gänzlich ins Leere. Rat und Kommission haben das systematisch hintertrieben. So kommt Europa nicht voran. Und deshalb kommentierte Jan Diesteldorf in der *Süddeutschen Zeitung* ihre »State of the Union«-Rede vor dem Europaparlament am 13. September 2023 zutreffend: Es wäre »Raum für große Ideen« gewesen, sei aber nur ein »Galoppritt durch die wichtigsten EU-Themen« geworden. Kein Schwerpunkt sei zu erkennen gewesen. Dabei wären doch zukunftsweisende politische Ideen und Reformen wegen der kritischen Lage gefragt. »Mit ihren Vorstellungen von der Zukunft Europas blieb von der Leyen im Ungefähren. … Den Raum für Visionen, den das Format dieser Rede bietet, hat von der Leyen nicht genutzt.«[86]

Diese Kommission hat in ihrer Amtszeit – im Gegensatz zu Prodi, Delors und Juncker – keine Ideen zur Reform der EU entwickelt. Die von-der-Leyen-Kommission hat in der Bekämpfung der Pandemie, ihrer Überwindung (Next-Generation EU), in der Unterstützung der Ukraine, in mancher Krise in vielen Teilen der Gesetzgebung gute Arbeit geleistet. Nach dem Weggang von

Vizepräsident Timmermans hat sie auch eine bessere Balance von Green Deal und Wettbewerbsfähigkeit mit weniger Bürokratie gefunden.

Wenn 2024 das neue Europäische Parlament gewählt ist, die Fraktionen konstituiert sind und die neue Kommission gebildet ist, wird sich zeigen, ob Team EU als globaler Player über die Zukunft des Planeten mitbestimmt oder ob seine Teile allein und wirkungslos im Abseits stehen. Die 27 Mitglieder des EU-Kaders agieren noch immer zu oft nicht als Team, sondern als Einzelspieler. Dabei wäre eine gemeinsame europäische Strategie nötig, etwa bei der Migration und in der Flüchtlingspolitik, in der Energie- und Klimapolitik, gegenüber Russland und China und auch den USA, in der Bekämpfung der Pandemie und so weiter. Wenn die europäischen Zwerge sich weiter für Großmächte halten, werden sie weiter gegeneinander ausgespielt. Weltmeister aber könnte nur ein einiges, eingespieltes Europa werden.

Das Team EU wird wachsen, aber ein größerer Kader allein bedeutet noch kein besseres Mannschaftsspiel. Wenn die EU das Schicksal der Welt mitgestalten will, ist Mut nötig, Mut zur Gestaltung, zur Umgestaltung des Systems. Die EU braucht ein effizienteres Zusammenspiel zwischen mutigen Spielgestaltern und einem einigen Team, das die verzagten nationalistischen Eigenbrötler und sich verzettelnde Verwalterinnen ersetzt. Jedes Mitglied muss mitspielen, statt die Mannschaft zu hemmen. Das Team muss in die Lage versetzt werden, diejenigen auf die Ersatzbank zu setzen, die dazu nicht bereit sind und dauernd den Spielfluss stören.

Konkret heißt das: Damit Team Europa erfolgreicher spielen kann, muss es schnellere Entscheidungen treffen können. Die EU-Institutionen müssen enger zusammenarbeiten, um die notwendigen Strukturen und Reformen zu erreichen. Wer die EU erhalten will – und das sollten wir alle wollen –, muss deshalb:

1. die EU als »creatio continua« (Walter Hallstein), als fortlaufende Schöpfung verstehen und stetig verbessern, statt die angeblichen oder noch bestehenden Schwächen und Fehler zu betonen. Um das Erscheinungsbild der EU besser, positiver, sympathischer zu machen, muss vor allem die Kommission ihre Erfolge sehr viel bürgernäher kommunizieren. Europa ist doch viel mehr als eine Regulierungsbehörde, die EU kann viel mehr. Sie ist Gestalter und Garant für den gemeinsamen Wohlstand und die Überwindung gesellschaftlicher und sozialer Unterschiede. Das zu vermitteln könnte keine Gruppe besser als Millionen ehemalige Erasmus-Stipendiaten, die für Europa und in Europa ausgebildet worden sind. Sie sind die besten Botschafter für die europäische Idee – und können als solche der Gemeinschaft etwas von dem zurückzahlen, was sie geschenkt bekommen haben.

2. mit den demokratischen Kräften dafür sorgen, dass die Extremisten keinen Einfluss auf die Gestaltung der EU gewinnen. Die Parteien und Fraktionen innerhalb des Verfassungsbogens müssen Kompromisse suchen und finden, für die sie dann gemeinsam eintreten – auch auf den Feldern, auf denen die Rechts- und Linksaußen ihre vergifteten Köder auslegen. Menschen wenden sich den Extremen zu, wenn die Demokraten deren Probleme und Sorgen beschweigen, weil sie Angst vor Diffamierungen durch lautstarke moralisierende Minderheiten haben. Wir kommen aber nicht darum herum, beim Asyl, beim Klima, bei Fragen der Gerechtigkeit mehrheitsfähige Lösungen zu finden. Was die Extremisten dazu sagen, darf uns nicht behindern; entscheidend ist, was *wir* fordern. Wenn die Demokraten Probleme gemeinsam lösen, haben Extremisten keine Chance. Die EU und ihre Glieder müssen dabei demokratisch und rechtsstaatlich sein, bürgernah und transparent arbeiten.

3. die Zahl der Migranten und Asylsuchenden so steuern, dass

die Aufnahmebereitschaft der Europäer nicht untergraben wird. Selbstverständlich kümmert sich die EU um Menschen, die vor Krieg und Verfolgung flüchten. Aber wir müssen Grenzen ziehen, um den Frieden in den europäischen Gesellschaften zu erhalten. Wirtschaftsflüchtlinge haben kein Bleiberecht.

4. an Lösungen arbeiten, die unseren Planeten schützen, ohne das gute Leben zu verbieten.

Klima- und Naturschutz ist nur dann erfolgreich, wenn alle Staaten sich beteiligen und auch die Menschen mitmachen wollen. Staatlicher Dirigismus und Bevormundung erzeugen Widerstand. Die Staaten und die EU dürfen Umweltschutzziele benennen, für praktikable Lösungen müssen die Menschen, die Wissenschaft, die Unternehmen sorgen.

5. als Unternehmen die Beschäftigten fair am Ertrag der gemeinsamen Arbeit beteiligen.

Menschen sind kein Humankapital, ihre Leistung muss so honoriert werden, dass sie ein würdiges Leben führen können.

6. neuen Mitgliedstaaten den Weg so zu ebnen, dass sie sich wirtschaftlich und politisch in unseren Rahmen einpassen können. Sie müssen aber auch den Willen zu eigenen Reformen haben.

Strukturschwachen Regionen und Staaten wirtschaftlich auf die Beine zu helfen ist kein Altruismus, sondern positiver Eigennutzen. Starke europäische Wirtschaften sind auch starke Handelspartner – gerade für eine Exportnation. Was Deutschland mit dem Länderfinanzausgleich und dem Aufbau Ost geschafft und geschaffen hat, ist die Blaupause für ganz Europa. Erweiterungen sind an Reformen in der EU geknüpft.

7. mit allen EU-Mitgliedern gleichberechtigt und gemeinsam danach streben, dass dieser Kontinent nicht von den Großmächten zerrieben wird. Das kann nur gemeinsam gelingen – mit der EU als Klammer der vielen kleinen europäischen

Staaten. Allein können sich vereinzelte Davids nicht gegen die Goliaths behaupten.

8. Handelspolitik auch als Sicherheitspolitik verstehen und einsetzen. Sie schützt nicht nur fairen Wettbewerb und unsere Unternehmen, sondern kann in einer militärisch schwachen Gemeinschaft eine wirksame Waffe sein.

9. auf eine gemeinsame Verteidigungspolitik setzen und dafür bei der Rüstungsproduktion und der Beschaffung koordiniert agieren.

Europa muss seinen verteidigungspolitischen Winterschlaf beenden und seine sicherheitspolitische Abhängigkeit von der Schutzmacht Amerika verringern. Das bedeutet auch, den europäischen Anteil in der NATO zu verstärken und mehr sicrheitspolitische Kooperation zwischen den europäischen NATO-Partnern durchzusetzen.

10. auf institutionelle Reformen drängen, damit die Union atmen kann.

Das Vetorecht muss schrittweise fallen, sonst kann die EU die Herausforderungen, die es intern und global gibt, nicht bewältigen. Mehr EU heißt allerdings nicht, Bildungspolitik oder Kulturfragen europäisch zu regeln. Die Subsidiarität, die eine Schwester der Solidarität ist, soll gewahrt werden, Lösungen müssen dort gesucht werden, wo sie möglichst bürgernah sind und zu den besten Ergebnissen führen. Die Völker der 27 Mitgliedstaaten werden die Träger ihrer Identität bleiben. Gleichzeitig müssen wir jedoch das nationalstaatliche Denken überwinden. Nur dann gelingt es uns, an dem Haus eines gemeinsamen Europas und einer gemeinsamen Zukunft erfolgreich weiterzubauen, dabei die nationalen Identitäten zu ergänzen und zu befruchten. Das hilft dabei, unser wichtigstes Ziel zu erreichen: den Frieden und die Zukunft für Europa zu erhalten.

Wir wollen keinen europäischen Superstaat, sondern ein Europa des Dreiklangs Region – Staat – EU. Die EU ist unsere Schicksalsgemeinschaft. Nur ein einiges Europa kann den USA, China und Russland künftig satisfaktionsfähig begegnen. Was die EU für 450 Millionen Menschen bereits erreicht hat und wie sie als globaler Player ernst genommen wird, erläutert dieses Buch unmissverständlich. Der Weg zu einer erfolgreichen EU, einer immer engeren Union, in der wir alle gern leben, ist schon zu sehen. Wir sollten diesen Weg gehen. Denen, die jetzt die politischen Entscheidungen treffen, rufe ich zu: Verspielt Europa nicht! Es ist an der Zeit, mehr Europa zu wagen.

DANK

Ich habe in meinem politischen Leben viel Glück gehabt. Nie gehörte ich zu den Topentscheidern. Aber ich konnte in meiner Arbeit an wichtigen Entscheidungen und deren Umsetzung direkt und beratend in vielen Jahrzehnten dynamischen Voranschreitens, aber auch in Zeiten von Stagnationen teilhaben. Viele bedeutende Persönlichkeiten vertrauten mir; ich bin stolz darauf. Ich hatte 32 Jahre lang Zugang zu zwei prägenden Bundeskanzlern und zu allen Kommissionspräsidenten von Jenkins über Delors, Santer, Barroso bis zu Juncker; auch zu EVP-Vorsitzenden wie Tindemans und Martens, dem ich neben Kohl meine Teilnahme an allen EU-Regierungskonferenzen seit Maastricht verdanke. Ich danke der CDU, dass sie mich mit vielen Ämtern – nicht immer ohne Streit – betraut hat, davon fast zwei Jahrzehnte im CDU-Bundesvorstand und drei Jahrzehnte als Vorsitzender von Bundesfachausschüssen für Außen-, Verteidigungs- und Europapolitik und der Mitgliedschaft im Europaausschuss des Deutschen Bundestags; dank auch für die Teilnahme an sechs Bundesversammlungen zur Wahl des Bundespräsidenten. Ein besonderer Dank gilt den Bürgern und den CDU-Mitgliedern meiner Heimat Ostwestfalen-Lippe. Dank auch vielen Mitarbeitern und Lehrern in der Schule, die mich für Europa geprägt haben, sowie den Journalisten, die mich konstruktiv und kritisch begleitet haben.

Alles aber verdanke ich meiner Frau Renate, die ich seit nun schon 54 Jahren an meiner Seite weiß, und meiner Familie.

Peter Köpf, einem Weltmeister der Recherche und Geduld, sowie Rüdiger Lentz, Prof. Martin Selmayr und Prof. Peter Schiffauer sage ich für Rat und Ermutigung, für Verbesserung und Beitrag ein herzliches Dankeschön. Ohne sie gäbe es das Buch nicht.

ANMERKUNGEN

1a Schöndube, Claus (1966): Trostbüchlein für Europäer. Hangelar bei Bonn, Pontes Verlag.

1 Die Schuman declaration May 1950: https://european-union.europa.eu/principles-countries-history/history-eu/1945-59/schuman-declaration-may-1950_en

2 Hans-Gert Pöttering: »Über Wurzeln und Werte«, Die politische Meinung, 30.8.2017. https://www.kas.de/de/web/die-politische-meinung/artikel/detail/-/content/ueber-wurzeln-und-werte

3 Heribert Prantl: »Warum man Europa lieben muss«, IPG, 7.3.2017. https://www.ipg-journal.de/schwerpunkt-des-monats/welches-europa/artikel/warum-man-europa-lieben-muss-1893/

4 Ines Soldwisch: »Rechtspopulistisch in die Zukunft des Europäischen Parlaments und ganz Europas?«, Themenportal Europäische Geschichte, 13.4.2022. https://www.europa.clio-online.de/sites/europa.clio-online/files/documents/B2022/E_Soldwisch_Rechtspopulistisch.pdf Laut Webseite des EP gehörten bei der Konstituierenden Sitzung 1984 der Fraktion der Europäischen Rechten 16 Abgeordnete an. Vielleicht hat Soldwisch noch einen der neun Fraktionslosen zu den Rechtsradikalen gezählt. Siehe: https://www.europarl.europa.eu/election-results-2019/de/wahlergebnisse/1984-1989/konstituierende-sitzung/

5 Im Original: »We have no eternal allies, and we have no perpetual enemies. Our interests are eternal and perpetual, and those interests it is our duty to follow.«

6 »›Rechtsextremistische Verschwörungstheorien‹ verbreitet«, Tagesschau, 13.7.2023. https://www.tagesschau.de/inland/haldenwang-afd-verfassungsfeindlichkeit-europawahl-100.html

7   »BDI-Präsident: AfD ist schädlich für die Zukunft unseres Landes«,
    RND, 20.12.2023. https://www.rnd.de/wirtschaft/wahlsiege-der-afd-
    ndustriepraesident-warnt-vor-erfolgen-schaedlich-fuer-dieses-
    land-ZI3E244O5JN7PI7OXCIVEK3HTI.html
8   Alexander Wulfers: »Standortrisiko: Wie die AfD Fachkräfte und
    Investoren verschreckt«, FAZ, 15.10.2023. https://www.faz.net/ak-
    tuell/wirtschaft/wie-die-afd-fachkraefte-und-investoren-ver-
    schreckt-19241546.html Sowie: »Die AfD wird zum Standortrisiko
    – und die Wirtschaft schweigt«, Handelsblatt, 1.12.2023
9   Jochen Gaugele und Christian Kerl: »Ukraine: EVP-Chef Manfred
    Weber fordert ›Kriegswirtschaft‹«, Berliner Morgenpost, 25.1.2023.
    https://www.morgenpost.de/politik/article237463255/EVP-Chef-
    Manfred-Weber-fordert-Kriegswirtschaft-in-der-EU.html
10 Hubert Wetzel: »Rechtsruck im Visier«, Süddeutsche Zeitung,
    28.6.2023 https://www.sueddeutsche.de/politik/eu-parlament-rechts
    ruck-manfred-weber-kritik-1.5977071
11 Knut Krohn: »Auf Kuschelkurs mit den extremen Rechten«, Stutt-
    garter Zeitung, 3.8.2023 https://www.stuttgarter-zeitung.de/inhalt.
    populisten-in-europa-auf-kuschelkurs-mit-den-extremen-rech-
    ten.42af5729-6dd9-4781-9789-b4b32b44c97b.html
12 Natascha Koch: »Wo die Brandmauer enden soll«, FAZ, 3.9.2023.
    https://www.faz.net/aktuell/politik/inland/geheimes-treffen-von-
    afd-und-cdu-wo-die-brandmauer-enden-soll-19144016.html
13 »Entschließung des Europäischen Parlaments vom 16. Februar 2017
    zur Verbesserung der Funktionsweise der Europäischen Union
    durch Ausschöpfung des Potenzials des Vertrags von Lissabon«,
    Ko-Berichterstatter Mercedes Bresso, Elmar Brok, P8_TA(2017)
    0049, ABl. C 252 v. 18.7.2018, S. 215ff.
14 Bundesamt für Migration und Flüchtlinge: Migrationsbericht 2015,
    14.12.2016. https://www.bamf.de/SharedDocs/Anlagen/DE/Forschung/
    Migrationsberichte/migrationsbericht-2015.html?nn= 403964
15 Europarat: »Angela Merkel erhält Nansen-Flüchtlingspreis des
    UNHCR für Schutz von Flüchtlingen auf Höhepunkt der Syrien-
    krise«, 4.10.2022. https://www.coe.int/de/web/portal/-/angela-mer-
    kel-to-receive-unhcr-nansen-refugee-award-for-protecting-refu-
    gees-at-height-of-syria-crisis
16 »EU verkündet Durchbruch in Verhandlungen zu Asylreform«, FAZ,
    20.12.2023. https://www.faz.net/aktuell/politik/ausland/eu-verkuen-

det-durchbruch-in-verhandlungen-zu-asylreform-19397181.html

17 Susanne Gaschke: »Berlins Polizeipräsidentin: ›Die Stimmung in Teilen der Bevölkerung ist sehr aufgeheizt‹«, NZZ, 30.12.2023. https://www.nzz.ch/international/berlin-vor-der-silvesternacht-interview-mit-der-polizeipraesidentin-slowik-ld.1770931

18 Gerhard Klas: »Den Markt im Auge und Europa im Blick«, Deutschlandfunk, 25.3.2007. https://www.deutschlandfunk.de/den-markt-im-auge-und-europa-im-blick-100.html

19 Schumacher wie auch Heinemann, der für die CDU als Innenminister dem ersten Kabinett Adenauer angehörte und 1950 wegen der Politik der Westintegration Partei und Amt verließ, hielten auch die europäische Integration für ein Hindernis für die deutsche Einheit. Wie falsch sie lagen! Das war auch ein tragendes Argument für die FDP, als sie 1957 auf Druck ihrer »Jungtürken« (Mischnik, Weyer etc.) im Bundestag gegen die Römischen Verträge stimmte.

20 Bundesverfassungsgericht: Urteil des Zweiten Senats vom 30.6.2009. https://www.bundesverfassungsgericht.de/SharedDocs/Entscheidungen/DE/2009/06/es20090630_2bve000208.html und Ursula Knapp: »Skeptische Verfassungsrichter«, Frankfurter Rundschau, 27.1.2009. https://www.fr.de/politik/skeptische-verfassungsrichter-1 1523007.html

21 Junge Union Deutschlands: »Ergebnisse des Umweltschutz-Kongresses der Jungen Union Deutschlands«, Augsburg, 4./5.9.1971

22 Der Vertrag von Nizza ist trotzdem in Kraft getreten. Dies liegt daran, dass Vertragsänderungen als »EU-Verfassungsänderungen« von den Mitgliedstaaten beschlossen und von den nationalen Parlamenten ratifiziert werden – das Europäische Parlament wird dazu nur angehört. In seiner beratenden Resolution zum Verhandlungsergebnis hat das Parlament neben mehreren positiven auch zahlreiche negative Punkte angesprochen.

23 Nils Minkmar: »Wie man Europa zersägt«, SZ, 17.11.2023. https://www.sueddeutsche.de/kultur/goethe-institute-schliessung-annalena-baerbock-1.6305332

24 »›Nicht zur Seite schauen‹«, Spiegel, 5/2014, 26.1.2024. »Von der Leyen will Bundeswehr verstärkt im Ausland einsetzen«, Spiegel, 26.1.2014. https://www.spiegel.de/politik/deutschland/von-der-leyen-fuer-staerkeres-engagement-der-bundeswehr-im-ausland-a-945568.html

Volker Perthes: »On the sidelines no more«, The Atlantic Times, February 2016.

25 Rede von Bundeskanzler Scholz an der Karls-Universität am 19. August 2022 in Prag. https://www.bundesregierung.de/breg-de/ak-tuelles/rede-von-bundeskanzler-scholz-an-der-karls-universitaet-am-29-august-2022-in-prag-2079534

26 Der Internationale Karlspreis zu Aachen: Rede von Präsident Emmanuel Macron: https://www.karlspreis.de/de/preistraeger/emma-nuel-macron-2018/rede-von-praesident-emmanuel-macron

27 Henry Kissinger: »Staatskunst. Sechs Lektionen für das 21. Jahrhundert«, Verlag C. Bertelsmann, 2021, S. 51.

28 https://www.ipg-journal.de/rubriken/aussen-und-sicherheitspoli-tik/artikel/die-methode-macron-6634/

29 Thomas Birkner: »Nörgeln, drohen, Rabatte fordern – wie alles begann«, Spiegel, 20.6.2016. https://www.spiegel.de/geschichte/brexit-wie-grossbritannien-1975-ueber-europa-abstimmte-a-1097542.html

30 Christian Neef, Christoph Schult: »Sex, Lügen und ein Staatsanwalt«, Spiegel, 29.3.2013. https://www.spiegel.de/politik/sex-luegen-und-ein-staatsanwalt-a-7b23d020-0002-0001-0000- 000091768479

31 Die Welt schrieb danach über die »Initiative des deutschen Außenministers Frank-Walter Steinmeier […], das sogenannte Weimarer Dreieck neu zu beleben und sich gemeinsam mit Polen und Frankreich für eine Lösung des Konflikts in der Ukraine einzusetzen«. Dieser Unsinn war guter PR des Auswärtigen Amts geschuldet, aber die Wahrheit ist: Diese Initiative ging von Sikorski und mir aus. Siehe Claudia Ehrenstein, Sascha Lehnartz, Florian Kellermann: »Der diplomatische Coup des Frank-Walter Steinmeier«, Welt, 22.2.2014. https://www.welt.de/politik/ausland/article125094196/Der-diplo-matische-Coup-des-Frank-Walter-Steinmeier.html

32 Siehe: https://www.youtube.com/watch?v=DFKDLzTeJc4, Min. 33. 18ff.

33 Philipp Wittrock: »Das zweifelnde Bündnis«, Spiegel, 18.5.2014. https://www.spiegel.de/politik/ausland/nato-bedingt-abwehrbereit-gegen-russland-a-970101.html

34 Vladimir Putin: »On the Historical Unity of Russians and Ukrainians«, 12.7.2021. Im Original: http://kremlin.ru/events/president/news/66181 / Engl. Übersetzung: http://en.kremlin.ru/events/president/news/66181

35 Vladimir Putin: Rede an die Nation vom 21.2.2022. Übersetzung aus der Zeitschrift Osteuropa. https://zeitschrift-osteuropa.de/blog/putin-rede-21.2.2022/

36 »Agreement on measures to ensure the security of The Russian Federation and member States of the North Atlantic Treaty Organization«, 17.12.2021. https://mid.ru/ru/foreign_policy/rso/nato/17908 03/?lang=en

37 Kiel Institut für Weltwirtschaft: Ukraine Support Tracker. https://www.ifw-kiel.de/de/themendossiers/krieg-gegen-die-ukraine/ukraine-support-tracker/

38 https://www.europarl.europa.eu/RegData/etudes/STUD/2020/646120/EPRS_STU(2020)646120_DE.pdf

39 Peter Riesbeck: »Denn sie wissen, was sie tun«, Berliner Zeitung, 30.4.2014. https://www.berliner-zeitung.de/archiv/europawahldenn-sie-wissen-was-sie-tun-li.994163

40 Günther Lachmann: »Wie sinnlos ist das EU-Parlament wirklich?«, Welt, 17.5.2014. https://www.welt.de/politik/deutschland/article 128099864/Wie-sinnlos-ist-das-EU-Parlament-wirklich.html

41 Hart aber fair, 12.5.2014

42 Günther Lachmann, a. a. O.

43 https://www.mediamarkt.de/de/content/entertainment/tv/oekodesign-richtlinie-tv-verbot

44 Bertelsmann Stiftung: »EU-Binnenmarkt erhöht Pro-Kopf-Einkommen der Deutschen um 1.000 Euro jährlich«, 8.5.2019. https://www.bertelsmann-stiftung.de/de/themen/aktuelle-meldungen/2019/mai/eu-binnenmarkt-erhoeht-pro-kopf-einkommen-der-deutschen-um-1000-euro-jaehrlich/

45 European Bicycle Manufacturers Association: »Anti-Dumping Complaint under Article 5 of Regulation 2016/1036 concerning electric bicycles from China«. file:///C:/Users/peter/Downloads/Information%20about%20Complaint_Request.pdf

46 Siehe: https://eur-lex.europa.eu/legal-content/EN/TXT/PDF/?uri= CELEX:32019R0073&from=EN

47 Niklas Záboji: »Handel, Rüstung, Fiskalpolitik: Der deutsch-französische Motor stottert wie lange nicht. Dabei geht es um viel.«, FAZ, 7.10.2023. https://zeitung.faz.net/faz/wirtschaft/2023-10-07/020eb3d6c0dfc013d2a2143b3fa33984/?popup=user.lf-ns

48 Europäische Kommission: »Europäisches Chipgesetz«. https://com-

mission.europa.eu/strategy-and-policy/priorities-2019-2024/europe-fit-digital-age/european-chips-act_de

49 Elmar Brok: »Außenpolitik als Weltinnenpolitik«, in: Matthias Wissmann, Wulf Schönbohm: »Für eine humane Gesellschaft«, Frankfurt/M, Berlin, Wien (Verlag Ullstein), 1976, S. 140ff.

50 Barbara Lippert: »Die nächste EU-Osterweiterung wird kompliziert und teuer«, SWP, 26.7.2022. https://www.swp-berlin.org/publikation/die-naechste-eu-osterweiterung-wird-kompliziert-und-teuer

51 Rebecca Barth: »Oligarch vor Gericht – Sorgen in der Ukraine«, Tagesschau, 3.9.2023. https://www.tagesschau.de/ausland/ukraine-kolomojskyj-korruption-100.html

52 https://www.europarl.europa.eu/factsheets/de/sheet/168/die-lander-des-westlichen-balkans

53 Michael Martens: »Das falsche Rezept für den Balkan«, FAZ, 14.10.2022. https://www.faz.net/aktuell/politik/ausland/eu-erweiterung-das-falsche-rezept-fuer-den-balkan-18385125.html

54 Elmar Brok: »Perspektiven nach dem Verhandlungsbeginn mit der Türkei: Eine neue Erweiterungsstrategie für die EU«, Die politische Meinung, Dezember 2005

55 Frank Dohmen, Nils Klawitter: »›Wir wurden illegal zur Strecke gebracht‹«, Spiegel, 23.5.2017. https://www.spiegel.de/spiegel/frank-asbeck-ueber-die-insolvenz-seines-unternehmens-solarworld-a-1148834.html

56 Lars Petersen, Jan C. Wehmeyer: »Streit in CDU/CSU: Huawei-Aufstand gegen Merkel bricht zusammen«, Business Insider, 1.2.2020. https://www.businessinsider.de/politik/deutschland/streit-in-cdu-csu-huawei-aufstand-gegen-merkel-bricht-zusammen/

57 Hansjörg Friedrich Müller: »CDU-Politiker Röttgen: ›Der Versuch der Regierung, das Parlament nicht über Huawei entscheiden zu lassen, ist schon bemerkenswert‹«, NZZ, 21.11.2019. https://www.nzz.ch/international/cdu-parteitag-roettgen-stellt-sich-bei-5g-gegen-huawei-und-merkel-ld.1523469

58 Eugen Ehmann, Martin Selmayr (Hrsg.): »Datenschutz-Grundverordnung, Kommentar«, München, 3. Auflage 2024

59 Olaf Scholz: »Darum geht es bei meiner Reise nach China«, FAZ, 2.11.2022. https://www.faz.net/aktuell/politik/inland/olaf-scholz-erklaert-seine-china-reise-offener-und-klarer-austausch-18431634.html

60 »China schränkt Export von Batterie-Rohstoff ein«, FAZ, 20.10.2023. https://www.faz.net/aktuell/wirtschaft/chinas-exportkontrollen-fu-er-graphit-besorgen-die-deutsche-wirtschaft-19257190.html
61 »Obama verbietet Chinesen den Bau eines Windparks«, SZ, 29.9. 2012. https://www.zeit.de/politik/ausland/2012-09/usa-china-windpark-obama/»Obama stoppt Verkauf von Windparks an China«, Spiegel, 28.9.2012. https://www.spiegel.de/politik/ausland/obama-stoppt-verkauf-von-windparks-in-oregon-an-firma-ralls-aus-china- a-858669.html
62 Alexander Neubacher: »Schauermärchen vom rechten Rand«, Spiegel, 10.10.2015. https://www.spiegel.de/wirtschaft/soziales/ttip-bei-der-demo-marschieren-rechte-mit-kommentar-a-1057131.html
63 https://www.bmwk.de/Redaktion/DE/Artikel/Aussenwirtschaft/freihandelsabkommen-der-eu.html
64 Patrick Bernau: »Warum zahlt Apple so wenig Steuern?«, FAZ, 28.6.2017.https://www.faz.net/aktuell/wirtschaft/recht-steuern/technologiekonzern-warum-zahlt-apple-so-wenig-steuern-15063 714.html
65 Im Original: »I promised that my policies would allow companies like Apple to bring massive amounts of money back to the United States. Great to see Apple follow through as a result of TAX CUTS. Huge win for American workers and the USA!«
66 Kordula Kühlem: »Elmar Brok«, KAS. https://www.kas.de/de/web/geschichte-der-cdu/personen/biogramm-detail/-/content/elmar-brok-v1
67 Thomas L. Friedman: »Upheaval in the east: The Germanys; Senators Complain to Bush Over Kohl's Border Policy«, New York Times, 28.2.1990. https://www.nytimes.com/1990/02/28/world/upheaval-east-germanys-senators-complain-bush-over-kohl-s-border-policy.html
68 »Unehrlich und zweideutig«, Spiegel, 4.3.1990. https://www.spiegel.de/politik/unehrlich-und-zweideutig-a-009b424d-0002-0001-0000-000013497039
69 Kinder unter 14 Jahren konnten bis zu 2000 DDR-Mark zu diesem Kurs umtauschen, 15- bis 59-Jährige bis zu 4000 DDR-Mark, Älterer bis zu 6000 DDR-Mark. Höhere Ersparnisse wurden im Verhältnis 2:1 umgestellt.
70 Tagesschau vom 12.12.1996: https://www.tagesschau.de/multimedia/sendung/tagesschau_vor_20_jahren/video-237985.html
71 Marcel Fratzscher et al.: »20 Jahre Euro: eine Erfolgsgeschichte?«,

Wirtschaftsdienst, Heft 12, 2018. https://www.wirtschaftsdienst.eu/inhalt/jahr/2018/heft/12/beitrag/20-jahre-euro-eine-erfolgsgeschichte.html

72 »Weltbank-Chef wirft Merkel ›Durchwursteln‹ vor«, Tagesschau, 8.10.2011 https://www.tagesschau.de/wirtschaft/zoellick-ts-102.html

73 Patrick E. Tyler: »Bush warns: ›Taliban will pay a price‹«, New York Times, 8.10.2001. https://www.nytimes.com/2001/10/08/international/bush-warns-taliban-will-pay-a-price.html

74 Jürgen Kaube, Sandra Kegel: »›Steht die Bundeswehr demnächst an der Klagemauer?‹«, FAZ, 3.3.2023. https://www.faz.net/aktuell/feuilleton/debatten/interview-mit-meron-mendel-ueber-israel-und-die-deutschen-18721594.html

75 Nicole Koenig, Leonard Schütte: »Verteidigungswende jetzt!«, Internationale Politik, Sept./Okt. 2023, Seite 70ff.

76 Bundesamt für Ausrüstung, Informationstechnik und Nutzung der Bundeswehr: https://www.bundeswehr.de/resource/blob/5541586/2f35c902e159693c1146528d461ad443/broschuere-baainbw-deu-data.pdf

77 Kai Küstner: »Mehr Europa beim Militär – geht das?«, Tagesschau, 19.12.2013. https://www.tagesschau.de/ausland/eu-gipfel-ts-146.html

78 Harms am 19.12.2013 im Europäischen Parlament. https://www.europarl.europa.eu/doceo/document/CRE-7-2013-12-11-ITM-003_EN.html

79 Entschließung des Europäischen Parlaments zum Ergebnis der Tagung des Europäischen Rates vom 7.-11. Dezember 2000 in Nizza, B5-0939, 0939 und 0942/2000, angenommen am 14. Dezember 2000. Siehe auch: Elmar Brok: »Die Ergebnisse von Nizza. Eine Sichtweise aus dem Europäischen Parlament, in: Mathias Jopp, Barbara Lippert, Heinrich Schneider (Hrsg.): »Das Vertragswerk von Nizza und die Zukunft der Europäischen Union«, Bonn, Europa Union Verlag, 2001, Seite 16ff.

80 https://www.zeit.de/politik/ausland/2019-07/ursula-von-der-leyen-eu-kommissionspraesidentin-wahlsieg

81 In seiner Rede an der Sorbonne

82 Elmar Brok: »Neue Basis oder neue Konflikte? Die Machtbalance der europäischen Institutionen nach Lissabon«, in: Kurt J. Lauk (Hrsg.): »Europa von innen gesehen: Europa jenseits der Bürger?«, Hohenheim Verlag, Stuttgart, 2009

83 Hendrik Kafsack: »Wie sich Deutschland in der EU ins Abseits manövriert«, FAZ, 2.2.2024. https://www.faz.net/aktuell/wirtschaft/bundesregierung-und-lieferkettengesetz-votum-auf-deutsche-art-19492561.html

84 Bresso, Brok, a.a.O.

85 https://de.euronews.com/my-europe/2023/05/23/ungarn-und-polen-wollen-vetorecht-bei-eu-aussenpolitik-verteidigen

86 Jan Diesteldorf: »Weiter, immer weiter«, Süddeutsche Zeitung, 13.9.2023. https://www.sueddeutsche.de/meinung/kommentar-eu-kommissionspraesidentin-rede-zukunft-1.6222839

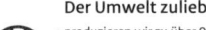

Der Umwelt zuliebe
- produzieren wir zu über 90 %
  in Deutschland
- achten wir auf kurze Transportwege
- drucken wir auf Papier aus
  verantwortungsvollen Quellen

© 2024 Europa Verlag in der Europa Verlage GmbH, München
Umschlaggestaltung und Motiv: Hauptmann & Kompanie Werbeagentur,
Zürich, unter Verwendung eines Fotos von © Frank Nitschke
und © shutterstock
Layout & Satz: Robert Gigler, München
Redaktion: Franz Leipold
Druck und Bindung: Pustet, Regensburg
ISBN 978-3-95890-615-0
Alle Rechte vorbehalten.

Europa-Newsletter: Mehr zu unseren Büchern und Autoren
kostenlos per E-Mail!
www.europa-verlag.com